꼴찌 시골소년에서 세계 인명 사전에 등재되기까지 인생 여정

비교문학 연구를 향한 열정, 도전, 그리고 미래 비전

진상범 지음

꼴찌 시골소년에서 세계 인명 사전에 등재되기까지 인생 여정

비교문학 연구를 향한 열정, 도전, 그리고 미래 비전

진상범 지음

도서출판 디자인21

자서전 출간에 부치는 글

이번 마지막 원고를 마무리하면서 본인의 자서전으로 출간할 단계에서 망설임이 있었다. 자서전을 통해서 세상에 그리 널리 자랑할 만하게 살아 온 인생이 아닌 삶의 여정을 드러낸다는 것에 대한 두려움과 사람들에게 무슨 도움이 될까 하는 의구심도 있고 해서이었다.

그럼에도 불구하고 공부와는 전혀 인연이 없었던 꼴찌 수준에 머물던 어린 시절에서 교수가 되기까지의 여정을 되돌아보는 것도 공부에 자신감이 없는 어린이들에게 조금이나마 용기를 줄 수 있겠다는 생각이 들어서 자서전 출간을 더 미룰 수는 없겠다는 마음을 먹게 되었다.

내가 기억하는 추억의 창고에 들어 있는 것들은 요즈음 기준에서 보면 이해되지 않은 부분이 너무 많을 것으로 생각한다. 나는 6.25 전쟁 중에 태어나서 가난에서 벗어나지 못하는 절대 빈곤의 시대에 먹을 것이 없어서 부황에 걸어서 이웃 친구들이 죽었다는 소리를 들으며 자란 어린 시절 이야기, 학교에서 빵점을 받아와도 웃으시며 품어주시던 아버지 덕분에 학교를 놀이터로 착각하고 놀기만 하고 공부와는 담을 쌓고 살았던 꼴찌 하던 시절 이야기, 초등학교만 졸업하고 아버지와 농사짓고 살아가려는 했는데, 어느 날 길가에 지나가는 중학생 모자를 보고서 초등학교를 졸업하면 끝인 줄 알았는데, 중학교 과정이 있다는 것을 알고서 중학교 모자를 쓰고 싶어 중학교만이라도 들어가려고 마음을 먹게 되는 과정, 중학교에서 공부의 맛을 알게 되고 우등생이 되어서 결국 명문 전주고에 합격하던 이야기, 고교 시절 강압적인 학교 생활에 회의를 품고 휴학하고 고향에 내려와 자유롭게 시를 쓰며 지내던 시절 이야기, 촌놈이 아버지와 함께 처음으로 서울로 서강대학교에 대학 입학 고사를 보러 가던 날의 추억담, 외국인 교수가 많은 서강대학교에 들어가 온 힘을 다하여 공부에 몰두하던 시절 이야기, 지방에서 독일어 교사로 생활하면서 주말이면 밤 기차로 서울에 올라와 대학원에 다니던 힘겨웠던 시절의 이야기, 군산에 있는 수송고등학교에서 서울에 있는 명문고 대일고등학교로 직장을 옮기게 되는 과정, 대일고 재직 중에 P동료 교사의 도움을 받아서 이어령 교수의 명강의를 듣던 시절의 이야기, 고려대학원에 들어가 박찬기 교수 밑에서 독문학 박사(과정) 공부하던 시절, 전북대학교 교수 시험에 어렵게 합격하던 이야기, 교수 시절에 학문의 열정을 바치고자 노력했던 이야기, 교수가 된 후에도 젊은 날 독일 유학을 하고자 했던 꿈을 실현하고 자 독일 괴팅겐대학교에서 독문학 박사과정을 밟던 이야기, 독일 괴팅겐 체류 중에 오스트리아 학무성의 장학생으로 선발되었다는 소식을 받고서 비엔나 대학교로 옮기어 독문학 박사 공부를 하면서 치러야 했던 지난한 체험을 중심으로 기억이 나는 범위 내에서 기술하려고 하였다.

나에게 직·간접적으로 영향을 주었던 문학 작가, 괴테, 노발리스, 헤세, 카프카와 철학자 헤겔, 루트비히 비트겐쉬타인, 미국의 프린스턴 독문학교수 치올오브스키, 오스트리아 중세 문학의 세계적인 권위자 비르칸교수와 만남을 간단히 소개하고자 한다.

그리고 본인의 비교문학에 관한 저서를 통해서 비교문학의 연구의 새로운 연구의 지평을 열어 주었다는 평가를 받아 우수도서로 선정된 이야기 그리고 동양과 서양의 문학을 독창적으로 연구하는 세계문학비교학회를 창단하던 시절에 얽힌 이야기, MB정부시절 한식 세계화에 맛만 을 강조하던 것에서 벗어나 한식에 담긴 전통의 멋을 가미한 한국문화를 세계화의 필요성을 절감하고 국제문화교류연구소를 설립하던 이야기, 남북 간의 평화 통일 이후 전쟁 없는 미래와 4차 산업 시대를 준비하는 국제적 인재를 양성하는 국제 사이버대학 설립의 계획을 세웠던 이야기를 하고자 했다. 이러한 본인의 세계문학비교학회 창립과 한국문화 세계화를 위한 국제문화교류연구소 설립과 운영의 독창성과 동·서양의 예술과 문학을 비교한 괄목할 만한 학문적 업적이 인정이 되어서 여러 기관에서 수상을 받게 되고 마침내 마르퀴스 후즈 후(Marquis Who's Who)라는 세계인명사전에 등록되기까지의 과정을 이야기하고자 했다.

마지막으로 지금까지 신문지상에 칼럼을 통해서 선진국을 향한 한국미래 비전을 제시한 글들을 첨가해서 나의 자서전의 마무리를 하고자 했다.

지금의 나를 존재케 했던 할아버지와 할머니, 그리고 어머니와 나의 인생의 모델이 되어 주셨던 나의 아버지께 깊이 머리 숙여 감사의 마음을 전하고 싶다. 특히 공부에 자신감을 심어 주셨던 여러 선생님들에게도 무한한 존경과 감사의 마음을 가지고 있다.

본인의 자서전을 출간하면서 나는 나 자신이 만든 인생이 아니라 본인의 자서전에 나오는 모든 사람들이 지금의 내가 존재하게끔 옆에서 사랑으로 길러 주셨던 덕분임을 깨닫게 되었다.

끝으로 나를 사랑으로 길러 주신 은혜의 보답으로 천국에 계시는 아버지, 어머니 그리고 모든 분들께 이 자서전을 바치고자 한다.

2023년 9월 한가위 보름달을 쳐다보며

진상범 씀

차례

제1부

꼴찌 시골소년이 교수가 되기까지의 인생 여정

전주대 사회교육원 미술전담교수 이희주

1. 진(陳)씨 가문의 뿌리를 찾아서

지금의 나를 존재케 한 진(陳)씨 가문의 뿌리를 살펴 보는 것도 의미있는 일이라 생각한다. 나무에도 뿌리가 있어서 깊은 땅에서 수분을 빨아들이고 햇볕을 받고 성장하며 나무답게 다양한 존재 양상을 보이고 있다. 대체 인간은 어디에서 와서 오늘날까지 존재하게 되었는가에 대한 근원적 물음을 가져보기도 한다. 결국 인간도 오랜 세월에 걸쳐서 조상이 물려 준 DNA를 받아 각자 주어진 재능을 발휘하며 살아가고 있는 듯하다.

그렇다면 우리 진씨의 조상은 도대체 언제 어디에서 이 땅에 도래해서 살아 온 것일까?에 대한 궁금증을 이번 기회에 여양 진씨 대동보를 참고하여 풀어 보고자 한다.

원래 여양진씨는 고려시대 '이자겸의 난'을 제압하는데 큰 공을 세운 진총후가 시조다. 진총후 선대로 거슬러 올라가면 중국 송나라 시절 벼슬을 지낸 진수로 거슬러 올라간다. 진수가 처음 정착한 곳이 바로 여양(현재 충남 홍성군 장곡면 일대)이다.

여양진씨는 우리나라 성씨 중 '진(陳)씨'를 대표하는 가문으로 널리 알려져 있다. '이자겸의 난' 진압한 공신 진총후가 시조로, 고려시대부터 조선시대와 현대에 이르기까지 그 명문가로서 명맥을 이어오고 있다.

진총후 시조께서는 고려 예종 때 호분위대장군을 역임했고 1126년 발발한 '이자겸의 난'을 평정하는데 공을 세우셨다. 당시 고려 왕실은 그에게 신호위대장군 직위를 내리고 영양군에 봉했다. 여양은 충남 홍성군 장곡면 일대를 일컫는 옛 지명이다. 이곳은 중국에서 건너온 진씨 성을 가진 인물이 처음 정착한 곳이기도 하다. 처음 고려시대에 도래한 진 씨는 중국 푸저우 출신의 '진수'라는 인물이다. 1914년 발행된 여양진씨 가문의 족보 '갑인보'에 따르면 진수는 송나라에서 우윤벼슬을 지낸 인물이다. 그러다 송나라가 북방이민족에 침략을 받게 되자 진수는 몸을 피하기 위해 바다를 건너 고려로 넘어왔다. 처음 진수가 정착한 곳은 장곡면 덕양산 일원이었다. 여양진씨 시조인 진총후 역시 진수의 후손이다. 진(陳)씨는 중국에서 발현한 성씨로 되어 있다. 효행이 뛰어나 요임금으로부터 천하를 물려받았다는 고대중국의 전설적인 제왕 순임금의 34세손 규만이 시조로 알려졌다. 규만은 상나라를 몰아내고 주나라를 건국한 주무왕의 신하로 호공 벼슬을 지낸 인물이다. 도자기를 굽는 도공이었던 규만은 주무왕의 맏딸을 아내로 맞게 되면서 '규(嬀)'라는 성을 하사받는다. 주무왕은 규만을 진(陳)' 지역의 제후로 봉하고 조상인 순(舜)임금의 제사를 지내도록 했다. 기원전 1111년 규만은 해당 지역의 이름을 딴 제후국 진(陳)나라를 건립했다. 시간이 흘러 규만의 20세손 규월이 통치하던 시절, 진나라는 이웃한 초나라의 침공을 받아 멸망한다. 왕족일가는 '규'씨 성을 버리고 국호였던 진'을 성으로 삼는다. 여기까지가 중국에서 처음 진 씨가 생겨나기까지의 과정이다.

여양진씨는 시중공파·어사공파·예빈 경파·매호공파·전농공파 등 5개의 큰 종파로 구성된다. 이들 종파의 파시조는 모두 진총후의 증손자들이다. 진준·진화 등 고려시대 다수의 문·무관을 배출한 여양진씨는 조선시대에도 문과 급제자 14명을 낳는 등 명문가문의 명맥을 이어갔다.

매호 공파의 시조가 되시는 진화는 멸망해가는 고려시대의 암울한 시대상을 감지하고 고려의 미래의 이정표를 시를 통해서 제시한 의기에 찬 문사라고 평가를 받고 있다.

진화는 어려서부터 놀라운 시재(詩才)가 있더니 고려19대 明宗(명종)이 여러 신하에게 宋迪(송적)이 그린 소상팔경도(瀟相八景圖)에 대한 시(詩)를 짓게 하였는데 公이 어린나이로 장편의 시를 지어 올려 대사간(大司) 이인로(李仁老)와 더불어 절창(絶唱)으로 평가받고 있다.

매호(梅湖)는 진총후(陳寵厚)의 증손이자, 무신정변에 참여했으나 문신들을 보호했던 참지정사 진준(陳俊)의 손자로, 아버지는 진준의 차남인 병부상서 진광수(陳光脩)이다.

태어난 해는 고려사나 당대의 다른 기록에서도 쓰여 있는 문헌이 없어 정확히는 알 수 없지만, 1200년(신종 3년) 국자감시의 시부(詩賦) 부문에 합격하고 같은 해 과거에 급제하여 내시로 보직 받았던 당시 아직 혼인하지 않았다는 기록으로 보아, 대략 20대 초반으로 상정할 경우 1181년경에 태어난 것으로 보인다. 1209년(희종 5년)에 국학 학정에 임명되었으며, 4년 뒤인 1213년(강종 2년) 직한림원이 되면서 진 한림이라는 별칭으로 불리게 되었다. 1215년(고종 2년) 최충헌이 문신들을 불러 모아 40여 운(韻)을 내어 시짓기 대회를 열었는데, 진화가 이 대회에서 이규보에 이어 차석을 차지할 정도로 일찍이 시문에 뛰어난 재능을 보았다고 한다. 특히 진화는 무인 가문에서 태어나 문인으로 대성한 보기 드문 관인이었으며, 이규보와 함께 빠른 속도로 시를 짓는 주필의 대가로 문인들의 칭송을 받았다. 한림별곡의 "이정언 진한림 쌍운주필(李正言 陳翰林 雙韻走筆)"이라는 대목에서 이정언은 이규보를 말하는 것이며, 진한림은 바로 진화를 말하는 것이다. 이처럼 당대의 문사들의 찬사를 받을 정도의 뛰어난 인물이었다고 할 수 있다. 이규보도 "진화의 시를 읽고 나면 진실로 청경하고 절묘한 분위기로 술기운에 잠든 정신을 순식간에 일캐우는 힘"을 주고 있다고 언급한 바 있다.

살아생전 문명을 드높였던 진화의 시문은 후학들에 의해 책으로 만들어졌는데 (고려본 매호집), 아쉽게도 이 책은 조선시대에 와서는 소실되고 말았다. 그러나 그의 시문은 여러 문집에 실려 조선시대까지 살아남았는데, 유감스럽게도 조선판 매호집이라고 할 수 있는 매호유고에 실린 진화의 시는 53수가 전부이다. 최자의《보한집(補閑集)》· 이제현의《역옹패설(櫟翁稗說)》· 동인시화(東人詩話)》· 허균의《성수시화(惺叟詩話)》· 이수광의《지봉유설(芝蜂類說)》·《호곡시화(壺谷詩話)》등에 남아 전해오던 유시를 홍만종(洪萬宗)과 남태보(南泰普)가 수집하였고, 최수옹(崔粹翁)이 편집한 원고를 진화의 15대손인 진후(陳垕)가 주도하여 시집으로 간행했는데, 이 책이 지금까지 남아있는 매호유고(梅湖遺稿)이다. 매호 문집을 평생을 두고 연구한 진용빈 선생님이 집필한 『매호 진화선생의 시문학』에서 진화의 문학작품 속에 그 당시 처한 부조리한 정치 현실을 표현하기 위해서 그의 뛰어난 은유법과 풍유법을 자유롭게 시화시키는 언어감각과 정의로운 세상을 꿈꾸었던 문명의식이 녹아 흐르고 있다고 지적하고 있다. 또한 진용빈 선생님은 매호의 시작품들을 통해서 당시의 맹호연과 왕유의 영향으로 자연을 지향하는 시, 고려 사회를 비판하는 사회시, 그리고 여러 차례 무신 란으로 혼난해 빠진 고려에 절망하지 않고 한 가닥 희망의 메시지를 제시하는 예시적 문학을 보여 준 문인으로 언급하고 있다.

고려시대에 이어 조선시대에도 다수의 인재를 배출한 여양진씨 후손 중에는 오늘날에도 사회 각계각층에서 맹활약 중인 유명 인사들이 배출되고 있다. 예컨대 조선후기 전북고창 출신으로 역사상 최초의 여류 판소리명창 진채선이 탄생한 가문으로도 명성을 유지하고 있다. 현대에 와서도 대통령후보를 지낸 진복기 정의당 총재, 제헌국회의원 출신으로 내무부장관을 지낸 진헌식, 4선 국회의원으로 국무총리직을 지낸 진의종, 진념 전 경제부총리, 여성권익사업에 평생을 바친 진민자 선생님, 진대제 전 정보통상부 장관, 진태하 인하대 석좌교수, 전 쌍용그룹 진성섭 사장, 한국 최초 남성 사중창단 쟈니브라더스 멤버 진성만 가수, 미술과 시사평론가로 유명세를 타고 있는 진중권 교수, 재독 작곡가 진은숙, 진수희 전 보건복지부장관, 진영 전 국회의원, 진선미 현직 국회위원 등 각 분야에서 진씨 명문가의 진면목을 보여주고 있다.

여양진씨 단향제 참석기념사진

본인이 고교시절에 국정 국어교과서에 나오는 경기체가 편에 진화의 글을 접하면서 우리 매호 공파의 후손이라는 자부심을 느낀 적이 있었다. 또한 본인의 대학 재직 시절에 전북일보에 전라감사전을 기고하시는 원로 시인 최승범교수가 전화가 본인한테 갑자기 와서 여양 진씨 집안에 전라감사를 지내신 분이 계신데 더 자세히 알기 위해서 여양 진씨 족보가 필요하다고 하기에 고향에 급히 내려가서 족보를 전달해 준 기억이 있다. 여양 진씨 집안에 16대 의(義)자 귀(貴)자 되시는 선조분 깨서 전라도를 관찰하는 전라감사를 지내면서 많은 문사들과 나누었던 귀한 자료를 집어넣어 그 업적을 기리는 글을 접한 적이 있다. 최승범 교수님께서 매호 같은 뛰어난 문인이며 전라감사가 나온 자랑스러운 집안의 후손이라고 본인을 여러 선생님한테 소개한 기억이 새롭다. 지금도 양력으로 10월 3일이면 해마다 여양 진씨의 시조를 포함하여 열 한분의 선조들을 모신 충남 홍성에서 경덕단 단향제를 지내고 있다. 필자가 코로나가 오기 전에 경덕단 단향제에 참석하여 천 명이상의 종친들이 선조들에 대한 제사를 정성껏 올리는 과정을 지켜보면서 진씨 가문의 일원으로서 자긍심을 느낄 수 있었다.

2. 나의 인생의 롤 모델: 나의 아버지

먼저 아버지의 삶을 잠깐 소개한 후 본인이 걸어 온 길을 솔직 담백하게 기술하고자 한다. 본인에게는 아버지가 없었다면 현재의 위치에 설 수 없었을 것으로 생각이 되어서 아버지에 대해서 본인의 자선전의 앞장에 이야기하고 자 한다. 모든 자식을 똑같이 따뜻하게 품어 주시는 자혜로운 아버지가 없었다면 지금 나의 존재가 없을 것을 것이라고 확신하고 있기 때문이다. 또한 아버지의 성실한 삶은 지금도 나의 삶의 모델이 되고 있기 때문이다. 최선을 다하는 모습, 약방을 경영하시면서 농사일에도 아침저녁으로 부지런히 밭으로 농기구를 어깨에 메시고 밭으로 나가시는 모습이 선하다. 왜 나에게 아버지의 삶이 머릿속에 깊이 각인되어 있는 것일까? 왜 아버지의 삶을 표현하고 싶은 것일까? 아버지의 삶은 이 암울한 과거사와 맥을 같이 하고 있기 때문이다. 초등학교를 졸업하고 군산에 있는 일본인의 약국에서 종업인으로 일했던 일, 태평양 전쟁 시 강제로 일본군으로 징용되어서 남양군도에서 보초병으로 일을 하시던 일, 갑작스런 미국의 전투기 폭격을 받아서 바다에서 구사일생으로 구출된 이야기, 그로 인해 해방이 되어도 돌아오지 못하는 몸으로 섬 생활을 해야 했던 일들이며, 그럼에도 불구하고 세상을 원망하지 않고 해방된 후에도 낙후된 농촌 사회에 의료시설이 없었던 시절에 전염병이 돌면 주사가방을 메고 이 동네 저 동네를 돌면서 몸을 아끼지 않고서 예방 주사를 나주고 다니셨던 일들이 주마등처럼 스쳐간다. 지금도 고향에 가면 남을 위해서 봉사하며 살아 온 여정을 아는 여러 어른들께서 아버지 이야기하곤 한다. 또한 아버지는 오직 낙후되고 소외된 사람들과 자식을 위해서 희생적으로 살다간 삶이다.

진씨 가문을 일으켜 세우려면 아버지의 막내 동생을 약학 대학까지 가르쳐야 한다는 신념으로 빚을 지면서까지 헌신적으로 학비를 대주시던 일, 외가에 불이 나서 집이 다 타버리자 두 말없이 집을 다시 지어 주었던 일 등이다. 이러한 어두운 과거의 아픔과 고통을 이기고 항상 웃으시면서 세상을 한 번도 원망하지 않고 남을 관용할 줄 아는 아버지로 비쳤던 것이다. 아버지는 어린 시절 주어진 가난의 환경에서도 굴하지 않고 떳떳하게 일본인이 경영하는 약국 종업원으로 일을 하시면서 틈틈이 독학하여 약종상 시험을 준비하시고, 전장터에 가서도 가끔 시간을 내어서 포로로 잡힌 영국군한테서도 빵을 건네주며 영어를 배우며 통역관시험을 준비할 정도로 부지런하시고 치열하게 사신 모습을 보여 주셨다. 아버지의 지난한 삶을 생각하면 어려움을 이겨내면서 어찌도 이렇게 철저하게 희생적이며 남한테 존경을 받으면서 살 갈 수 있단 말인가? 남한테 존중을 받을 수 있다는 것이 그리 쉬운 일인가? 자기보다 남을 배려해 주고 베푸는 정신을 가지고 살아 가셨기 때문에 더욱 그러할 수 있지 않았나 생각한다.

부친의 남양군도(군대시절)

1) 나의 인생의 모델 : 나의 아버지

아버지께서는 진인환(陳仁煥)과 김옥자(金玉子) 사이에 6남매중 장남으로 태어나셨다. 할아버지는 주로 농사의 일을 하시면서 주변의 어렵게 살아가는 사람들을 도와주는 것을 낙으로 삼고 계셨다. 어머니께서는 예상치 않게 하나도 아닌 두 아이를 어렵게 낳으신 후 두 아이한테 먹일 젖이 부족하다는 것을 알게 되었다. 그래서 형은 어머니 젖을 먹고 자랐지만 나는 어머니 젖을 먹지 못하고 양에서 나오는 우유를 먹고 자랐다고 한다. 할아버지께서는 모유만으로는 두 손자를 기르기에는 턱없이 부족하다고 판단하시어 젖이 많이 나오는 양을 구하러 여산에서 걸어서 하루가 족히 걸리는 먼 전주에까지 가셨다고 한다. 그 당시 할아버지께서는 양을 차로 태워오면 젖이 잘 나오지 않을 것을 걱정한 나머지 손자를 위해서 걸어서 양과 함께 전주에서 하루를 머물고 다음 날 하루 종일 다시 아침 일찍부터 여산까지 걸어 오셨다고 한다. 지금 생각해 보아도 할아버지가 손자의 먹거리를 걱정하시는 마음을 조금이나마 짐작할 수 있을 따름이다. 한편 할머니는 구수하게 손자들에게 이야기하기를 즐겨하시고 유머감각이 뛰어났던 분이셨다. 싸늘한 집안의 분위기를 파악되는 순간에 유머 섞인 이야기로 활기 있는 분위기로 전환시키곤 하셨다.

내가 들은 대로 아버지의 소년 시절을 기술할 수밖에 없다. 여러 가지 아버지의 어린 시절을 제일 잘 아는 사람은 본인 자신과 할아버지, 할머니 그리고 형제자매들일 것이다. 거의 아버지의 어린 시절을 생생하게 기억하시는 할머니께서 들려주시던 내용을 중심으로 엮어볼까 한다. 아버지는 어린 시절에 가난한 가정에서 태어나셨기 때문에 일찍이 초등학교 시절에 공부를 잘하고 착하게 보였던지 일본 선생님의 배려로 대전에 한 포목점에 점원으로 대전에서 일터를 잡으셨다고 한다. 대전 포목점에 사정이 생겨서 대전에서 군산으로 일터를 옮겨서 일본인이 경영하는 약국에 점원으로 일하게 되었다고 한다. 할머니께서 아버지가 일본 약국에서 일을 하실 때 손이 썩을 정도로 열심히 그 약국을 위해서 헌신적으로 일을 하셨다고 한다. 아버지께서 너무 일을 성실하게 하다 보니 항상 아버지의 솔선수범하는 점을 지적하시면서 일본인 약국 주인이 같이 일하는 종업원들한테 꾸짖곤 했다고 한다. 할머니께서는 아버지께서 그렇게 고생해서 보내 온 돈으로 차곡차곡 모아서 여산 고향에 논도 사고 밭도 사면서 살림이 좀 나아졌다고 한다. 할머니는 이야기로는 아버지께서는 겨울 추운 날씨에 손이 동상이 들어서 손이 뚱뚱 부어있어도 밖으로 내색 한번 하지 않으셨다고 한다.

2) 아버지의 청년시절 : 칠흑같이 어두운 시대의 극복

보통 청춘이라면 사랑을 찾으며 행복한 단꿈을 꿀 수 있었던 시절인데 그러한 일제 강점기 시대는 잔인하게도 그러한 꿈을 꿀 자유를 아버지한테서 빼어서 버리고 말았다. 그 당시 이 땅에는 사는 많은 젊은 이들이 일본이 일으킨 태평양 전쟁터에 강제로 끌려가야 했다. 그러한 급박한 상황에서 아버지의 청년시절은 아마도 사랑 이야기는 없었던 것 같다. 잠깐 들은 이야기로는 청년 시절에 자전거로 군산에서 자전거로 심부름을 다니면서 잠깐 마주치던 아가씨가 아버지한테 마음이 있었던지 말을 걸어오곤 했다고 했다. 아버지는 그 아가씨와 이야기를 자세히 나눌 수 있는 시간이 충분히 있었던 것 같지 않다. 일본 약국의 점원으로 정신없이 일을 하다 보면 여자를 만날 수 있는 시간이 없었을 것이다. 가끔씩 지나가다가 마두 치노라면 조용한 미소를 전해 줄 정도의 사이였던 것 같다. 내가 아버지의 젊은 시절에 대해 아버지한테서 잠깐 들었던 이야기라서 그러한지 기억이 아주 조금 날 뿐이다. 지금 생각하면 더 자세히 아버지한테 그 아가씨와 관계를 물어 볼 것인데 말이다. 여하튼 아버지의 청춘의 노트에는 기억나는 여자의 이름이 전혀 없었던 것 같다. 아버지께서는 약국의 종업원으로 일을 하여야 했기 때문에 그렇게 한가하게 사랑을 구가할 시간을 가질 수 있는 형편이 되지 않았을 것이다. 아버지는 태평양전쟁이 발발하자 전쟁터에 강제로 입대 명령을 받아서 따를 수밖에 없었다. 국가 기록원에 나와 있는 기록으로는 1943년에 남양군도의 군속으로 강제로 입대한 것으로 나온다. 아버지는 한국 이름이 아닌 일본인 산본성국(山本成國)이라는 일본의 이름으로 전쟁터에 강제로 끌어가야 했다. 아버지의 군대 복무지가 태국 부근에 있는 남양군도로 되어 있다. 아버지는 그곳에서 영국군의 포로수용소의 보초병으로 배치가 되었다고 한다. 그때 아버지께서는 포로가 된 영국군한테 영어를 배우려고 빵 하나라도 더 주면서 선심을 베풀었다고 한다. 틈만 나면 보초를 서면서도 수용소 안에 갇혀 있는 영국 출신의 병사한테 언제 죽을지 모르는 전선에서 버려진 종이로 단어장을 만들어서 배우기 시작하였다고 한다. 우연히 아버지께서 우리들에게 영어와 태국어로 직접 푸른 잉크로 쓰인 영어 단어장을 서랍에서 꺼내시어 먼지로 뒤덮어 있는 단어장을 털어 보여 주신 적이 있었다. 그 당시에는 제대로 된 단어장도 없고 해서 버려진 회색 빛을 띈 폐지 종이를 모아서 노트를 만들어 영어 단어장을 만들어 영어를 틈나는 대로 공부를 하셨다고 한다. 아버지께서는 총알이 빗발치는 전쟁터에서 무엇인가 배워보겠다는 일념 하나로 영어 공부를 시작하시었다는 이야기를 들을 수 있었다. 아버지께서는 우리 자녀들에게 “캔 유 스피크 잉그리쉬?”라는 말을 들려 주곤 하시면서 영어가 이렇게 발음한다는 말을 하곤 하셨다. 요즈음이야 흔하게 물 쓰듯 종이도 많고 배울 수 있는 교육 여건도 너무 잘 되어 있는 시대와는 전혀 다른 세상이었을 것이다. 언제 죽을지 모르는 전시 중이라서 갑자기 전쟁터에 나가 죽은 동료의 남겨진 이불을 팔아서 쓰는 친구도 있고 언제 죽을 줄 모르는 암담한 현실 속에서 술이나 마시며 자포자기한 친구들이 많았다고 한다. 그런 가운데서도 아버지는 유득히 희망의 끈을 놓지 않고 살아 오셨다고 한다. 일본은 언제가 패망한다는 신념을 가지고 계신 제주도 출신 김씨 아저씨와 의형제를 맺었다고 한다. 아버지는 그분과 함께 형 아우하며 지내면서 어두운 밤이 지나면 언젠가 밝은 희망의 빛을 발하는 태양이 뜬다는 믿음으로 살았다고 한다. 내가 대학시절 아버지께서는 제주도에 일이 있어서 같이 그 김씨 아저씨를 찾아가게 되었다. 아버지와 남양군도에서 같이 군대 생활한 의형제를 맺은 형님을 물어 물어서 김씨 아저씨가 살고 있는 집을 간신히 찾을 수가 있었다. 그 당시에 초가집에 햇볕을 쪼이면서 아버지를 반갑게 맞이 해 주었다. 친구분께서는 아버지를 보고서는 "나 이렇게 되었네." 하시면서 쓴 미소를 띠고 나서는 더 이상 말이 없었다. 그 당시 부조리한 정치상황에 바른 소리를 해서 고문을 당한 후유증으로 망가진 몸이 되신 것이다. 군대시절 아버지와 의형제처럼 지냈던 아저씨는 초라한 집과 초등학교 다니는 10살쯤 먹어 보이는 자녀와 옆에서 병수발을 하고 있는 부인이 있었다. 아버지는 군대에서 지식인으로 많은 지혜를 주셨던 분인데 시대를 잘못 만나서 저렇게 초라하게 병든 몸이 되었다고 하시면서 마음 아파하셨다. 일제 강점기에는 태평양전쟁에 징용되어 지난 한 세월을 보내고 목숨을 건져 살아 귀향했지만 그 당시 군부독재치하의 정치적 부조리에 대해서 항거하다가 경찰서에 불러가서 심한 심문을 받았다는 말을 듣고서 아버지께서는 매우 애석해 하셨다.

아버지께서는 하루하루가 전쟁의 총알이 날아오는 소리를 들으면서 하루 앞을 내다보지 못하는 나날이었다고 한다. 아버지는 목숨을 내놓고 살아가야 하는 전쟁터 속에서도 내일의 희망의 빛이 밝아 오리라는 한 가닥 희망을 안고 살았다고 말하곤 하셨다. 아버지는 앞이 보이지 않은 암울한 6년 동안의 군대 생활을 보내야 했다. 해방 후에도 돌아와야 할 아들이 돌아오지 않자 죽었다는 예감에 할머니는 실성한 사람처럼 모든 의욕을 잃은 채 동네 밖을 돌아 다니셨다고 한다. 나는 아버지로부터 그 전시 중에 있었던 놀라운 이야기를 들은 적이 있다. 전시 중 아버지가 탄 배가 갑자기 미국의 전투용 항공기에서 투하한 폭탄으로 산산 조각이 나게 되었다. 그 처참한 상황 속에서 정신을 잃지 않고 아버지께서 구사일생 살아 돌아온 이야기이다. 결국 일본 전투선에 탄 아버지도 바다에 빠져 허욱적 거리면서 구명선에서 던져주는 밧줄을 운이 좋게 잡았다고 한다. 미군 폭격으로 인해 피해를 입은 일본의 젊은이들과 같은 민족 동료들의 몸에서 흘러나온 피로 바다가 순식간에 피바다가 되었다고 하셨다. 아버지께서는 그 당시 여기저기에서 살려달라는 비명소리를 외치며 파도에 휩쓸려 가는 동료 병사들의 음성이 꿈속에서 가끔씩 들리곤 한다고 했다. 그 당시 아버지께서 정말 구명선에서 던져준 단 한번만의 기회를 제공하는 밧줄을 잡지 못했다면 태평양 바다에 묻힐 뻔한 일이다. 그래서 아버지는 해방이 되어도 돌아오지 못하고 1년 동안의 짠물을 먹으며 섬생활을 해야 했다. 아버지는 구사일생으로 간신히 부산에 도착한 후 부산 항구에서 가까운 우체국에서 전보를 고향에 급하게 부친 모양이었다. 고향의 할머니께서는 아버지가 해방이 되어도 돌아오지 않자 죽은 줄로 알고 있었다고 한다. 부산항에 도착한 아버지께서는 고향에 살아있음을 알리는 전보와 얼마 후에는 고향에 돌아온다는 소식을 담아 전보를 치셨다고 한다. 그런데 고향에 있는 우체국 직원이 그 전보를 받고서 퇴근시간이 되자 바로 퇴근해 버린 상태였다고 한다. 외가 부근에 사시는 우체국 직원이 지나가는 말로 진성 국 씨의 전보가 온 것 같다고 지나가는 말로 전해들은 외할머니는 아버지의 전보 소식을 급하게 달려가듯 걸어서 외가에서 여산에 사시는 친할머니한테 전했다고 한다. 친할머니는 그 전보를 찾으려 여산 우체국에 가보니 문이 잠긴 채 퇴근한 후였다. 바로 여산 우체국 가까이 사는 직원한테 급하게 연락하여 문을 열게 해서 죽었다고 생각하던 아들이 살아 돌아온다는 전보 소식을 접하고 할머니를 위시하여 생과부가 될 뻔했던 어머니할 것 없이 모두 감격의 눈물을 흘렸다고 한다. 그 이후에 군대 가기 전에 군산 일본인이 경영하는 약국에서 배운 약에 관한 지식을 토대로 약종상 자격시험에 합격하여 여산에서 걸어서 40분 떨어진 황화에 약방을 열게 되었다. 아버지는 손님들한테 친절하게 대해 주시면서 돈이 없으면 외상이나 공짜로 주었던 분이시다. 구사일생으로 전쟁터에서 살아 돌아온 아버지 앞에서는 가난한 사람과 부자 사람들이 다 평등한 존재로 보였다.

40대 중반 아버지께서는 보리 다수확 재배분야에서 최수우상을 받는 적이 있다. 그 일로 아버지는 보리 다수확 재배의 비결을 가르쳐 주기 위해서 봉사차원에서 여러 동네를 다니곤 했다. 내 어린 기억으로 아버지께서는 부지런히 퇴비를 만들어 밭에 많이 뿌려서 땅심을 얻은 다음에 열심히 땀을 흘러 재배를 한 결과 보리가 어른 크기보다 더 크게 자란 모습을 확인하러 많은 사람들이 우리 보리밭을 보러 오곤 했다.

우리 집에서 언덕 아래 한적한 곳에 있는 교회를 지나서 신평산으로 가는 산책길이 있었다. 우리 식구들은 아침이면 아버지 손을 잡고서 산책을 하곤 했다. 아버지는 우리 식구들을 신평산에 있는 절에 들러

약수를 먹으면서 하루를 시작하곤 했다. 아버지께서는 산 정상에 올라서 산 아래 신평마을 바라보면서 그날 아침 굴뚝에서 연기가 나지 않은 집은 아침밥을 굶고 있는 사람들이 있다는 것을 알고서 그 집에 먹을 먹거리를 가져다주시곤 하였다.

어느 날인가 아버지께서는 꿈에서 우체국을 주변 사회를 위해서 세워야 한다는 길몽을 꾸었다고 하시며 우체국 설립에 온갖 힘을 쏟았던 일이 있었다. 결국 황화우체국이라는 간판이 올라가고 초창기에 삼촌들도 거기에서 일을 하게 되고 아버지께서 처음에는 우체국 운영에 참여하다가 사정이 생겨서 우체국의 운영으로부터 손을 떼게 되었다. 처음부터 우체국은 공익적인 기관이니 개인의 사익을 위해서 우체국이 운영되어서는 아니 된다는 부친의 이타주의적인 신념의 발로로 이해할 수 있었다. 지금도 고향에 가보면 황화우체국이 있다. 황화우체국을 볼 때마다 아버지처럼 사회를 위해서 무엇인가 남겨 놓고 갈 것이 무엇인지를 고민하게 되었다. 아버지와 어머니께서는 자애로운 마음으로 자녀들을 성장시킨 결과 간호원, 인문학교수, 전산학교수, 교사, 목사, 교회성가대 지휘자, 영업 관리자로 사회 각 분야에서 모범적으로 살다 가신 아버지의 삶을 거울삼아 성실히 살아가고 있다.

내 인생에서 가장 복된 만남은 아버지와의 만남이었다. 나는 아버지를 통하여 진정한 기쁨, 자유. 희망, 삶의 여유를 느낄 수 있었다. 아버지는 때 묻지 않은 싱싱한 산, 들, 시냇물과 같은 존재였다. 아버지와 만남에는 포도밭이 있었고, 음악이 흐르고, 따뜻한 대화가 오고 가는 소중한 가정의 분위기 속에 쉼터 같은 느낌을 주셨다. 또한 바다와 같이 넓은 마음으로 기다리려 주는 아버지만의 교육철학이 있었다. 아버지는 자기를 희생하면서까지 약자와 가난한 이웃을 품어주는 따뜻한 인간미가 있었다.

아버지는 자녀의 눈높이에 맞추어서 상대방의 입장을 충분히 배려하여 마음 편하게 대하는 교육철학을 가지고 있었다. 아버지는 공부는 꼴찌해도 나한테 닭을 잘 기르는 솜씨가 있다고 하시며 용기를 주었고, 공부는 못해도 삶의 기쁨을 느끼게 하고 자신감을 심어주고 꿈을 꾸게 하고 자부심과 자존감을 심어 주셨다. 아버지는 종종 하찮은 일에도 칭찬을 많이 해주고 마음을 편안하고 안정감을 주었다. 그래서 아버지는 공부는 꼴찌해도 해피보이로 성장할 수 있었고, 마음껏 꿈의 날개를 자유스럽게 펼칠 수 있도록 배려해 주셨다. 만약 아버지가 그 당시 공부는 꼴찌하는 나한테 열을 받은 나머지 군밤이나 주고, 소리치며 공부하라고 강요하고, 공부 잘하는 형과 비교하였다면 나는 아마도 반항아가 되었거나, 자신감과 자존감이 상실된 문제아가 될 수도 있었을 것이라고 본다.

부친의 중년시절(외숙모, 이모, 외삼촌, 외숙모의 오빠)

가족학의 권위자 버지니아사틸 교수는 가정은 한 인간을 만드는 공장과 같다고 지적한 바 있다. 어떤 사람은 가정교육을 잘 받아서 사회에 쓸모 있는 사람이 되기고 하고, 어떤 이는 가정교육이 잘못되어서 사회에 쓸모없는 존재로 전락하는 경우가 많다.

나의 아버지께서는 어머니와 화목하게 살기 위해서 서로 갈등하지 않고 서로 사랑하는 법을 어린 나에게 보여주시며, 모든 사람들을 아버지 앞에서 평등한 존재로 대하는 법과 이웃을 배려하는 정신을 각인시켜 주셨다.

3. 사모곡 - 돌아가신 어머니를 그리며

어머님께서 아버지께서 암이라는 병환으로 60세를 채우지 못하시고 일찍이 가시는 바람에 모든 집안일을 아버지에 의지하고 사시다가 여러 가지 마음 고생을 많이 하셨다. 고향에서 사는 막내 동생이 어머니를 모시고 살았기 때문에 자주 찾아 뵙지 못하고 효도를 제대로 못해드린 것 같아 항상 죄송한 마음을 가지고 살았다.

어머니께서 이가 아프다고 동생한테 소식이 오면 쏜살같이 달려가서 조카 동생이 운영하는 이리 치과병원에 모시고 다닐 때 차안에서 이런 저런 집안 소식을 전하며 못 나눈 대화를 했던 추억이 남아 있다.

가족행사가 있을 때면 고향에 내려가 동생들과 같이 주위 유원자에 놀러가서 꽃구경을 하면서 즐겨운 시간을 보낸 기억이며 독일에 사시는 누님이 초대해서 해외 여행을 갔다 오시고 외국 여행에서 있었던 이야기를 나눈 기억이 새롭게 생각이 나곤 한다.

어머니께서 노년 요양 병원에 다니 실 때 94세의 나이에 전체적으로 병약한 상태에서 두 번이나 연겁어 코로나 예방주사를 맞은바람에 병상에 눕게 되었다. 갑자기 고향에서 위독하다는 소식을 받고서 급하게 달려갔다. 어머니께서는 숨을 깊이 쉬며 나의 손을 꼭 잡으시며 할 말이 있는 것 같지만 입을 열지을 못하셨다. 그날 나는 늦게나마 어머니를 살려보겠다고 인공호흡이라도 해 보았으나 소용이 없어서 다급한 마음에 119를 불러서 호흡 소생술을 시도해 보았으나 결국 운명하시고 말았다.

2021년 5월 4일 저녁에 운구차가 오고 장례 절차를 밟아야 했다. 어머니 장례식장에서 어머니를 생각하며 쓴 추모의 글을 소개할까 한다.

자랑스러운, 나의 어머니!
어머님께서 위독하다는 소식에 놀라 고향을 향해 달려갔습니다.
어머니는 아들을 알아보는 듯 어머니의 눈은 작아졌지만 반짝이고 있었습니다.
말씀은 잘 하지는 못해도 가끔 깊은 아픔의 통증을 참으시면서 끙끙대며 내시는 소리를 들을 때마다 어머니의 고통을 대신할 수 없는 아들이라는 존재의 무력감을 느끼게 되었습니다.
어머니한테 받은 것은 너무 많은 데 보답해 드린 것이 너무 없어서 죄인이 되는 기분이었습니다.
어린 시절에는 공부를 못한다고 걱정이 태산이셨던 우리 어머니!
배고픈 시절 어머니께서 어린 동생을 힘들어 낳으시고 미역국을 먹고 계시는 모습을 보고 있는 나한테 다 먹지 않으시고 남겨주신 자애로우신 어머니의 모습을 나는 잊을 수가 없습니다.
임종하실 때 어머니의 몸이 앙상한 나무처럼 너무 여위셨고 그렇게 곱던 어머니의 모습은 온데간데 없고 마냥 아파하시고 고통 속에서 어머니의 얼굴은 반쪽이 되셨습니다..

아버지와 어머니는 잉꼬부부로 소문이 나 있었습니다.
정이 많으신 아버지로부터 많은 사랑을 받아 오신 어머니!
아버지께서 병환으로 60세가 못되어서 일찍 돌아가시고 혼자서 오십 중반이 못 되어서 생활전선에서 열심히 일을 하시면서 자식들에게 도움의 손길을 뻗치지 않으시고 묵묵히 살아오신 우리 어머니가 자랑스럽습니다.

어머니!
그 간 이 땅에서 살면서 고생 너무 많았습니다.
이젠 천국에서 주님과 함께 평안한 나날을 보내시고 계실 줄 믿고 있습니다.
어머님의 사랑 속에서 7남매는 아름다운 깃발처럼
삶의 현장에서 펄럭이면서 별이 되어 반짝이고 있을 것입니다.
그래도 나는 어머님의 활짝 웃는 모습은 두고두고 기억하고 어머니의 따뜻한 손길은 영원히 가슴에 안고 살아가겠습니다.

4. 나의 어린 시절

1) 어린 시절 오일장이 서는 날을 기다리다

타임마신을 타고 어린 시절로 다시 되돌라 가는 기분이다. 나의 어린 시절하면 떠오르는 기억이 나는 대로 진솔하게 보여 주려고 한다.

지금까지 사는 동안에 나도 모르게 매몰되거나 지워진 기억들을 제외하고 말이다. 정말 어린 시절로 시계를 다시 돌려서 오늘부터 한 장씩 어린 시절의 추억을 되살려 보기로 한다. 본인은 아버지(진성국)와 어머니(김희화) 사이에서 4남 3녀중 두 번째 쌍둥이 아들로 태어났다. 우리 동네는 충청남도와 전라북도의 경계에 있는 평범한 시골 마을이었다. 부모님 고향은 전북에 속하는 여산이었다. 지금도 친조카들과 외가 집측의 식구들은 여산에 사신다. 그 당시에는 행정구획으로는 여산과 황화은 오랫동안 전북에 속해 있었는 데, 금산하고 황화가 충남에 병합이 되는 바람에 충청도가 된 지역이다. 우리 집은 시골이지만 버스가 다니는 신작로 가에 약방을 운영하고 있었다. 사이좋게 지내는 부모님은 우리 동네 주변 사람들로 하여금 부러움의 대상이 되곤 하였다. 우리 집에는 외가에서 온 여러 삼촌들과 이모들이 같이 일손을 도우며 살고 있었다. 아버지께서는 약방, 농약사, 기와공장, 그리고 정류소를 운영하고 있었기 때문에 많은 일손이 필요했기 때문이었다.

어린 시절에는 시대적으로 6.25 전쟁 전후 빈곤한 사회 분위기 속에서 문화 혜택이라면 전라북도 공보관에서 제공하는 초등학교 운동장에서 영화를 보는 것이 거의 전부였다. 신작로에는 그 당시에 전후의 어둡고 암울한 시대였기에 동냥 얻으러 다니는 거지들이 많이 득실거렸다. 그 당시 전후 빈곤한 형편 속에서 먹을 것이 없어서 부황에 걸려서 죽은 친구들도 있었다. 그래도 어린 시절에 살았던 집 부근에 읍사무소가 있었고, 집에서 걸어서 3백 백 미터쯤 작은 언덕을 내려가면 오일장이 서는 장터가 있었고, 오일장이 서는 날이면 조용한 마을도 시장을 보러 나온 사람들의 소리로 시장 전체가 항상 시끌벅적 거렸다. 장터에 오일장이 서는 날이면 걸어서 5분이면 갈 수 있는 가까운

거리이고, 특별히 할 일 없는 나로서는 구경삼아 장터에 가곤 했다. 장날이면 먹을 것을 마음 놓고 사먹을 수 있고, 약장수가 약을 팔기 전에 사람들의 시선을 끌려고 곡예와 마술을 부리는 재미있는 신기한 장면들을 볼 수 있었기 때문에 그 날을 기다리곤 했다. 예컨대 약장수가 약을 팔기 전에 원숭이 쇼부터 시작하여 마술을 부리는 사람, 입에서 불을 내뿜은 쇼를 보여 주곤 하였다. 그것을 보고 있노라면 시간가는 줄도 모르고 재미있는 쇼를 보면서 흥이 나서 넋을 잃을 정도였다. 그 당시에는 농촌 주변에는 일거리가 별로 없어서 산에 가서 땅위에 떨어진 마른 나뭇가지들을 모아 한단씩 묶어서 나무를 파는 사람들이 너무 많았다. 평소에 파전을 좋아하는 나는 시장이 서는 날이면 그 사이에 모아 놓는 동전으로 파전을 사먹는 것을 즐기곤 했다. 하루의 장이 다 파하고 나면 사람 없는 빈 장터에 혼자서 장터 바닥을 뒤지면서 돌아다니곤 했다. 운 좋은 날에는 땅위에 쌓인 나뭇잎 속에 묻혀있는 돈을 주을 수도 있기 때문이었다. 장터의 빈 공간을 활용하여 임시로 만든 천막을 치고 세운 가설극장이 서는 날에는 여러 동네에서 모처럼 영화를 보러 나온 사람들로 장터가 채워져 앉을 자리가 없을 정도였다. 지금 기억나는 것으로는 장터에서 천막 극장에서 상영되는 무성영화로 『인디언의 결투』와 같은 서부활극뿐만 아니라 『임꺽정』 같은 역사물이 있었다. 처음에 변사가 이야기를 들려주는 무성 영화는 화면에서 움직이는 장면은 있지만 소리가 전혀 들리지 않은 무성영화였다. 그 때문에 변사가 대신하여 각 장면의 대화의 내용을 등장하는 인물들을 대신하여 사람들에게 구성진 목소리로 영화의 내용을 전달해 주는 것으로 만족해야 했다.

어느 날인가 가설극장에서 행운의 상품권을 준다고 하니 많은 사람들이 주변 마을에서 몰려들었다. 영화 상영이 끝나자 한 사람이 연단에 올라가서 영화를 보러 입장한 사람들에게 입장할 때 받은 번호표와 맞추어보는 행운의 당첨권을 뽑은 일련의 행사가 있었다. 운 좋게도 우리 집에 도우미로 일을 하시는 분이 탁상용 시계를 상품으로 받은 기억이 난다. 그 당시에 볼거리가 없었던 시절에 유일하게 천막으로 가설한 극장에서 영화를 보는 일과 행운의 당첨권을 뽑는 이벤트 행사가 이루어지는 풍경이 볼만한 유일한 오락거리였다.

2) 성탄절 준비로 교회에 다니며 지내던 시절의 이야기

집에서 걸어서 10분이면 도달할 수 있는 언덕 위에 조그마한 교회당도 있었다. 우리 집에서 교회당에 가는 길은 혼자서 가기에는 어린 나이에 무서운 생각이 들 때가 많았다. 왜냐하면 교회당에 가는 길옆에 무덤위에 들풀이 무성히 자란 채 여기저기에 방치되어 있었기 때문이었다. 어두운 밤길에 혼자서 걸어가면 무슨 죽은 사람들의 귀신이 곧 뛰어 나올 것 같은 기분이 들곤 했다. 그 당시에는 들리는 소문에는 밀밭에서 밀이 사람 키보다 더 자라면 깊은 숲처럼 된다. 그래서 사람이 밀밭에 들어가면 보이지 않을 정도가 된다. 동네에 가끔 나타나는 문둥병자들이 어린아이들을 몰래 밀밭에 데리고 가서 간을 먹어치운다는 믿기 어려운 소문이 돌고 있었다. 초등학교 화장실에 가면 달걀귀신이 있어서 조심하라는 말도 있어서 공중 화장실에 가는 일이 무서워지곤 했다. 그래도 매년 찾아오는 12월 크리스마스 날을 준비하는 시기가 오면 교회에 오장로라는 분이 어린이 연극공연에 출연할 어린이에게 배역을 주고 열심히 연습을 시켜서 교회 신도들에게 공연을 보여주시곤 했다. 어린 시절에 본인은 크리스마스 날에는 교회에서 올리는 연극공연에 등장하는 주인공은 아니지만 신하 역활을 했던 일이 기억이 난다. 주인공은 머리가 좋고 대사를 잘 외울 수 있는 형이 주인공 배역을 맡고, 나같이 공부를 못하는 장난꾸러기에게는 신하역을 맡게 했다. 주인공이 되면 대사가 외울 것도 많고 하여 신하의 역을 맡으면 고개만 숙이고 몇 가지 대사만 외우면 되는 일이었다. 나는 왕이 지나가면 고개를 숙어 몇 마디 인사정도만 하는 간단한 역을 담당한 것이다. 형은 잘 생기고 머리가 좋아서 모든 신하들을 거닐고 다나는 왕역활을 할 정도로 충분한 조건을 갖추고 있었다.

우리가 살고 있는 동네 밖을 조금만 나가면 물고기를 잡을 수 있는 시냇물이 흐르고 있었다. 너무 넓은 신나는 놀이 광장이 펼쳐져 있었다. 그 당시에 나에게 집밖은 마음 놓고 뛰어 놀 수 있는 놀이터였다, 공부를 강요하지 않은 아버지 덕분에 공부에 신경을 쓰지 않아도 되었다. 학교에서 빵점을 받아도 웃고 계시는 아버지의 덕분에 공부하라는 말을 강요받지 않고 공부에는 전혀 신경을 쓰지 않아도 되는 해피보이였다. 그리고 그 당시에는 초등학교만 졸업하면 아버지와 닭을 기르면서 농사를 짓고 사는 것이 꿈의 전부였다. 내 주위에는 산으로 들로 뛰어 다닐 수 있는 동네 아이들도 많았다. 가로등이 없었던 어린 시절 밤이 되면 달빛아래 희미하지만 움직이는 친구들의 소리로 누구인지를 확인하면서 볏집 속에 숨어있는 친구를 찾으며 숨바꼭질을 하던 일이 눈에 선하다. 우리 집도 동네에서 약방 집을 운영하고 있었기 때문에 그 당시에 동네에서 잘 사는 쪽에 속했다. 우리 집을 방문하시는 손님들에게 큰절을 하도록 하는 유교적 예절을 나는 가르침 받곤 했다. 부모님이 잉꼬부부로 소문이 나 있었고 사이좋게 사시는 모습을 주위 사람들이 부러워하곤 했다.

3) 골목대장하며 닭을 기르던 시절이야기

나는 쌍둥이로 태어났는데, 그것도 똑같은 유전자를 지닌 일란성 쌍둥이로 말이다. 쌍둥이라고 주위 친구들한테 놀림을 받으면 그 날은 싸움판이 벌어지는 날이었다. 나는 쌍둥이라고 놀려대는 친구하고 싸움을 하곤 했다. 그렇게 싸움을 자주 하다 보니 동네에서는 나는 일본말로 캥카도로 통했다. 캥카도라는 일본말은 한국어로 깡패라는 말이라는 것을 나중에야 알게 되었다. 나는 큰 형이 동네 친구들과 싸움하는 어설픈 장면을 자세히 쳐다보면 형의 너무 소극적인 공격 자세로 싸움을 하는 것이 마음에 들지 않았다. 그래서 나는 형을 제치고 나서서 흑기사처럼 어깨에 힘을 주고서 싸움을 해 주곤 했다. 그 당시에는 공부는 하지 않고 밖으로 놀러 다니다 보니 얼굴은 검게 타고 힘만이 남아도는 건강하고 맹랑한 아이였다. 동네에서는 나를 대적할 친구가 없었다. 당연히 그런 덕분에 꼬마친구들이 내 밑으로 몰려오게 되어서 동네 골목대장으로 군림하게 되었다. 나는 무엇보다도 공부는 못해도 기가 죽지 않고 활발하고 명랑했다. 우리 집은 마당이 있는 한옥집 구조에서 한 모퉁이에 닭집을 지어 닭을 키웠다. 닭먹이감으로 개구리가 닭의 영양에 좋다는 말에 골목대장인 나는 아이들을 들로, 산으로 끌고 다니면서 개구리를 잡도록 했다. 개구리를 많이 잡아온 아이들한테는 과자와 사탕을 주어 가면서 개구리를 많이 잡아 오도록 했다. 그렇게 잡아 온 개구리를 닭에게 먹이니 토실토실하게 잘 자랐다. 그 당시 나는 소년의 몸으로 10마리 이상의 닭을 기르고 있었다. 반면에 쌍둥이 중에서 큰 형은 주로 집에서 공부에만 정신을 쓰고 있는 반에서 급장만하는 모범생으로 통했다.

한번은 이런 일이 있었다. 마당에서 한 여름에 집안에 잔치 준비를 하고 있었다. 그래서 이모들도 부엌이 좁아서 마당에다 화독을 별도로 만들어 음식을 만들고 있었다. 형과 나는 옆에서 만들어 놓은 음식을 먹은 데만 신경을 썼다. 호기심이 갑자기 발동하여 화독에 타고 있는 불쏘시개를 손에 쥐고 볏짚으로 만든 한옥집 처마 끝에 갔다 대 보고 싶었다. 나는 볏지붕에 불이 붙어 있는 불쏘시개를 대는 순간 획하는 소리와 함께 불이 붙기 시작하더니 크게 불이 난 것이다. 불이 난 것을 본 이모들이 즉각 달려들어서 옆에 있던 세숫대야로 물을 부어서 간신히 불을 끌 수가 있었다. 그래도 지붕의 한 구석이 시커멓게 탄 것을 본 형과 나는 놀란 나머지 부모님으로부터 크게 혼이 날까 봐 밖으로 줄행랑을 쳤던 기억이 있다. 그 일로 잡혀서 아버지한테 처음으로 종아리에 피가 나도록 무섭게 매를 맞은 기억이 새롭게 생각이 난다.

4) 어머니가 낸 산수 문제를 풀지 못하면 학교를 그만 두라는 사연

나는 형에 비하면 아주 공부도 꼴찌에 가깝고 놀기만 좋아하기 때문에 아버지께서는 농사일을 하면서 같이 살면 좋겠다고 생각하고 계신 것 같았다. 형은 학교에서 학교 반급장을 하면서 백점을 맞으면 학교에서 주는 별표의 딱지를 훈장처럼 달고 다니는 모습이 가끔은 부러울 때가 있었다. 나도 언젠가 백점을 맞아서 별표의 훈장을 앞가슴에 붙이고 자랑하며 다니는 꿈을 꾸곤 했다. 그런데 아버지께서는 함께 농사를 짓고 같이 살 것이니 공부 좀 못해도 되는 것처럼 빵점을 받아와도 너그럽게 웃으시며 안아 주셨다. 반면에 어머니께서는 내가 외가식구를 닮아서 공부를 못한다는 동네사람들의 말이 마음에 걸린 모양이었다. 하루는 어머니께서 빵점을 계속 받아 오니까 정색하시면서 이렇게 말씀하시는 것이었다. "오늘 이 문제를 풀지 못하면 학교에 갈 필요가 없다. 농사나 짓고 살자" 하시면서 시험 문제를 내시는 것이었다. 그 문제를 지금도 기억하고 있다. 3+6은 얼마냐? 이었다. 그 당시에 초등학교 1학년인가 2학년었던가 기억이 잘 나지 않지만 말이다. 그 문제를 받고서 나는 아무런 생각이 나지 않았다. 도무지 무엇을 써야 할지 앞이 캄캄할 따름이었다. 그림을 그려야 할지 어떠한 숫자를 써야 할지 모르고 있었다. 우선 학교에 가지 못하면 어떻게 될지를 생각했을 때 문뜩 같이 놀아주던 친구들이 눈에 떠올랐다. 어쨌든 어머니의 산수 문제를 풀지 못하면 더 이상 놀지 못하고 이별해야 할 친구들을 생각하니 걱정이 밀려왔다. 나와 놀라 주었던 친구들이 있는 학교에 다닐 수 없다는 생각이 밀려오는 그날이 나에게 최악의 날인 것 같았다. 그 당시 학교는 나에게 친구들과 마음 놓고 재미있게 놀 수 있는 유일한 놀이 마당이었기 때문이었다. 집에서 약방을 하기 때문에 그 때 마침 손님이 오셔서 어머니가 손님한테 가신 사이에 옆에 있었던 형이 예비오제라는 영양제를 가리키면서 900개가 들어 있는 9자를 그려 보라는 손가락으로 가리킨 신호를 받고서 9자를 재빨리 그려 놓았다. 약방 손님을 보내시고 들어와 9자를 쓰여 있는 것을 본 어머니께서 의아한 표정을 짓고 있었다. 그래도 어머니께서는 안도의 한숨을 쉬고는 머리가 빈 깡통은 아니라고 생각하신 것인지 학교 다녀도 좋다고 하시며 고개를 끄덕여 주시었다. 그 당시 내가 가지고 있는 실력으로는 도저히 풀 수 없는 어려운 문제였었다. 어머니가 낸 어려운 시험을 형의 도움으로 무사히 통과하여 당당하게 학교에 다닐 수가 있었다.

이모들이 자주 집안일을 도와주러 우리 집에 오시곤 했다. 이모 중에는 이야기를 재미있게 잘하시는 큰이모가 계셨다. 큰이모는 『 아리

비안 나이트의 천일야화』를 처음부터 끝까지 조용한 목소리로 저녁 잠들기 전까지 읽어 주시곤 하였다. 큰 이모는 왕이 처녀와 한밤을 같이 즐기고 나서 그 다음 날에 그 처녀를 죽이는 나쁜 버릇을 고쳐주려고 천일동안 재미있고 교훈적인 이야기를 지어서 들려주어 왕의 마음을 바꾸게 되었다는 놀라운 이야기를 해 주었던 기억이 난다. 큰 이모의 이야기 중에는 마술의 주문 "열려라! 쾌알!" 하고 주문을 외우면 바위의 문이 열리는 마법 이야기는 두고 두고 잊혀지지 않았다.

가족 나들이

또한 많은 위인전을 읽어 주곤 하였는데, 『나폴레옹 영웅전』에서 뛰어난 계략으로 빠른 속도로 많은 나라를 정복하는 과정과 알프스 산을 넘어가는 나폴레옹의 용기 있는 모습이라든지, 링컨이 어린 시절에 가난하여 책 살돈이 없어서 빌려서 책을 빌려 보았는데, 지붕이 세어서 빗물에 책이 적신이야기라든지, 링컨은 그렇게 어렵게 공부를 하였지만 나중에 미국의 남북전쟁을 승리로 이끌면서 흑인의 노예제도를 폐지하여 흑인과 백인이 평등하게 사는 세상을 만든 위대한 대통령이 되었다는 이야기가 그 당시 어린 마음속에 깊이 새겨지게 되었다. 에디슨이 어린 시절부터 엉뚱한 질문을 잘하는 문제아였는데, 꾸준히 의심을 품고 온갖 노력으로 발명왕이 된 이야기와 천재는 1퍼센트의 영감과 99퍼센트의 노력의 결과라는 말을 남긴 그의 명언은 오랫동안 머릿속에 남아 있었다.

5) 받아쓰기에 빵점에 얽힌 이야기

학교에 가서는 형이 쌍둥이라고 옆에 앉아서 공부하기 때문에 시험을 보면 공부 잘하는 형의 답안을 곁눈으로 살짝 보고 쓰곤 했다. 한 번은 내가 형 옆에 앉아서 컨닝하고 있는 것이 2학년 K담임 선생님한테 발각이 되어서 매우 무섭게 벌을 받은 적이 있다. 지금도 K선생님이 컨닝하는 나에게 무서운 벌을 내려 준 덕분에 그때부터 빵점을 받아도 컨닝은 하지 않았던 기억이 있다. 지금도 컨닝하는 나쁜 버릇을 고쳐 주신 선생님한테 감사할 따름이다.

K선생님 후임으로 3학년 때 담임으로 다른 K선생님이 우리 학교에 오셨다. 선생님은 날씬하고 목소리가 꾀꼬리 소리를 내는 젊은 여자 선생님이셨다. 음악시간에 되면 선생님은 제대로 고운 목소리로 마음을 감동시키기에 충분했다. K선생님이 자취하는 곳에 자주 심부름도

가다보니 선생님이 어떻게 사시는 지를 환히 알 수가 있었다. 선생님은 우리 동네에 방을 얻어서 자취를 하고 계셨다. 친구들이 같이 자취집에 가 보니 땔감도 없고 해서 골목대장이었던 나는 친구들을 동원하여 초등학교 운동장에 널려 있는 포플러나무의 낙엽을 주어서 주머니와 상자에 담아서 전달해 주곤 하였다. 그해 겨울 방학에 저녁밥을 먹고 같은 동네에 사는 반 학생들을 불러서 일기를 제대로 쓰고 있는지, 부족한 과목을 지도해 주시곤 했다. 동네 예쁜 여학생이 같이 공부하게 되어서 그냥 즐겁고 흥이 저절로 났던 기억이 새롭다. 공부는 못해도 분위기만은 재대로 읽을 줄 아는 맹랑한 아이였던 것 같다.

학교에서 빵점을 받은 시험지를 가지고 집으로 가는 날이면 여러 가지 생각이 밀려왔다. 아빠한테 매를 들고 무섭게 혼이 날 것을 생각하니 두려움이 앞섰다. 집으로 들어가서 형은 먼저 100점을 받은 시험지를 자랑삼아 보여주고 있었다. 어쩔 수 없이 나는 아버지께 빵점짜리 시험지를 아주 조심스럽게 내밀었다. 그런데 이게 웬일일까? 아버지께서는 매대신에 그럴 수도 있지 하시면서 걱정하지 말라고 하시면서 날 끌어 안으셨다. 그때 받은 아버지의 품은 따뜻하기만 하였다. 공부를 못한 못난 아들을 매 대신에 사랑으로 품어주신 아버지가 매우 고마웠고 보답의 길이 무엇인지를 희미하나마 고민하게 되었다.

그런데 3학년 때인가 싶다. 초등학교 3학년 시절로 기억되는 데 "푸른 하늘 우러러 보며 유관순 누나를 생각합니다"라는 구절이 나온다. 담임 선생님이 받아쓰기를 보는 날이었다. 선생님이 불러주는 받아쓰기 시험에서 내가 아는 것이라곤 하나도 받아쓸 수가 없었다. 마지막 불러주는 받아쓰기 중에서 유관순 누나를 받아쓰라는 말에 귀가 쫑긋했다. 그것만은 잘 쓸 수 있었기 때문이었다. 그래서 정성을 다하여 유관순 누나 하나만 잘 썼다고 확신했다. 나중에 검토해 보니 '유관순 누나'를 쓴다는 것이 '유관순 구나'를 써 버리고 말았던 것이다. 그러니까 누구라는 단어에서 누와 구를 바꾸어 써버린 것이었다.

그래서 수업이 끝난 후 빵점을 맞은 아이들만 남아서 청소를 하라는 선생님의 지시에 따라서 교실청소를 하게 되었다. 그곳에 빵점을 맞은 친구들이 나를 포함하여 십여 명이 교실에 남아 있었다. 교실 청소를 하면서 같이 청소하는 친구들에게 너하고는 다르다고 하면서 '누나'를 '구나'로 한 자만 잘 썼더라면 너희하고 달리 청소하지 안 해도 될 것인데 이렇게 한 자 잘 못 쓴 실수로 이렇게 너희와 같이 청소한 신세가 되었다고 하면서 청소는 하지 않고 의기양양하게 장난만 치면서 고삐 풀린 망아지처럼 여기저기 돌아 다녔다. 한 술 더 떠서 급장처럼 청소를 하지 않은 친구들에게 청소를 하라고 지시하면서 다닐 정도로 뻔뻔한 구석이 있었다. 보통 빵점을 맞으면 고개가 숙여지고 기가 죽을 법한데, 기가 죽지 않고 너와는 다른 사람이라고 강조하면서 입만 살아서 급장처럼 행동했던 어린 시절을 생각하면 지금도 웃음이 나오곤 한다.

6) 들판을 놀이터로 삼고 마냥 뛰어다니던 시절

동네 앞에 놓여 있는 산과 들로 새잡으러 다닐 적의 일과 물가로 고기잡으러 다닐 때의 일이라든지 예쁜 여자 아이들만 골라서 골려주곤 했던 어린 시절의 기억을 되살리어 추억의 공간 속으로 들어가고자 한다.

우리 반에 P라는 친구가 있었다. 그 친구는 내가 사는 마을에서 20분 정도 걸어서 갈 수 있는 주촌이라는 마을에 살고 있었다. 그 친구는 같이 새잡이와 물고기 잡이를 항상 같이 해 주었다. 노는 데는 서로 마음이 척척 통했다. 서로가 공부는 싫어했지만 노는 것만은 누구

못지않게 잘 할 수 있었다. 논밭이 바람이 부는 넓은 들판에 펼쳐 있었다. 새를 잡으러 산으로 가는 길에는 상여를 보관해 놓은 상여집을 지나서 자우장 밭이 있었고 마을 앞에 냇가가 흐르고, 그 너머에 낮은 언덕 같은 산이 있었다. 큰 소나무가 많이 있었고, 야생풀들이 여기 저기 바람에 물결치듯 나부끼고 있었다. 새를 잡으려면 먼저 풀밭 속에서 마른 풀들을 입으로 모아서 지은 새둥지를 찾아야 되고, 그 다음에 그 새집 주위에 하얀 실로 올가미를 만들어서 멀리서 새집에 새가 올 때까지 숨어서 기다려야 되었다. 해가 서산에 지고 어둠이 서서히 밀려올 때, 집으로 살그머니 부모님이 모르게 집에 들어와서 자곤 했다.

너무 늦게 집에 돌아 올 경우를 제외하고 부모님이 크게 혼낸 적이 없다. 요즈음 같아서는 숙제도 하지 않고서 어디를 쏘다닌다고 혼 줄이 날 법한데 말이다. 약방과 농약사를 같이 운영하는 우리 집에는 고기를 잡은 방법 중에 하나로서 짙은 회색을 띄고 있는 나무뿌리를 바위위에 놓고서 돌로 빵구면서 갈면 곧 바로 하얗게 쌀뜨물 같은 것이 나오고 있었다. 그 하얀 뜨물을 깊이 고여 있는 냇물의 안쪽으로 보내면 몇 분 지나면 물고기가 힘없이 둥둥 떠다니는 것을 대나무를 세밀하게 깎아서 만든 소꾸리로 건져 내면 되는 일이었다. 정말 수 없이 많은 매기, 붕어 등 물고기라는 놈들은 물위로 술에 취한 사람처럼 비뜰삐뜰 떠다니고 있었다. 잡은 물고기를 같이 잡았던 친구하고 반절로 나누어서 집에 큰 바구니에 잡은 물고기를 넣어 가지고 오면 식구들이 음식으로 만들어서 맛있게 먹곤 했다.

보통 방과 후에 집에서 보리밥이라도 배불리 먹고 나설 때면 주점거리로 밭에 가서 생고구마를 캐서 물로 씻어 깎아 먹으면 허기진 배를 채울 수가 있었다. 동네를 한 바퀴 돌다가 어느 아는 집에 가서 일하는 모습을 쳐다보다가 반들반들하게 청소해 놓은 마루위에서 주인의 허락도 없이 누워 있다가는 나도 모르게 잠이 들곤 하였다. 거기에 일하는 동네 아주머니가 자고 있는 아이는 누구인지 궁금한 나머지 나한테 다가와서 깨워서 보니 약방집 쌍둥이라고 알아보고 반갑게 웃어 주시면서 먹을 것을 친절히 챙겨주곤 하셨다.

7) 여름방학 숙제는 이모들이 대신 해 주던 이야기

방학이 되면 외가에 자주 가곤했다. 공부는 꼴찌해도 귀공자처럼 나를 예뻐해 주시는 이모들이 있어서 자주 외가에 가곤했다. 외가는 우리 집에서 걸어서 1시간 정도 도달할 수 있는 독다물이라는 작은 시골 동네였다. 외가에는 나를 귀여워 해주시며 재미있게 옛날이야기를 들려주시는 예쁜 이모들이 다섯이나 있었다. 이모님들이 조카들이 귀엽게 생겼다고 하시며 친절하게 재미있는 이야기를 들려주며 놀아주었다. 외할아버지께서는 밭에 참외와 수박 농사를 지으셨다. 외가 가까이 원두막에 있었는데, 원두막을 지키려 같이 간 네째 이모가 처음에는 방학때 낸 숙제를 나와 같이 풀다가 공부에는 관심이 없는 몸으로 앉자 있으려니 매우 힘든 일이었다. 그 사이에 잠자리가 날아오면 잠자리를 잡는다고 갑자기 뛰어 나가고 나비가 나타나면 신기하게 생겼다고 나비를 잡아보겠다고 쫄랑거리며 다녔다. 그러는 사이에 결국 방학 숙제는 이모의 몫이 되어버릴 때가 많았다. 그래도 이모들은 저녁이면 낮에 여기저기 분주하게 논밭을 누비고 다녔던 몸을 씻어주고 부채로 모기를 쫓아가며 콩쥐 팥쥐 이야기를 들려주곤 하였다. 그 당시에 콩쥐 팥쥐 이야기를 들으면서 듣기는 매우 재미있는 데 내가 읽으려고 하면 왜 이리 지루하고 잘 읽히지가 않는가에 대해서 궁금해졌다. 그 당시 나는 한글에 대한 기본 지식이 없는 상태였기에 한글로 된 복잡한 문장은 더욱 이해가 어려웠을 정도로 무지한 상태였다고 해도 과언이 아니었다.

네째 이모께서는 빨간 홍시감을 따 준다고 집안에 있는 큰 감나무에 올라가시곤 했다. 이모가 남장부처럼 팔을 걷어 올리시고 그 높은 감나무에 올라가시곤 했다. 어린 마음에 올라가서 떨어지면 어쩌나 걱정이 되기도 하였지만 이모님은 긴 대나무 끝에 주머니를 매달아 가지고 감나무에 올라가서 홍시감을 아주 빨갛게 잘 익는 것만 골라서 따가지고 내려와서는 같이 나누어 입술이 빨게 지도록 맛있게 먹었던 일은 두고두고 잊어지지 않았다.

외가에 여러 날에 걸쳐서 있으면 우리 집에서 일하시던 외삼촌이 자전거로 나를 데리러 오신다. 외삼촌이 밤늦게 자전거로 나를 태우고 가노라면 집에 도착하기도 전에 삼촌 등 뒤에서 잠이 들곤 했다.

8) 어린 시절부터 연애한다는 소문을 듣다

나는 어린 시절에 예쁜 여자애들 만을 골라서 괴롭혔던 생각이 난다. 예쁜 여자애들이 화장실에 가면 그냥 뒤쫓아 가서 문을 소리 나게 마구 두드린다든지, 운동장에서 여자애들이 고무줄놀이를 하면 칼로 자르고 도망가곤 했다. 어느 날인가 괴롭힘을 당한 여자 친구의 어머니께서 나를 부르시더니 다시는 그렇게 자기 딸을 괴롭히지 말라고 경고하면서 몹시 나무라셨다. 그 당시에 어린 시절에도 누가 말릴 수 없는 맹랑하고 활달한 면이 있었던 것 같다. 그런데 내 주변에 있는 여자 애들이 나에게 끌리는 매력이 있었던지 같이 놀자고 자주 자기 집에 초대를 하곤 했다. 나를 초대한 여자애는 위로 공주 같은 예쁘게 생긴 언니들이 셋이나 더 있었고 동네에서 가장 잘 사는 측에 속했다. 그 당시에 시골에서 그 여자애의 집에는 큰 자동차가 여러 대 있을 정도로 부유한 집이었기 때문에 동네 친구들의 부러움의 대상이었다. 같이 온 애들이랑 작은 상자에 모형 먹거리를 올려놓고 소꿉장난도 하고, 역할을 바꾸어 어머니와 아빠 역할을 흉내 내며 시간가는 줄을 모르고 재미있게 놀이했던 기억이 있다. 동네 아이들이 내가 예쁜 여자애들과 같이 노는 것에 질투심이 발동하였던지, 갑자기 놀고 있는 우리들을 향하여 돌팔매질을 하는 것이었다. 이쪽에서도 질세라 돌을 던지면서 배수진을 치고 대문을 걸어 잠구고 전쟁을 방불케 하는 크고 작은 돌덩이가 문 너머로 오고 갔다.

그때부터 누구와 누구는 연애를 한다는 소문이 조그마한 동네에 돌고 있었다. 어느 날인가 어머니께서 나를 조용히 부르시더니 연애한다는 소문이 빨래하는 동네 아낙네들의 입에서 입으로 오르내리고 있으니 몸조심하라는 것이었다. 연애한다는 것이 여자애들하고 같이 논다는 것인지 무엇인지 잘 모르는 상황에서 아랑곳하지 않고 같이 물고기를 잡으러 다니곤 했다. 우리 동네에는 예쁜 여자애들이 몇 있었던 데, 그중의 한 반 여자애한테 여름에 앞 냇가에 가서 같이 고기를 잡으러 가자고 해서 같이 고기를 잡았지만 겨우 한 마리 미꾸라지를 잡았던 생각이 난다.

학교에서 공부는 못해도 기가 죽지 않고 활달하게 살아가는 모습이 좋아서 그러한지 주변에 나를 따르는 여자 친구들이 많았다. 그 동네에서는 우리 부모님 사이가 싸움도 하지 않으시고 항상 웃으면서 대화하면서 사시는 모습이 좋아 보여서인지 잉꼬부부로 소문이 나 있었기 때문이었을 것으로 생각한다.

열심히 방과 후에 닭 먹이를 잡으러 들과 산으로 돌아다니니 얼굴은 검게 타 있었고, 손등 피부도 털이 성금 성금 나있었다. 학교에 가서 선생님이 가르치시는 칠판은 보지 않고서 이웃 친구들과 마냥 수업 중에도 산

만하게 장난을 걸어서 재미있게 노는 데만 신경을 썼던 기억이 난다. 방과 후에는 아이들을 데리고 다니면서 싸움도 시키고, 개구리을 잡고 과수원의 사과를 서리할 것을 모여서 은밀하게 모의하곤 했다. 원시인들이 살아가는 수렵생활을 하는 부시맨 수준을 벗어나지 못하고 있었다. 그래도 마음 한 구석에 공부 잘하는 모범생들이 공통으로 가지고 있는 뽀얗게 생긴 얼굴이 부러워질 때도 있었다. 특히 나는 친구들로부터 공부도 못하는 주제에 잘 난체한다며 무시하는 눈초리를 받을 때면 더욱 그러하였다.

9) 어린이용 나뭇지게와 유성기에 얽힌 이야기

우리 동네에 있는 황화교회에서 아침 새벽종을 치는 일을 하면서 교회에서 제공한 볏집으로 지붕을 한 깨끗한 작은 사택에 살고 있는 친구가 있었다. 그 집에 사는 형, 아우 하며 나하고 친하게 지낸 N친구가 아침 새벽에 도시락을 싸 가지고 깊은 산에 가서 같이 나무하러 가자고 했다. 그 말을 듣고서 바로 아버지한테 달려가서 우리 집의 겨울 땔감을 걱정하지 않아도 될 일이 생겼다고 했다. 아버지한테 나에 맞는 작은 나무 지게를 사 주면 우리 집 빈 허청을 땔나무로 가득이 채워 놓겠다고 말했다. 처음에는 아버지께서는 무심코 꼬마가 나무와 짐을 지을 수 있는 작은 지게를 살 돈을 주셨다. 그런데 그 다음 날에 아침에 일찍이 나무하러 가려고 하니까 아버지께서 나를 조용히 부르시었다. 아버지께서 웃으시면서 나무하는 일은 국민학교를 졸업한 후에도 얼마든지 할 수 있으니 좀 참아달라는 부탁이었다. 그 이유인 즉 어린 몸으로 나무를 하러 산에 보내면 그래도 그 동네에서는 유지에 속하는 아버지의 체면은 어떻게 되겠는지를 상상을 해 보라고 하셨다. 동네에서 그래도 밥이라도 굶지 않고 살아가는 형편인데 초년부터 머슴처럼 나무하러 보낸다는 소문이 나면 아버지의 체면이 말이 아니라고 하셨다. 아버지는 미소를 지으면서 어차피 초등학교를 졸업하면 아버지하고 같이 집안을 돌보고 농사일하고 살 것인데 서두를 필요가 없다고 생각하신 것 같았다. 그래서 우리 집 허청에 가득이 땔감을 장만하는 계획은 뒤로 미루어지게 되었다. 시간이 있을 때마다 허청에 놓아있는 빈 지게를 어루만지면서 미래를 생각하면서 지게를 지고서 많은 나무를 해서 허청에 쌓아 놓을 날을 기다리는 수밖에 없었다. 그 때부터 허청에서 일어나는 일은 내가 전담하게 되었다. 닭이 울면 꼭 그곳에 가보면 둥글게 볏짚으로 만든 둥지 안에 손으로 만지면 따뜻한 온기를 느낄 수 있는 달걀을 발견할 수 있었다. 숲속에서 우연히 둥지 안에 들어 있는 들새 알을 발견한 것처럼 기분이 날아 갈 듯 좋았다. 허청안 구석에 자리한 닭 둥지에 가보면 닭이 이미 낳았던 하얀 색과 노랜 색을 띈 알들이 수북히 쌓여 있는 것을 볼 수 있었다. 그곳을 보는 순간 무슨 보물을 발견한 것처럼 하늘로 날아갈 듯 기분이 좋았다. 우선 먹성이 좋은 나는 하나를 먼저 치아로 깨서 먹고 난 후 부엌에서 일하는 어머니께 가지고 가서 자랑하곤 했다. 달걀을 먹으면 목청이 좋아져서 노래를 잘한다기에 그 때부터는 허청에서 발견된 알을 하나 더 먹기 시작했다.

마침 우리 집에는 한 손으로 태엽을 돌린 후 음반을 조용히 올려놓으면 노래가 나오는 유성기가 안방에 있었다. 학교에서 갔다 오면 유성기에서 흘러나오는 노래를 따라 부르는 것이 나의 유일한 오락거리가 되어가고 있었다. 얼마나 노래 연습을 했던지 기성 가수의 노래를 전부 다 외우다 싶이 되었다. 집안의 모임이 있은 날이면 가수처럼 음정과 가사를 틀리지 않고 노래를 했기 때문에 잘 한다고 박수를 받곤 했다. 그 당시 나는 초등학생에 맞지 않은 20대가 부르는 성숙한 노래를 부르고 있었던 것이다. 내가 그때 즐겨 불렀던 노래 『두만강』과 『한 많은 미아리고개』와 같은 시대의 슬픔과 떠나보낸 임을 그리는 사랑 노래라는 것을 커서야 알게 되었다.

10) 갑자기 죽은 강아지 때문에 애통해 하는 나를 위해 무덤을 만들어 위로해 주다

우리 집에는 강아지 한 마리가 들어오게 되었다. 내가 일찍 일어나면 강아지와 뛰어서 동네 한 바퀴를 도는 일이 나의 일과가 되어 있었다. 꼬리를 치며 달려드는 바둑강아지와 같이 놀고 지내는 것이 얼마나 즐거웠던지 잠을 자지 않고 바둑이하고 놀고만 싶었다. 그 당시 공부에는 전혀 신경을 쓰지 않고 바둑이하고 동네를 두루 돌아다니는 것이 나의 하루 생활의 일부가 되어갔다. 나한테만 꼬리를 흔들며 달려오는 귀여운 강아지한테 흠뻑 빠져서 밥을 주며 같이 놀아주는 일이 나의 또 하나의 일과가 되었다.

어느 날 학교에서 돌아와 보니 개가 갑자기 죽었다는 소식이었다. 웬 날벼락 같은 소식이었다. 강아지는 마당에 거품을 보이며 누워있고 아무 말이 없었다. 그렇게도 아장아장 꼬리치면서 같이 뛰어놀던 친구 하나가 없어진 것이다. 철없는 나는 부모님한테 살려내라고 계속 울어댔다. 아버지께서 강아지가 쥐약을 먹은 쥐를 먹다가 그렇게 된 것이라고 말하면서 매우 슬퍼하는 내 모습이 안쓰럽던지 강아지의 무덤을 해주기로 했다. 집에서 10분정도 걸어서 도착한 곳은 바람이 많이 분다는 남바람 언덕이었다. 이곳은 아침이면 바둑강아지와 뛰어다니던 추억이 얽힌 장소이기도 했다. 나는 우리 집에서 일하시던 삼촌하고 같이 죽은 강아지를 땅속 깊이 묻어 주고 동그랗게 흙을 쌓아서 강아지 무덤을 만들어 주었다. 그 강아지 무덤 위에 큰 나무 판때기를 꽂아놓고 애도자로 나의 이름을 그 위에 적어 놓았던 기억이 있다.

한참 동안 아침이면 강아지 무덤에 와서 강아지와 같이 뛰어놀았던 기억을 살려서 강아지가 있는 것처럼 아침 일찍이 뛰어서 강아지 무덤으로 달려가곤 했다.

나의 탄생에 얽힌 이야기

외가집은 앞뜰에는 모과나무, 앵두나무, 뒤뜰에는 뽕나무들이 있는 넓은 마당이 있는 전통 한옥집이었다. 외가는 소수림왕의 자손으로 김해 김씨라는 자부심이 대단하였다. 어머니는 아버지가 남양군도에서 휴가차 고향에 돌아왔을 때 정혼을 하게 되었다고 하셨다. 아버지가 구사일생으로 남양군도에서 돌아오고 나서 어머니는 몇 년 후에 위 누이를 낳았다. 그래서 하나님의 도움으로 아버지께서 전장에서 생명을 잃어버리지 않고 고국에 돌아와서 어머니와 만나서 아이를 낳았다고 해서 누이를 천행이라는 이름을 지었다고 하셨다. 누나가 태어난 지 3년이 지난 후에 나와 형이 한 날에 쌍둥이로 세상에 나온 것이다. 어머니는 독다물 외가에서 외할머니의 도움을 받아 쌍둥이를 어렵게 세상에 빛을 보게 되었다고 한다. 어머니는 형 하나 낳고 끝난 줄 알았는데, 다시 산통이 시작되더니 몇 분후에 둘째 아이가 태어났다고 한다. 어머니께서는 산통을 여러 번 겪으시다가 잘못하면 산모와 아이가 죽을 수도 있는 위험한 고비를 넘기셨다고 하셨다. 아버지께서는 쌍둥이로 태어난 것은 우연이 아니라고 했다.

할머니 회갑 가족 사진

그 당시 여산에서 걸어서 한 시간 걸리는 거리에 있는 망성에 사시는 고모가 생명에 위협을 느낄 상황에서 아버지의 도움으로 수술을 무사히 마치고 생명을 구할 수 있었다고 한다. 고모의 남편도 포기한 상태였는데 아버지가 서둘러서 집에 급한 상황에서 돈이 들어 있는 서랍이 열리지 않자 망치로 부수고 수술비를 마련하여 그 당시 상당한 돈을 지불하여 무사히 고모의 생명을 구할 수 있었다고 한다. 그 이후 하나님의 선물처럼 두 아이가 세상에 태어나게 되었다고 하시며 하나님께 감사할 일이라고 여러 번 강조하시곤 했다. 아버지께서는 우리 쌍둥이는 하나님이 주신 선물이니 하나님의 영광을 돌리는 일을 하여야 한다고 가족 모임에 있을 때마다 자주 이야기하곤 하셨다. 그래서 아버지께서는 내가 공부를 못해도 언젠가는 무엇인가 큰일을 해 낼 인물이 될 것이라는 믿음이 있었던 것 같다. 어머니께서는 동네 황화교회에 가서 새벽에 일찍 일어나 새벽기도를 빠짐없이 나가서 노는 데만 정신이 팔려있는 나를 위해서 공부에 조금이라도 관심을 가지도록 울면서 기도하셨다고 하신다.

지금의 위치에 서기까지 숨어서 나를 위해서 하나님의 말씀대로 바르게 자라서 사회의 큰 인물이 되라고 밤낮으로 정성을 다하여 하나님께 기도해 주신 어머니 덕분임을 알게 되었다.

11) 우리 집에는 이야기 잘하는 아저씨와 할머니가 있었다

저녁이면 우리 집에는 신문사 보급을 하는 WG 아저씨가 계셨다. 저녁 식사를 마치면 가족 식구들이 아저씨가 구수한 이야기보따리를 꺼내 놓기를 기다리곤 했다. 아저씨는 여러 가지 이상한 남녀의 사랑 이야기를 많이 들려주었던 것 같다. 비오는 날에 주인아저씨와 부엌에서 일하는 식모 사이의 일어난 비밀스러운 사랑 이야기인 것 같았다. 어린 나에게도 좀 금기시되었던 성에 관련된 이야기가 많이 나오곤 했다. 그 당시에는 매우 어린 나에게도 대체 남자와 여자가 무슨 관계에서 이러한 일이 일어날까 매우 궁금증이 많아진 것 같았다. 일찍이 그런 야릇한 이야기를 들으면서 성에 눈을 뜨게 하는 것 같았다.

또한 할머니께서도 이야기를 잘 하시곤 했다. 『사씨남정기』, 『홍길동전』 등 고전 소설을 아주 재미있게 혀를 차면서 들려주시는 할머니의 이야기를 듣고 있노라면 시간 가는 줄을 모를 지경이었다. 다른 한편으로 글을 잘 모르는 할머니는 이야기책을 자주 읽어 달라고 부탁을 해올 때면 글을 똑똑하게 잘 읽을 수 있는 형이 읽어 주곤 했다.

추운 겨울 하늘에서 하얀 눈이 펑펑 쏟아지는 밤에도 창밖에서는 앙꼬모치하면서 모치 떡을 팔고 다니는 십대 소년으로 보이는 장사꾼의 소리가 구성지게 들려오곤 하였다. 그렇게도 앙꼬가 들어 있는 모치가 먹고 싶어서 부모님 용돈으로 몰래 사먹곤 하였다. 우리 집은 약방과 차정류소를 같이 했기 때문에 정류소에는 표를 파는 작은 반달 모양의 창구가 있었다. 그곳으로 앙꼬모치를 사서 좁은 반달창구을 통하여 앙꼬모치를 사 먹었던 기억이 새롭다.

12) 학교에 가서 앙꼬모치 장사 흉내를 내고 다니다

학교에 가서도 앙꼬모치의 달콤하고 고소한 맛을 잊을 수가 없어서 주위 친구한데 자랑하곤 했다. 나는 장사꾼처럼 앙꼬모치 소리를 흉내 내며 교실 안을 돌아다녔다. 그 겨울에 동네를 누비면서 "앙꼬모치" 소리를 지르데, 앙코에 높이 소리를 지른 후에 모치에 가서는 소리를 서서히 낮추면서 한번 길게 빼는 것이 모미가 있었다. 앙꼬모치 소리를 구성지게 하는 소년의 장사꾼 흉내를 내면서 학교 교실이 떠나갈 갈 정도로 소리를 여러 친구들과 함께 합창을 하고 있었다. 갑자기 선생님께서 교실에 들어오시면서 앙꼬모치를 외친 아이들을 다 교단 앞으로 나오라는 무서운 명령이 떨어졌다. 하나씩 자수하는 기분으로 상당한 친구들이 교단 앞으로 나오고 있었다. 나도 교단 앞으로 순순히 나갈까 하다가 버티고 나가지 않았다. 나간 친구들은 선생님이 이제부터 학교에 올 필요가 없이 앙꼬모치 장사나 하라고 교실 문 밖으로 내쫒고 있었다. 그 모습을 보면서 양심의 가책을 느끼면서 나도 저 친구들과 같이 선생님한테 혼줄이 나야 하는데 책상에 자리에 앉아서 자수도 하지 않고 끝까지 버티다 보니 무사히 지나가고 말았다.

지금 생각해도 본인이 어린 시절부터 강심장을 기지고 있었던 것 같았다. 형은 순박하게 울면서 앙꼬모치 일했다고 교단 앞으로 나가 울면서 교실 밖으로 나가고 있었다.

13) 동전치기와 쥐불놀이에 얽힌 이야기

내 옆집에는 자전거 수리하는 집이 있었다. 이웃집에 사는 나보다 훨씬 나이 많은 심술궂은 형님들이 살고 있었다. 처음에는 물고기도 잡으러 가자고 해서 큰 고기를 손으로 잡은 묘기도 보여주었다. 시간에 지나면서 나한테 돈치기하는 놀이를 가르치면서 돈을 집에서 가지고 오라고 했다. 처음에는 떨리는 손으로 돈을 보관하는 서랍에서 몰래 몇 십 원씩 훔쳐서 모으기 시작했다. 점점 통이 커져서 자연스럽게 약방의 돈을 넣은 서랍에 몰래 가서 큰 동전을 가져와 모으게 되였다. 집에는 약방을 하고 있었기 때문에 약방 서랍에 돈이 많이 쌓여 있었다. 마음만 먹으면 돈을 손에 쉽게 쥘 수 있었다. 그 당시에 나의 투명한 작은 플라스틱 통속에 가득히 동전으로 채워져 있었다. 이웃집 형이 내가 가지고 있는 돈으로 돈치기를 해서 따면 준다고 했다. 아버지께서 그것을 눈치 채신 모양이었다. 한번은 돈치기하고 있는 곳에 아버지가 갑자기 나타나셔서 나를 이끌고 집으로 데리고 갔다. 아버지한테서 이렇게 화를 내신 것을 그 이전에는 보지 못했던 일이었다. 난생 처음으로 죽도록 매를 맞았던 것이다. 아버지의 말씀이 공부는 못해도 좋지만 나쁜 짓을 하는 것을 도저히 그냥 넘어 갈 수 없다고 하시면서 도둑질하는 버릇을 가지고 살면 아니 된다고 힘주어 훈계를 하셨던 기억이 난다.

정월대보름이 되면 이 동네와 저 동네 사이에 쥐불싸움이 벌어지곤 했다. 동네친구들은 싸움터에 나가는 전사처럼 동네를 돌면서 먹거리를 비축하기 위해서 집집마다 찾아다니며 찰밥이든 맨밥이든 달라고 하며 다녔다. 각 집에서 준 찰밥덩이를 먹고서 쥐불싸움터로 나갈 계획이 서 있었다. 해마다 정월 대보름이 되면 앞 동네와 한판 벌리는 쥐불싸움이었다. 여기에 참여하는 동네 친구들은 불이 타고 있는 깡통을 하나씩 들고 나가서 앞 동네 아이들과 한판 싸움이 벌이는 쥐불싸움이었다. 캄캄한 밤에 이루어지는 싸움이기 때문에 그날 상대방이 죽어도 상관없다고 말할 정도로 치열한 전사처럼 마음이 긴장되는 순간이었다. 친구 중에는 상대방의 날아오는 돌에 맞아서 얼굴에 피가 나는 친구가 있고, 날아오는 돌에 맞아 이마에 큰 혹이 나 있는 친구들도 있었다. 정월 대보름에 벌리는 이러한 치열한 쥐불 싸움은 해마다 행사처럼 치러지고 있었다.

이러한 전투놀이는 평소 한 낮에는 동네 안에 있는 뒷동산에 올라가서 두 편으로 나누어서 기마전을 통하여 행하여 졌다. 이 기마전은 네 사람이 한 조가 되어서 삼각형 모양을 만들어 위해서 한 친구를 앞에 세우면 뒤에 두 명의 친구가 올라 탈 친구의 작은 공간만을 빼 놓고 바싹 붙게 되어 있다. 또 다른 친구가 뒤에 서 있는 두 친구의 왼쪽과 오른쪽 방향에서 내어 준 손을 밟고 말에 올라타듯이 올라타게 되어 있다. 두 친구가 떨어지지 않도록 양손으로 강하게 올라탄 친구의 발을 지지해주게 되어 있다. 가마 자세로 뛰어다니면서 똑 같은 기마자세로 달려드는 상대방의 등 뒤에 탄 친구를 공격하여 먼저 땅 바닥에 떨어트리면 승리하는 전투 놀이었다. 우리 동네 뒷산에는 들 잔디가 깔려있는 넓은 언덕이 있어서 그곳에서 기회가 있을 때마다 이러한 기마 전투놀이를 하곤 했다.

14) 중학교 모자라도 한번 쓰고 싶어 공부를 시작하다

어느 날인가 우리 동네에 모자를 쓰고 지나가고 있는 학생들이 있었다. 친구들에게 저 모자를 쓰고 지나간 학생들은 어떠한 학생들인가 하고 호기심에서 물어 보았다. 그 학생들은 중학생이라고 했다. 그 말은 듣는 순간에 지금까지 초등학교가 전부인 줄 알았는데, 모자를 쓰고 어딘지 모르지만 초등학교를 졸업하면 다음 단계가 중학교가 있다는 사실을 알게 되었다.

초등학교가 전부로 알던 나에게 또 다른 세계가 있다는 것을 알았을 때 그것은 내 인생의 터닝 포인트가 되었다. 내 인생에 또 다른 세계가 열리는 순간이었다. 내 인생의 발등에 불이 떨어지는 순간이었다, 중학교에 들어가기 위해서는 어쩔 수 없이 연필을 잡고 공부라는 것을 해야만 하였다. 내 인생에 공부라는 불씨가 살아나는 순간 내 인생에 시동이 걸리는 순간이며 내 인생에 새로운 장이 펼쳐지는 순간이었다. 누가 공부하라고 강요하지는 않았지만 내가 스스로 찾아가는 길을 선택하였다. 그 당시에는 라디오에만 의지하고 살던 시절이라 여러 가지 정보가 어두운 시절이었다. 내가 너무 공부에 관심이 없고 꼴찌만 하고 있었기 때문에 도저히 중학교는 갈 수 없다고 생각해서 인지는 모르지만 누구하나 자세히 초등학교를 졸업하면 다음 중학교에 진학해야 한다는 애기를 해 주는 사람이 없었다. 내가 그 당시에 초등학교를 졸업하고 아버지와 함께 농사를 짓고 살고자 했는데, 웬 마음이 변했는지 중학교 마크가 달린 둥근 테가 있는 검은 모자를 쓰고 중학교만이라도 다녀보고 싶어졌다. 그 당시의 실력으로는 도저히 꿈을 꿀 수가 없었던 간단한 이유는 학업 수준이 밑바닥이었기 때문이었다. 아마도 그것은 그 당시의 실력이 국문 해독을 할 정도였을 것이다. 예컨대 셈

하는 것, 시계 보는 것, 주산을 놓은 법등 처음 초등학교 일학년부터 다시 시작하지 않으면 도저히 중학교 모자는 쓸 수가 없었다는 것을 본인이 너무 잘 알고 있었다. 물론 5학년 때 마음먹고 새 학년이 되면 새로운 마음으로 잘해보겠다고 노트도 꽤 예쁜 노트를 사달라고 장만해 놓고서 깨끗한 노트를 유지하기 위해서 가끔 닦아주곤 하였다. 공부에는 도저히 취미도 없는 상태에서 어디에서부터 해야 할지를 모르고 있었던 나는 책 앞에 가만히 얌전히 앉아서 있을 따름이었다. 아무리 해도 놀던 버릇이 있어서인지 몰라도 며칠도 되지 않아서 노는 무대로 달려가게 되었다.

초등학교 졸업사진

주위에서 들리는 이야기로 두꺼운 책을 비고 자면 자는 사이에 책속에 들어 있는 지식이 머릿속으로 들어간다는 미신 같은 이야기를 듣고서 자는 시간에 책은 읽지는 않고 머리에 베고 오랫동안 잔 적이 있다. 그 당시 짧은 시간에 많은 지식을 머리에 널을 수 있는 효과 있는 비방이라도 되는 듯 크고 두꺼운 책만을 골라서 시도를 해보곤 했다. 그 당시에 내가 할 수 있는 일은 그것이 전부일 수밖에 다른 도리가 없었다. 매일 밤 자기 전에 두꺼운 책을 머리에 들어 갈 수 있도록 베고 자는 일이 나의 일상이 되었다. 그 당시 잘하는 학생들을 시간을 절약하여 따라잡으려면 재빨리 지식을 머리에 넣은 길이라 여겼기 때문이리라. 그것만이 뒤늦게 발동이 걸린 내가 할 수 있는 공부 잘하는 친구의 대열에 시간을 단축하여 진입할 수 있는 유일한 방법이라고 믿고 있었다.

15) 노는 세계와의 결별을 선언하다

6학년이 되니 중학교에 들어 갈 실력이 전혀 안 된다는 사실을 깨닫고 공부하여야 한다는 결심을 미룰 수 없는 마지막 절벽에서 선 느낌이 들었다. 그동안 학교에 다니면서 공부라고는 제대로 한 적이 없는 나는 중학교에 들어 갈 수 있는 방법은 노는 일을 그만 두는 일이라고 생각하게 되었다. 결국 노는 일을 당장 그만두고 공부하는 것을 선택하지 않으면 영영 중학교 모자를 쓸 수 없을 것 같았다. 그때부터 정말 처음 시작하는 마음으로 일학년 책부터 보기 시작했다. 더하기 빼기, 시계를 보는 법, 주산을 놓은 법등 하여야 할 일이 너무 많은 것 같았다. 1학년부터 5학년까지 오직 밖에서 놀고 들판을 뛰어다니면서 학교 운동장에서 운동 경기를 하는 모습을 보는 것이 유일한 하루의 즐거움으로 알았던 시절이었다. 지금까지 놀던 친구들과 이별하고 놀던 무대로부터 멀리 떨어져 살아갈 것을 결심하게 되었다.

그래도 남아있는 자존심이 있어서 공부를 잘하는 형한테는 배우고 싶지가 않았다. 내 옆에 앉자 있는 친구 JW라는 반에서 친형과 일등을 놓치지 않고 경쟁하고 있는 모범생이었다. 어린 마음에 자존심을 상하지 않으려고 그런지 모르지만 형한테 물어보고 싶지 않았다. 처음에 6학년에 올라와서 북한과 남한의 밭과 논이 차지하는 비율을 계산하는 것에 취미가 붙기 시작했다. 옆에 있는 공부 잘하는 친구한테 맛있는 떡도 가져다주고 땅콩도 가져다주면서 알고 싶은 문제를 차근차근 물어 보기 시작했다. 모르던 문제를 풀고 나면 그렇게 기분이 좋을 수가 없었다. 컴컴한 빈 무명의 동굴에서 헤매다가 지식의 맛을 처음 느낀 것이다. 6학년 담임이셨던 박찬열 선생님이 학교 근처에 학교 사택에서 살고 계셨다. 방과 후에 선생님의 자택에서 6학년 여러 학생들을 돈도 받지 않고 합숙을 시키면서 공부를 하도록 했다. P선생님은 저녁에 여러 명의 반 학생들을 선생님 자택에서 제일 큰 방을 내어 주시면서도 그곳에서 밤늦도록 공부를 하도록 배려를 해 주셨던 요즈음 보기 드문 선생님이셨다. 공부를 못했던 나로서는 절호의 기회일 수가 있었다. 나는 공부하다가 모르는 것을 선생님한테서 직접 물어볼 수 있고 친구들과 같이 공부만하는 분위기 속에서 집중할 수 있다는 점이 좋았다. 다른 친구들은 놀러 밖으로 나가자고 나를 유혹해도 공부하여야 한다고 하면서 책상에서 붙어 있었다. 지금까지 놀기만 해 왔기 때문에 다른 친구들과 보조를 맞추기 위해서라도 같이 놀 수가 없었다. 그 사이에 너무 많이 놀았기 때문에 노는 것도 신물이 났고, 새로운 길을 걷고 싶었다. 주변 친척들은 너무 많이 노는 데만 정신이 팔려있던 아이가 어떻게 책상머리에 차분히 앉아서 처음으로 하는 공부를 제대로 해 낼 수 있을까 하는 의문을 가지고 믿지 않으려는 눈치였다. 내가 공부를 시작했다는 것이 부모님도 믿어지지가 않았던 것 같았다.

빵점만 받아오던 내가 갑자기 공부를 시작했다는 소식이 부모님도 그때만 해도 믿을 수 없었던 것 같았다. 부모님은 나의 갑작스런 행동의 변화에 대해서 반심 반의 이었다고 한다. 그리고 무엇보다도 중학교 모자를 쓰고 싶었던 나는 공부가 우선 재미가 붙기 시작했다. 참고서가 없던 시절에 어렵게 전 과목이 잘 정리된 전과를 구해서 이해되지 않으면 무조건 암기하고 다니는 것이 버릇이 되어 버렸다.

팀 샌더스의 『부의 진실』 중에서 다음과 같이 강한 의지로 나쁜 습관으로부터 벗어나는 단호한 인간이 되라는 말이 문뜩 떠오른다.

"멋진 삶을 위해 나쁜 습관이나 버릇을 고치는 것만큼 훌륭한 시작은 없다. 즐겁지만, 인생에 있어서 해가 되는 그런 나쁜 습관을 포기하겠다고 다짐하라. 그리고 그 다짐을 지키고, 또 스스로를 의지력이 강하고 단호한 사람으로 재정립하라."

나는 지금까지 친구들과 놀 때 시간가는 줄 모르고 노는 데 올인 한 것 같고, 어린 시절 강아지와 아침 일찍 일어나 같이 뛰어 노는 데, 올인 하였고, 닭을 열 마리가 토실토실 자라는 모습을 보는 것이 재미있어서 닭 기르는 데 올인 하였다, 이제부터는 늦게나마 공부의 맛이 붙기 시작하였으니 공부하는 재미에 올인 할 것을 스스로 다짐하게 되었다. 그 당시 꼴찌하고 있는 나는 목표를 세우면 스스로 흥미를 가지고 목표를 향하여 그 최고점에 도달되기까지 올인 하여야 갰다는 마음을 먹기 시작하였다.

5. 나의 중학시절

1) 공부의 맛을 국어로부터 시작하다

중학교 입학시험을 보았는데, 그 결과가 여산중학교 입구 벽에 한지 종이 위에 길게 이름과 수험표를 적은 합격자명단이 붙어 있었다. 내 이름이 합격자 명단 속에 등수를 세워 보니 한 가운데에 올려 있었다. 꼴찌한 내가 중학교에 합격을 했다는 일과 그것도 꼴찌가 아닌 합격자 명단의 중간 등수로 합격한 것이 나로서는 기적 같은 일이 벌어진 것이다. 나는 그렇게 쓰고 싶었던 중학생 검은 모자를 쓰게 된 것이다. 드디어 나는 집에서 걸어서 40분정도 가면 되는 시골 여산 중학교에 다니게 되었다. 검은 대마지로 만든 교복과 둥근 테를 한 중학교 마크가 있는 검은 모자를 쓰고 중학교를 다니게 된 것이 꿈만 같았다. 중학교 입학시험 준비과정에서 즐겨 보았던 전과가 매우 유익하였다고 생각해서 중학교에 들어가서 전과에 해당되는 자습서라는 것이 있다는 사실을 알게 되었다. 중학교에 들어가 보니 전과와 같은 자습서가 있다고 하기에 자습서를 구해서 국어교과서에 나오는 어려운 단어들을 암기하고 수업에 임했다. 중학교에 들어가서 처음으로 시작하는 중학교에 입학하여 첫 수업이 국어 시간으로 되어 있었다. 국어 시간에 선생님이 어려운 단어의 뜻을 물어보면 곧장 손을 들고 대답하곤 했다. 너무 손을 자주 들다보니 주위 친구들한테 미안한 감을 가질 정도였다. —국어 선생님께서 예습을 철저히 준비하는 성실한 학생이라고 칭찬을 자주 들으니 더욱 자신감이 붙어갔다. 지금까지 초등학교 5학년까지 당당하게 선생님의 물어보는 질문에 대답하지 못했던 어두운 시절이 있었기에 선생님의 질문할 때마다 매번 대답하는 것이 내 스스로 자랑스럽기도 하고 공부하는 것에 재미가 붙기 시작했다.

국어 담당하였던 소필건 선생님은 동국대 국문학과에서 그 당시 학계에서도 잘 알려진 양주동 교수, 서정주 시인으로부터 국문학을 제대로 배운 분으로 유명한 시인들의 이야기를 재미있는 일화를 넣어가면서 들려주시곤 했다. 양주동 교수님이 거리에서 지나가다 차에 치일 뻔했을 때 자칭 국보급이 사라질 뻔했다는 이야기며, 문학사에서 대표적으로 알려진 김소월, 윤동주 그리고 서정주 시인의 문학 세계를 우리들에게 쉬운 언어로 이해하기 쉽게 설명해 주셨다. 김소설의 「진달래」에 나오기까지의 숨은 이야기, 김소월의 개인의 고통과 암울한 시대고의 갈등 속에서 자살할 수밖에 없었던 이야기이며 윤동주의 「별을 헤는 밤」이라는 시가 가지고 있는 서정성과 시대의 아픔을 같이 아우르고 있는 문학 정신에 대해서 자세히 이야기를 해 주었다. 서정주 시인의 시 작품 「국화 옆에서」에 나오는 '내 누님 같은 꽃이여'라는 구절에서 누님이 담고 있는 의미를 세상사의 희로애락을 다 겪은 여인의 완숙한 모습을 상기시키고 있다고 설명해 주곤 했다. 나는 문학에 대한 관심이 그때부터 나의 마음속 깊이 싹이 트기 시작했다. 선생님은 긴 문장에서 문단을 나누는 법, 각 문단의 주제를 찾는 법을 자세히 가르쳐주셨다. 선생님은 글의 주제를 어떻게 주제에 맞도록 드러내는 방법을 알기 쉽게 가르쳐주곤 했다. 예컨대 일정한 주제를 가지고 작문을 써 오게 해서 발표하도록 하여 각 자의 표현력과 발표력을 동시에 연마시키는 선생님만의 교육방법을 가지고 있었다. 그때부터 나는 일기를 쓰는 습관과 책을 읽은 후 독후감을 쓰는 습관이 생기게 되었다. 나의 중학교 시절부터 빠짐없이 일기와 독후감을 쓰는 습관이 대학교까지 계속 되었다.

2) 영어를 잘 하는 방법을 깨우쳐 준 김정곤선생님

국어만 잘할 것이 아니라, 중학교에 들어가서 처음 배우는 영어도 잘해 보고 싶었다. 모르는 것은 우선 외운다는 신념으로 집에서 학교까지 40분 가량 걸어서 다니는 동안에 시간을 절약하기 위해서 단어장을 만들어 가지고 다니면서 영어단어를 외우곤 했던 기억이 난다.

처음 1학년 때에는 뚱뚱하게 생기신 S영어 선생님이 영어를 잘하려면 영문법을 잘 알고 있어야 한다고 하시며 마치 육법전서를 외우듯이 가르쳤다. 예컨대 영어의 영문법에서 나오는 명사의 단수를 복수로 만드는 방법은 제1, 제2, 하시면서 법조문을 외우도록 가르치셨다. 선생님이 영어 단어를 너무 강하게 발음을 하시면 입에서 침이 튀어나오곤 했다. 선생님은 영어를 한국식으로 발음을 하다 보니 원어민 발음과는 거리가 있어 보였다.

나는 영어를 영어답게 배우기 시작한 것은 중학교 시절 K영어 선생님을 만나서 부터였다. 김정곤 선생님은 여산에서 전주까지 매일 통근하기가 어려워서 여산중학교까지 버스로 10분정도 걸리면 다닐 수 있는 우리 집에서 다니게 되었다. K선생님은 하숙비를 내지 않은 대신에 같은 방을 쓰면서 나와 형한테 영어를 열심히 가르쳐 주시었다. 지금도 기억나는 교재는 50개 유명한 이야기가 들어있는 영어 이야기책이었다. K선생님은 우리들에게 영어를 해석하는 방법과 제대로 발음하는 방법, 그리고 암기하는 방법을 가르쳐주셨다. K선생님은 우리들에게 배우고 나면 아침에 적어도 30분정도 일어나자마자 하루에 한 과씩 외울 정도로 여러 번 낭송하면서 외우는 습관을 훈련을 시켰다. 한 달 두 달 계속 꾸준히 영어책을 외우다 보니 많은 문장들을 입에서 자동적으로 술술 영어 문장이 나오는 것을 느낄 수 있었다.

K선생님의 막내 동생이 마침 나와 같은 또래였는데 전주에 와서 전주고등학교 입학고사를 준비하는 과정에서 잠시 K선생님 댁에서 하숙을 하게 되었다. 그 친구도 K선생님이 우리한데 가르쳐주시던 데로 동일한 방법으로 시켜서 그러한지 아침이면 계속 영어책을 크게 소리내어 읽고 있었다. 나와 그 친구는 같이 다니는 전주고등학교에서 영어의 실력 면에서 최우수상을 두고 같이 다투고 있었다. 본인도 전주고등학교 다닐 때 전체에서 영어 1등을 한 것을 보면 K선생님의 영어 지도방법의 효과가 있음을 증명한 셈이 된다.

나의 중학 시절

지금도 누군가 영어를 잘 하는 비법을 나한테 물어보면 K선생님이 우리에게 가르쳐주었던 일단 배운 영어 문장을 매일 시간을 정해서 반복해서 낭독하며 읽으라고 권하고 싶다. 이렇게 영어를 반복해서 소리내서 읽어가노라면 자연스럽게 외워진다는 사실을 알게 될 것이다. 그리고 영어로 영어권에 살고 있는 친구에게 편지를 써 본다든지, 영어로 일기를 쓰는 습관을 가지는 것도 하나의 방법이다.

그러고 나서 영어로 된 재미있는 영화를 보면서 듣는 능력을 훈련하거나 영어를 쓰는 나라에 가서 몸소 직접 접촉하면서 살아있는 영어를 배우는 것도 자기 영어능력을 향상시킬 수 있는 하나의 방법이 될 것이다.

나보다 나이 두세 살 많은 N형은 영어를 외국인처럼 말하는 습관을 가지기 위해서 귀에다가 CNN 라디오에서 들려주는 영어 뉴스를 들곤 하였다고 한다. 그 형은 한국어보다는 영어를 듣는 연습을 오랫동안 하다 보니 우리말이 영어의 억양을 닮아가고 있는 듯 보였다. 미국에 유학에 가기 전에 이미 영어를 구사하는 수준이 미국인처럼 잘 하는 보기 드문 형이었다. 나는 N형을 어느 대학교의 강사로 추천한 적이 있다. 그 형은 그 대학교에서 영어로 수업하는 중국계 미국인으로 학생들 간에 영어를 잘 구사하는 강사로 소문이 나 있었다. 결국 처음에는 영문학을 마무리하러 미국에 유학을 갔지만 만족스럽지 않아서 영국의 유명한 옥스퍼드대학교에서 영문학 박사학위를 받고 한국에 귀국하여 모대학교에서 영어로 강의하는 교수로 유명세를 타고 있다고 한다.

결국 영어를 잘하려면 영어에 대한 열정이 남다른 데가 있어야 되고, 꾸준히 노력하는 수밖에 없다는 진리를 깨닫게 된다.

3) 1등할 수 있다는 자신감을 심어준 이점용 선생님

시험 보는 날은 밤을 지새우는 날이 되곤 했다. 혹시 잠이 오면 차가운 세숫물로 잠을 깨우기 위해서 항상 책상 옆에 놓고서 시작했다. 잠이 올 기미가 보이면 찬물로 세수하고 정신을 차리고 다시 몸가짐을 바르게 하면서 시험 준비로 하룻밤을 지새운 기억이 난다. 중학교에 들어가서 처음으로 실시하는 중간고사의 결과가 나왔다. 순위로 막대 그라프로 일등부터 꼴찌까지 반 교실 뒷면에 있는 벽보에 붙어 놓곤 했다. 교실 벽보에 붙어있는 성적순 그라프를 보니 내 성적 막대기가 반에서 네 번째로 높아 있었다. 그것을 보는 순간에 말 할 수 없는 성취감을 느꼈다. 초등학교 시절에 한 자리 숫자의 성적을 낸 적이 없는 나에게 아마도 올림픽선수가 대회에 나가서 금메달을 획득했던 것처럼 기분이 좋았다. 그 때까지 나의 학업성적이 단 한 번도 이렇게 반에서 10등 안에 들어본 적이 없었기 때문이었다. 초등학교에서 꼴지만 하던 나도 기초를 다지며 철저히 최선을 다하여 노력하면 잘 할 수 있겠다는 자신감을 갖게 하는 순간이었다. 중학교 다닐 때, 내 옆구리에는 한동안 초등학교 전과를 끼고 다니곤 했다. 공부를 아주 못했던 초등학교 시절에 이해 못한 부분을 전과를 통해서 공부하는 흥미를 가지게 되었던 추억을 되새기고 싶었기 때문이었다. 초등학교 때 학업 성적이 꼴찌수준에서 뱅뱅 돌고 있었던 시절을 생각하면 원통한 마음이 들기도 했다. 전과를 통해서 어두운 무명의 굴에서 헤매다가 한 가닥 햇빛을 찾았다고 할 수 있다. 나도 공부 못하는 학생이라는 낙인을 지우고 살 수 있겠다는 꿈을 꿀 수 있게 되었다. 나아가서 나도 꼴찌에서 벗어나 우등생도 될 수 있겠다는 자신감을 가지게 되었다. 초등학교 때 꼴찌만해서 공부얘기만 나오면 자신삼이 없이 고개를 숙이고 다녔던 시절에서 벗어나 우등생이 되어 다른 친구들로부터 부러움을 받으면서 중학시절을 보낼 수 있겠다는 한 줄기 희망의 빛을 발견한 것이다.

2학년 때 우리 담임이었던 L선생님이 계셨다. 평소 L선생님은 다정다감한 성품을 지닌 자상한 분이셨다. 선생님은 소풍가는 날 내 이름을 부르시며 가까이 오라고 하시면서 학기말 성적이 4등이 되었으니 조금만 더 노력하면 1등도 할 수 있겠다 하시면서 격려를 해 주시는 것이었다. 그 당시 처음으로 1등이라는 말을 선생님으로부터 들었을 때의 기분은 말로 표현할 수 없을 정도로 좋았다. 지금도 잘 하면 1등도 할 수 있다는 자신감을 심어 주었던 L선생님한테 감사의 마음을 가지고 있다. 그래서 그 이후부터는 더 철저히 미리미리 예습을 철저히 준비하고 수업이 끝난 다음에는 많은 문제를 풀면서 복습하는 습관이 몸에 배어 버렸다. 학교에 가기 전에 미리 배울 영어교재에 나오는 모르는 영어 단어를 찾아 정리한 다음에 영어문장을 한국어로 옮겨보면서 해석이 되지 않은 부분은 표시를 해 두었다가 수업 중에 담당 선생님이 설명하는 것을 주목해서 듣고 그래도 이해가 되지 않으면 그때그때 물어서 궁금증을 풀었던 기억이 있다. 복습할 때는 문제집을 풀면서 지금까지 배운 지식이 얼마나 제대로 이해하고 있는지를 알아볼 목적으로 테스트하는 시간을 가졌다. 각 해당과목에 문제를 풀어보면 내가 모르는 있는 부분과 잘 이해되지 않은 부분이 확연히 드러나는 현상을 발견할 수 있었다. 내가 부족한 영역이 어떠한 부분에서 틀리는 경향이 있는 지까지 파악할 수 있었기에 그 부분만 시험볼 때 집중적으로 보완하고 연습문제를 반복해서 풀다보니 좋은 점수를 획득할 수 있었다. 부모님께서는 방학 때마다 앞으로 고등학교 때는 전주에 가서 공부를 해야 할 곳이라고 하시면서 다 같이 영화를 한편 보고나서 맛있는 중국집에 가서 음식을 먹었던 기억이 새롭다. 작은 아버지께서도 우리 쌍둥이가 공부를 잘 하니 앞으로 의사가 되어서 집안을 높이 일으켜 세워야 한다며 유난히 관심을 많이 두고 계셨다. 중학교 3학년 여름 방학 때 작은 아버지의 도움으로 전주에 있는 수학학원을 난생 처음으로 다니게 되었다. 작은 아버지의 동서가 되는 홍씨 아저씨가 전주 교동다리 부근에서 오래 된 한옥가옥에서 살고 계셨다. 나와 형은 그 집에서 여름 방학동안 걸어서 20여분 걸리는 학원을 한 달 동안 다니며 부족한 수학공부를 보충할 수 있었다. 작은 아버지의 동서되는 홍씨 아저씨는 우리를 예쁘게 생겼다며 귀여워해 주셨다. 홍씨 아저씨의 동생이 전주고 출신이고 똑똑하신 분이셨는데, 가끔씩 찾아와서 친절하게도 영어를 우리말로 해석하는 법을 친절하게 가르쳐 주시곤 했다. 그때부터 영어를 해석하는 데 이전보다 자신감이 더욱 붙은 것 같았다.

아버지께서 가난한 집안을 일으켜 세우기 위해서 작은 아버지를 처음부터 약학대학까지 비싼 학자금과 생활비를 대어 주면서 공을 들였다. 그 결과 작은 아버지는 약국에서 돈을 많이 벌어서 집안일을 하시는 데 아낌없이 돈을 스셨다. 특히 작은 아버지께서는 나와 형한테 가난한 친척 집안을 두루 살피기 위해서는 의사가 되어야 한다고 강조하시곤 했다. 나와 형은 아픈 사람들의 병을 고칠 수 있다는 의사라는 직업에 대해서 어딘가 모르게 끌리는 힘을 느꼈다. 중학교 시절 우연히 아프리카 외지에 가서 많은 환자들을 치료해 주는 일에 헌신적으로 살다 가신 쉬바이처 전기를 읽고서 더욱 감명을 받았다. 의사가 될 바에야 쉬바이처처럼 의술 혜택을 받지 못하는 나라에 가서 병으로 고통 받고 있는 자들을 치료해 주는 의사가 되기로 결심을 하게 되었다.

4) 중학교 졸업 후 명문고 전주고등학교에 합격하다

중학교를 졸업한 후 전주고등학교 첫 번째 입학고사에서 낙방한 후 다른 학교를 다니다가 휴학하고 다음해에 다시 도전하게 되었다. 나는 전주 고등학교 입학고사를 잘 치룬 결과 높은 경쟁률을 뚫고 누구나가 부러워하는 전통 있는 명문고에 형과 같이 들어갈 수 있었다. 입학시험을 볼 때, 형하고 같이 시험을 보러 갔는데, 입시장에서 형과 나 사이에 한 일곱 명 정도가 있었다. 그 당시에는 합격자 발표를 라디오를 통해서도 들을 수가 있었다. 집에서는 합격자 명단에 형과 내 이름과 수험번호가 나오는지를 라디오에 귀를 기울이고 있었는데 형이 먼저 합격자로 발표되자 모든 식구들이 라디오에 귀를 기울이고 있다가 일제히 박수를 치며 기쁨의 환호성을 치는 바람에 정작 내가 나오는 수험표 번호를 제대로 듣지 못하고 말았다. 나는 나의 수험번호를 들었던 것 같은데, 미심스러워서 직접 학교에 가서 합격자 명단에서 나의 수험표를 확인하러 전주에 가야했다. 전주에 가서 학교에 정문 입구에 크고 검게 붓글씨로 수험표가 붙어 있는 것을 내 눈으로 형 다음으로 적어 있는 것을 확인하고 다시 한 번 합격의 기쁨을 느끼게 되었다. 형하고 나 사이에 시험을 치른 학생들은 다 떨어진 모양이었다. 그래서 라디오에서 합격자 발표 때에도 형의 합격 소식에 감격한 나머지 박수를 치면서 형 다음에 바로 나오는 내 수험표를 제대로 들을 수가 없었던 것이다. 부모님 입장에서는 명문고에 시골에서 하나도 아닌 둘이서 동시에 합격했다니 여간 기쁜 일이 아니었다. 모교인 여산중학교에서는 한 명이 아닌 두 명의 졸업생이 역사상 처음으로 명문고에 합격했다고 선생님들이 자랑스럽다고 말씀하시면서 후배들에게 무엇인가 합격의 소감과 그 비결을 후배들에게 자세히 말해 주고 가라는 부탁이 있었다. 그래서 나와 형은 예상치 못한 부탁을 받아서 그러한지 당황한 나머지 후배들에게 도움이 될 만한 말이 문뜩 생각나지 않아서 무조건 모든 과목에서 예습과 복습을 철저히 하면 합격할 수 있다는 간단히 이야기를 해 준 기억난다.

전주고등학교 전경

물론 집안에서도 가문의 영광이라고 하시면서 과거 시험에 합격한 모양으로 집안의 어른들한테 인사를 하고 오라고 넉넉히 차비며 용돈까지 주셨다. 부모님께서는 동네잔치를 벌려야한다고 하시며 동네 여러 유지들을 집에 초대하여 여러번 거나하게 잔치를 한 기억이 난다. 우리 집안에서는 상당한 기간 동안 합격해서 오는 기쁨의 열기가 식지가 않고 있었다. 주변 사람들은 약방집 쌍둥이 하면 착하고 공부 잘하는 학생으로 선망의 눈으로 쳐다보곤 했다. 공부를 잘 한다는 것뿐만 아니라, 잘 생겼다는 소문까지 겹쳐서 어디를 가도 유심히 쳐다보는 눈총을 받아야 했다. 우리 동네에는 주조장을 운영하고 계시는 전주북중을 나오신 L씨 아저씨는 후배가 생겼다고 합격을 축하한다고 하시면서 두꺼운 대학 노트까지 사 가지고 오셨다. 사실 이 씨 아저씨도 공부도 잘하고 그림을 잘 그리는 아주 고운 딸이 있었다. 그 딸의 이름이 YS라고 하는 데, 동생친구니까 어린 시절에는 허물없이 우리 집에 자주 놀러 오곤 했다. 우리가 방학이 되어서 양노당 느티나무 그늘 아래서 공부하고 있노라면 YS의 아버지께서 다가와서 머리를 쓰다듬어 주시곤 했다. YS의 집은 우리 집에서 걸어서 10분이면 도달할 수 있는데, 집 뒤에는 조그마한 동산이 있었는데, 대나무 밭으로 둘러싸여 있는 대궐 같은 집이었다. 나무로 된 대문는 매우 컸던 기억이 있고, 무서운 개가 한 마리가 있어서 우선 주조장하는 YS 집에 술 사러 심부름을 시키면 개 때문에 두렵기도 했다. 아버지가가 막걸리를 사러 YS네 집에 보내곤 했다. YS는 오빠를 보면 수줍은 듯 어디론가 사라지곤 했다. YS는 조그마하고 귀엽게 생겼는데, 총명하게 눈이 빛나고 있었다. YS는 자주 밖에 나오지 않고 공부하고 그림 그리는 데만 열중하는 모범생이라는 소문이 나 있는 매력이 가는 소녀였다.

5) 이성봉 부흥 목사를 만나 다시 신앙인으로 태어나다

이성봉 목사사진

중학교 시절에 여러 교회에서 주최하는 부흥회에 쫓아다녔던 일들이 생각이 나곤 한다. 무엇보다도 많은 부흥목사들 중에서도 이성봉 목사님의 만남은 정말 마음속에 깊이 새겨져 있다. 이 목사님은 북쪽에서 6.25 전쟁이 발발하자 피난차 남으로 넘어오신 분으로 통일을 염원하는 의미로 통일 수염을 길게 기르고 계신 풍채가 우람한 도사처럼 잘 생긴 목사였다. 이 목사님은 쉽게 이해되지 않은 성경말씀을 존 번연의 작품 『천로역정』이라는 문학 작품을 끌어들여 재미있고 흥미진지하게 이야기하듯 풀이를 해 주셨다. 나는 중학교시절에 일단 재미가 있고 해서 귀를 쫑긋하고 이 목사님의 설교 말씀이 놓칠 세라 열심히 들었던 기억이 난다. 이 목사님은 시골의 작은 교회는 물론 도시의 큰 교회를 가리지 않고서 방방곡곡 찾아다니시며 하나님의 말씀을 전하시고 계셨다.

이 목사님은 젊은 시절에 방탕한 탕아처럼 어두운 죄악의 골짜기를 방랑하고 다니는 말썽을 부리는 사나이였다고 하셨다. 이 목사님은 강단에서 서슴없이 진솔하게 본인이 타락의 구렁텅이 빠져 허우적거리는 큰 사고를 당하셨다고 고백하신 적이 있다. 이 목사님은 젊은 여자를 자전거에 태우고 가는 중에 길거리 위에서 깊은 낭떠러지에 떨어지는 큰 교통사고가 나고 만 것이다. 이 목사님은 이 사고로 간신히 목숨을 건졌지만, 하나님의 채찍으로 받아드리고 지난 잘못을 회개하고 하나님의 자식으로 다시 태어나게 되었다고 고백하셨다. 그 때부터 하나님의 말씀과는 멀리 떨어진 방탕한 삶에 대해서 깊이 회개하고 하나님의 말씀을 전하는 목사가 될 것을 결심하는 전환점을 만나게 된다. 필자도 이 목사님의 말씀을 듣고서 지난날 잘못한 죄를 회개하고 하나님의 말씀에 순종하며 살아 갈 것을 결심하게 되었다. 아무리 과거의 삶이 죄악의 어두운 세계에 빠져있더라도 하나님한테 회개하고 하나님의 품으로 돌아오면 천국에 갈 수 있다는 믿음을 가지게 되었다. 이 목사님이 주도한 부흥회에 감명을 받아서 부흥회를 한다는 소문을 들으면 좀 멀리 떨어져 있는 교회라도 밤길에도 걸어서 찾아다니곤 했다. 나는 밤길에 집에 귀가하기보다는 그 교회에서 철야를 하면서 통성기도를 하며 지난 과거의 죄를 사해 달라고 하나님께 간절히 기도한 기억이 새롭게 떠오르곤 한다. 지금까지 여러 가지로 어려움이 있었지만 크게 탈선하지 않고 나를 지킬 수 있었던 것은 중학교시절부터 내 마음속에 받아드린 하나님이 나를 지켜주신다는 신앙의 힘이 아닐까 믿고 있다.

이 목사님이 하나님의 말씀대로 이웃을 사랑하는 마음으로 대하라는 설교 말씀을 마음에 새기고 하나님이 같이 하시면 목표를 세우면 어떠한 유혹에 빠지지 않고 목표에 도달할 수 있다는 믿음을 가지게 되었다. 또한 모든 일에 있어서 인생의 목표를 세움에 있어서 하나님이 보시기에 아름다운 행위가 되도록 노력해야겠다는 마음을 먹게 되었다.

6. 나의 고교시절: 방랑시절 이야기

1) 촌놈이 전주라는 도시에 어렵게 적응하며 살아가다

전주라는 도시에 왔을 때, 처음에는 촌놈이라 그러한지 몰라도 도시 냄새가 너무 좋았다. 우리 집 앞에 버스가 가끔 다녔는데, 이 버스가 올 때마다 도시에 대한 동경을 하게 되었고 도시는 시골과 다른 특별한 도시 향기를 날려다 준다고 생각했다. 도시로 가는 버스를 향해서 달려가다가 지치면 눈에서 멀리 사라질 때까지 언덕에 올라 물끄러미 처다 보곤하였다. 도시에 대한 그리움은 그것에 끝지지 않고 있었다. 교과서에 나오는 도시 풍경이며 도시의 기차 소리도 듣고 싶었다. 외할버지가 대전에 살고 계셨는데 한번은 외할아버지께서 우리 잡에 와서 나를 데리고 도시 구경을 시켜준다 하시면서 대전에 데리고 간다고 하셨다. 도시구경을 한번 하지 못한 나는 너무 좋아서 밤잠을 제대로 자지 않고 대전에 떠나는 날을 손꼽아 기다렸던 생각이 난다. 대전에 가서 외할아버지의 집이 대전역 기차 집결소 근처에 있었다. 매우 가까이서 소리가 나는 장난감이 아닌 실제 증기기관차를 볼 수 있는 기회가 온 것이다. 외할아버지 집에는 이층으로 올라가면 다락방이 있었는데, 멀리서 시꺼먹게 생긴 증기기관차가 줄지어 서있었다. 촌놈이 처음으로 기차를 본 순간이었다. 기차소리가 나고 움직이면서 하얀 연기를 기차 몸에서 하늘을 향하여 내뿜는 소리가 신기하였다. 나는 외할아버지집 다락방에서 올라가서 혼자서 기차가 움직이며 소리를 내는 것을 쳐다보는 일이 하루의 일과가 되었던 기억이 난다. 도시아이들과 골목길에서 촌놈이라고 골려주는 골목길에서 만난 이웃 아이한테 한번 시골에서 골목 대장하던 실력을 발휘하여 손맛을 보라는 뜻 한번 발길질하여 때려 준 것이 화근이 되어서 이웃 아주머니가 달려와서 외할머니한테 나를 혼내주라고 하소연했던 기억이 희미하게 난다.

그런데도 고등학교 시절에 촌놈이라는 표시를 내지 않으려고 처음에 입학식을 마치고 배치를 받은 반의 교실로 들어가는 장면에서 들키고야 말았다, 중학교 시절에는 마룻바닥을 물청소하기 때문에 신발을 신지 않고서 다니곤 했다. 그래서 중학교 시절의 버릇처럼 신발을 벗고 새 교실로 조심조심 들어가고 있었다. 교실에 들어가 보니 나만이 신발을 벗고서 들어가고 있음을 나중에서야 알게 되어서 부끄럽기도 하고 빨리 신발을 내려놓고 있을 때 같이 있었던 반 친구들이 비웃는 표정을 읽을 수가 있었다. 아주 섬마을에서 도시를 처음 접하는 어촌의 촌놈처럼 행동했던 것임에 틀림없었다. 학교에서 하숙집까지 한 30분 이상 걸어서 다니곤 했다. 스치는 여학생들을 차마 똑바로 쳐다보지 못할 정도로 수줍음이 많은 시골 촌놈이었다. 나는 전주라는 도시에서 처음으로 대하는 여학생들을 정면으로 보기가 너무 부담스럽게 느끼곤 했다. 우리 동네에서 가까운 곳에서 전주에 온 우리집안을 잘 알고 있는 여학생들이 나의 하숙집 가까이에 살았던 기억이 있다, 우연히 마주치는 날이면 그쪽에서는 아는 척하는 데, 마냥 어색하게 시선을 딴데로 돌리고 보지 않은 것처럼 지나가곤했다. 지금 생각하면 순전히 내숭을 떨었던 것밖에 달리 볼 수 없지만 말이다.

2) 공부의 신들이 모인 전주고등학교에서 두각을 보이다

나의 고등학교 시절은 초반전과 후반전으로 나누어서 이야기하는 것이 순서일 것 같다. 고등학교 초반의 성적은 매우 우수한 편이었다. 이것은 학교 성적 면에서 반에서는 1등하고 전체 8등하고 영어는 일등을 달리는 매우 우수한 편에 속해 있었다. 고등학교 입학할 때 재수한 이야기를 빼먹고 갈 뻔했다. 처음에 전주에 와서 명문 고등학교에 시험을 보았으나 실패하고 제2차로 선발하는 기독교계열의 신흥고등학교에 들어가게 되었다. 1학기를 다니면서 성적은 우수한 편이었으나, 전주고에 다니는 주변의 학생 중에 초등학교를 같이 다닌 YB라는 친구가 전주고에 합격하여 다니고 있었는데, 하숙집에 놀러 오곤 하였다. 초등학교 다닐 때는 별로 실력 차를 몰랐는데, 나와 형은 떨어진 명문고에 다닌 다는 것에 마음속으로 불만을 가지게 되었다. 그리고 나와 형은 한번 다시 명문고교에 재도전을 하겠다고 부모님한테 말씀을 드렸다. 부모님은 처음에는 완강히 반대를 하였다. 지금 다니는 학교에서도 좋은 대학교에 갈 수 있다고 하니 지금 같이 열심히 하면 성공할 수 있다는 논리였다. 그 당시에는 전주고에 다니는 것이 주변의 친구들이 중학교 때 성실하고 공부 잘 하기로 소문난 쌍둥이가 전주고등학교에 떨어진 것에 아쉬워하는 사람들이 많았다. 그래서 나와 형은 더욱 다시 한번 도전하는 마음으로 재수를 하고 싶었다. 한 학기동안 재수를 하기 위해서 귀향하여 농사를 지으면서 신흥고등학교를 그만 다니고 재수를 하게 된 것이다. 나와 형은 다행스럽게도 성공하여 합격한 경우지만 지금 생각해 보면 만약 그 당시 재도전한 전주고 입학시험에 떨어졌다면 검정고시에 들어가서 고등학교 시절은 없을 수도 있었던 모험의 시기였던 것 같다.

부모와 함께

어쨌든 고등학교에 다시 들어가니 목표했던 명문고에 들어가서 이제 마음 놓고 공부를 원 없이 하고 싶었다. 그래서 고등학교의 전반전은 정말 열심히 한 것 같다. 1학년 여름방학에 고향에 내려갈 때 부모님한테도 전체에서 8등, 반에서 1등 그리고 영어 1등의 상을 보여 줄 수 있었다.

고등시절에는 잘하는 학생들의 명단을 붓글씨로 장원급제하듯이 두

루마리 한지위에 등수별로 크게 써서 체육관 벽보에 높게 붙여놓곤 하였다. 이름에 있는 것을 확인하고 어깨가 우쭐하며 스스로 자랑스럽게 느꼈던 기억이 난다. 여름방학 때 여러 상장을 들고서 부모님한테 보여 주었더니 어찌나 기뻐하신 던지 지금 그 기억이 생생하다. 부모님께서는 자식이 공부를 잘 한다는 이유하나로 주변의 사람들로부터 부러움을 샀던 것도 사실이다.

3) 고교시절 인생에 회의를 느껴 방황하던 이야기

(1) 갑자기 나에게도 사춘기가 찾아오다

고교시절친구와 함께

나는 1학년 후반기부터 공부에 대한 관심보다는 인생에 대한 회의가 일기 시작했다. 공부해서 무엇 하나? 이렇게 잘 하는 공부는 왜 하는 지에 대한 의문과 회의가 오기 시작했다. 동시에 나도 모르게 사랑이 그려워지는 사춘기가 찾아오고 있었던 것 같았다. 나는 고등학교 1학년 2학기부터 학교 가까이 있는 하숙집으로 옮기게 되었다. 하숙집 앞집에는 예쁘게 생긴 딸들이 여럿이 있는 딸 부잣집이었다. 하숙집 마루에 서면 예쁜 딸들이 물을 길러 집안에 파놓은 우물터에 물을 길러오는 모습이 아름다운 풍경이었다. 그중에서 내 눈에 들어 온 소녀는 인형처럼 귀엽게 생긴 HS가 있었다. 그 소녀는 키가 작지만 깜찍한 눈매이며, 오목한 코며, 입술이 너무 앵두처럼 예뻐 보였다. 우리 하숙집하고 딸 부잣집 사이에는 벽담으로 되어있는데, 가운데에 문짝크기의 통로가 나 있었다. 우리 하숙집에도 물을 길을 수 있는 우물터가 있었다. 하숙하던 아래 집 딸들이 가끔 우리 하숙집 우물을 길러오곤 하였다. 가끔 딸부자집의 큰 딸이 하숙집의 큰딸하고 친구인지 자주 놀러 오곤 하였다. 여러 딸 중에서 나의 눈에 띈 HS는 대화를 나누고 싶었지만, 나보다 어린 소녀 같아서 차마 사귀고 싶은 속마음을 전할 수가 없었다.

고등학교 시절 1학년 때 겨울 방학이 왔다. 밖에는 하얀 눈이 바람과 같이 휘날리고 있었듯 멀리서 밝고 고운 목소리로 심금을 울리는 가수 정훈희의 <안개>라는 노래가 울려 퍼지고 있었다. 나와 형은 고향 집에 가는 시외버스를 탔다. 나는 버스 안에서 고향집에 가려는 마음이 변하여 외가에 가서 공부에만 한번 조용히 몰두하고 싶어서 고향길 도로변에 사시는 외가집 앞 독다물 정거장에 갑자기 내려버렸다. 나는 겨울방학 동안 그 사이에 성적이 부진한 점을 메꾸어 보려고 공부에만 몰두하고 싶었다. 그래서 나는 밥만 먹으면 외할머니가 내어주시던 조용한 방에 들어가서 공부에만 전념할 수 있었다. 외가는 여러 이모들도 나한테 너무 잘 해 주었고, 공부에만 집중할 수 있도록 마음을 편하게 가질 수 있는 분위기였다. 외가는 여러 방이 있었고, 예쁜 꽃들로 가득 찬 정원이 있고 넓은 마당이 있는 전통적인 한옥이었다. 마루가 항상 반들반들하고 해서 따사한 햇볕을 쬐이며 그냥 누워있으면 슬그머니 잠이 오는 정도의 긴 마루가 있었다. 밤에 이모들은 나한테 재미나게 읽었던 책들 속의 이야기를 해 주곤 했다. 정연희가 쓴 작품에서 유혜련과 군인과의 사랑이야기도 지금 희미하게 난다. 이모들은 너무 마음씨도 곱고 얼굴도 배우급 수준이었다. 한번 선을 보면 물어 보지 않고 남자 측에서 반응이 너무 좋아할 정도로 이목구비가 서구적인 배우처럼 잘 생긴 이모들이었다. 막내 이모는 내가 혼자서 외롭게 공부에만 지내는 것이 마음에 걸렸던지 나를 어느 공부 잘하는 모범되는 여학생을 소개해 주면서 고등학교 입시준비를 하니까 상담을 잘해 주라고 말을 하고 나서 방에 둘만 남겨 놓고 나가 버리는 것이었다. 나는 처음에는 어리둥절하고 겸연스러웠다. 처음 보는 여학생한테 무슨 말을 해 주어야 하는지 몰랐다. 특히 여성 앞에서는 부끄러움을 잘 타는 나한테 과분한 부탁이었다. 지금 생각하면 진학 진도를 잘 하면서 잘 사귀어 보라는 뜻을 담고 있었던 같다. 어쨌든 무슨 말을 했는지, 아마도 아무런 말도 해 주지 못한 것 같다. 그 당시에는 내 마음을 사로잡은 HS가 있었기 때문에 그 여학생한테는 미안한 이야기이지만 별 관심이 없었다. 이모의 눈에는 그 당시에 미래가 촉망되는 조카라고 생각해서인지 공부도 잘하고 착한 여학생을 소개해 준 것 같았다. 그 당시 나는 크리스마스 선물이라고 영어로 된 성경책을 곱게 싸서 몇 자 적어서 HS의 집에 직접 집으로 보내면 HS 부모님한테 혼이 날 것 같아서 HS가 다니는 학교로 보낸 기억이 있다. 그 이후 나는 방학이 끝나고 하숙집에 돌아와 HS한테 직접 보낸 선물을 잘 받았는지, 물어 보이지 못했던 것이 아쉬움으로 남는다.

외가에서 공부를 하던 시절에 이웃집에는 중학교 여자 동창생이 살고 있었다. 내가 다니던 중학교는 여자와 남자 학생들이 함께 다니는 혼성 중학교였다. 같은 반은 아니지만 작은 규모의 시골 중학교이기 때문에 다 서로가 물어 보지 않아도 서로 사정을 잘 알고 있었다. 그런데 그 이웃 여학생은 그 당시 전주에 있는 S여고에 다니고 있었는

데, 객관적으로 보면 미스 코리아에 출전해도 손색이 없는 얼굴이 미인급 수준이었다. 아침에 밖을 나가서 바람을 쐬고 있는데, 바로 그 중학교 동창생이 인사를 하면서 벽사이로 가까이 오는 것이 아닌가! 예쁜 여학생이 벽을 사이에 두고서 웃은 얼굴로 이름을 부르며 다가오는 모습이 정말로 야릇한 기분이었다. 내 마음에 사모하는 HS가 없었더라면 내 마음을 흔들어 놓을 수 있는 순간이었을 것이리라. 정말 벽 너머에 미모의 여고생과 벽을 사이로 두고서 매일 밤 만나서 이야기를 나눌 수 있는 관계로 발전할 수 있었을 것이다. 보통 사춘기 시절 여학생과 남학생 사이에 서로 사랑의 메시지를 오고 갈 수 있는 많은 숨은 이야기를 남길 수 있을 법한데 말이다. 지금 생각하면 서로 밤이면 달밤에 서로 이야기를 나누면 들판을 누빌 수 있었을 텐데 상상해 본다. 그냥 스치는 대밭의 바람처럼 그 순간이 스쳐가고 있었다. 나는 나대로 공부라는 목표를 세우고 있었기 때문에 마냥 사춘기의 자유를 누릴 수 있는 한계가 있었던 것 같다. 그렇게 한 겨울의 방학은 지나가고 전주에 와서 학교생활을 이어갔다.

(2) 학교생활에 회의를 품고 휴학을 하게 되다.

2학년 여름 방학이 되었다. 방학이 끝나는 데, 부모님한테 갑자기 학교를 당분간 휴학하고 싶다고 했다. 부모님은 영문도 모르고 공부하느라 마음고생이 많다고 하셨다. 아버지께서는 아는 의사 선생님한테 나를 데리고 가서 무슨 병이 있어야 정식 휴학을 할 수 있기 때문에 먼저 건강 검사를 받도록 했다. 의사선생님께서는 건강 검사한 결과를 보고서 내가 약간의 신경쇠약의 증세가 있다고 소견서를 써 주었다. 본인은 그 병명으로 학교당국으로부터 휴학을 정식으로 할 수 있었다.

그 당시만 해도 서울대에 들어가야 효도한다고 강조하시던 선생님들 밑에서 엄한 규율에 따라 살아가는 학교생활이 갑자기 싫어지면서 왜 학교에 다녀야지 하는지에 대한 회의를 품게 되었다. 나는 엄한 학교 규율적 생활로부터 벗어나 고향 집에서 푸른 하늘을 쳐다보며 무거운 마음을 내려놓고 한가롭고 자유스러운 시간을 가지고 싶었다. 그 당시에 나는 왜 학교에 다녀야 되는지에 대한 회의를 풀기 위해서 안인희 교수가 쓴 『교육론』을 읽어 보게 되었다. 그 당시 나는 학교를 내가 마음속에 짓고 싶었다. 학교는 나에게 무엇 의미가 있는가? 도대체 인생이 무엇인지 하는 심각한 고민에 빠지게 되었다. 사춘기에 접어 든 시절에 사랑이란 무엇인가에 대한 여러 가지 잡생각에 밤을 이루지 못할 때가 많았다. 아침에 일어나면 학교에 가지 않아도 되고 해서 집근처 노인정에 버드나무 밑에 놓여 있는 평상에 누워서 흘러가는 구름을 아무 생각 없이 바라보곤 하였다. 나는 하늘에서 바람에 떠다니는 구름을 바라보며 인생도 흘러가는 구름처럼 고독하고 무상하다는 생각에 눈물을 짓곤 하였다. 인생의 덧없음이라는 시상이 떠오르면 때때로 시를 지으며 상상의 날개를 펼치곤 하였다. 그 당시에 인생에 깊은 고민에 빠진 나에게 괴테의 작품과 헤르만 헤세의 작품들은 마음의 위로가 되었다. 괴테의 작품 속에 있는 구절이 "사람은 살고 노력하고 있는 동안은 방황하게 되어 있다." "눈물 어린 빵을 먹어보지 않은 사람은 침대에 앉아 울면서 고뇌에 찬 밤을 보내 보지 않은 사람은 하늘의 힘을 알지 못한다."라는 괴테의 말이 고뇌하고 있는 내 마음속에 깊은 위안이 되는 구절이었다. 또한 흘러가는 구름을 보고서 인생의 방랑하면서 관조하는 헤세의 자연을 바라보는 자세가 마음에 들었다. 그래서 헤르만 헤세의 작품이라면 거의 모든 작품을 읽어 나갔다. 헤르만 헤세도 젊은 시절에 마울브론 신학교에서 엄격한 기숙 생활에 적응하지 못하고 학교를 자퇴하고 방랑하던 헤르만 헤세라는 자서전을 보고서 더욱 끌리는 매력이 있었다. 헤세가 독학으로 서점의 점원으로 일하면서 열심히 책을 읽으며 시와 소설을 써서 문단에 그의 문학성이 인정이 되는 세계적인 작가가 나의 힘든 모습을 대변해 주는 것 같아서 더욱 관심을 가지게 되었다. 결국 두 번의 전쟁으로 독일이 몰락할 때 서로 갈등하지 않고서 평화스럽고 조화롭게 살아가는 세상을 문학적으로 완성한 작가로서 평가되어서 노벨상을 수상하게 되는 영광의 자리에까지 올 수 있었던 헤르만 헤세에 감동을 받고 있었다.

나는 헤르만 헤세 같은 작가가 되는 것이 인생의 목표가 되어가고 있었다. 대학교에 가면 헤르만 헤세를 연구하는 학과에 들어가서 더욱 깊게 작가의 문학 세계를 연구하고 싶었다. 틈만 나면 헤르만 헤세 작가의 작품을 밤을 새워가며 읽기 시작했다. 고3 시험 보는 날에도 상관하지 않고서『데미안』,『싯다르타』,『지와 사랑』등 수 없이 많은 시집 에세이든 손에 잡히는 데로 읽어 나갔다. 헤르만 헤세 같은 작가가 되는 것이 나의 목표가 되어가고 있었다. 그 당시 내가 꿈꾸었던 작가 헤르만 헤세가 되려면 그만한 인생의 고통과 방랑의 통과의례를 치러야 했다.

나는 고등학교 휴학기간이 끝나고 학교로 돌아가야 했다. 학교에 돌아와 보니 학교 수업은 많이 나가 있었고, 매 시간의 수업을 제대로 이해하고 따라가기가 좀 힘겨운 시절이었다.

4) 고등시절 나에게 문학과 철학에 눈을 뜨게 해 준 선생님

고등학교 시절에 잊을 수 없는 나에게 문학과 철학에 대한 관심과 시인의 꿈을 꾸게 해 준 두 분의 선생님을 소개하고자 한다. 누구보다도 고교시절 은사님들 중에서 김해강 시인과 정진헌 선생님이 문뜩 떠오른다. 김해강 선생님은 일제강점기 일본어를 쓰면서 놀고 있는 어린이를 보면서 모국어로서 한국어를 잊지 않고 쓰게 하려면 좋은 시를 써야 한다는 사명의식을 가지고 문단에 서게 되었다고 하셨다. 김해강 선생님의 시집 『동방서곡』을 읽어 보면 일본으로부터 모국어를 빼앗긴 어두운 이 땅에도 태양처럼 희망의 빛이 떠오를 것이라는 예언의 시를 썼던 애국시인이었음을 느끼게 하였다. 국어 수업시간에는 선생님이 몸소 쓴 시를 소개하면서 시가 나오기까지의 숨어있는 사연을 들려주시곤 하셨다. 김해강 시인이 평양에 가서 있었던 숨기고 싶은 이야기와 선생님이 치룬 첫날밤의 이야기를 순진하게 털어놓은 분이셨다. 금강산과 평양을 친구와 같이 여행을 했는데, 금강산을 일박하고 평양에 가서 속칭 얼굴이 예쁘다고 소문이 나 있는 기생집이 있는 술집에 가게 되었다고 하셨다. 같이 동행한 짓궂은 친구의 안내로 기생집에 갔다가 어쩔 수 없이 짝이 되어 같은 방에서 기생과 아무 일없이 밤을 지새운 사연을 솔직 담백하게 이야기를 해 주셨다. 깨끗한 용모에 잘 생긴 키가 훤칠하신 선생님은 방안에 초불을 켜 놓고서 밤새도록 서로 말이 없이 있다가 조용히 자는 기생의 모습을 바라보며 시를 썼다는 이야기를 해 주셨다. 다음 날 아침에 그 평생 기생은 헤어질 때 보이지 않은 곳까지 서서 하얀 손수건을 흔들었던 기억이 생생하시다고 하셨다. 그리고 선생님은 몸소 겪었던 결혼 첫날밤의 이야기까지 고등학교 시절 호기심 많은 학생들에게 느림의 미학으로 하나씩 겹겹이 차려입는 신부의 옷을 벗기는 과정을 자세히 설명해 주시던 천진한 선생님의 표정이 떠오른다.

김해강 시인은 나라의 앞날을 걱정하는 굳은 의지의 시인이며 개인적으로 천진스러운 어린아이의 마음을 지니고 있었던 학처럼 깨끗한 삶을 살다간 시인으로 기억되고 있다. 그 당시 존경을 받고 있는 김해강 시인의 문학 세계를 헤세의 시세계와 비교하고 싶은 마음이 생겼다. 대학교에 들어가면 더욱 두 작가를 깊이 있게 탐구하고 자하는 꿈과 김 시인처럼 멋있는 시인이 되고자 하는 꿈이 내 마음속에 깊이 싹트지 않았나 생각해 본다.

그리고 또 한분 정진현 선생님이 문학과 철학에 대한 관심을 불러일으켜 주었다. 정진헌선생님은 윤리수업시간에 들어오면 수업을 진행하는 가운데서 교양강좌로 유명한 작가들의 문학 세계와 철학세계를 흥미진진하게 설명해 주셨다. 예컨대 영국의 문호 엘리엇 T. Eliot의 대표적인 시 「황무지」를 읽어 주면서 왜 4월이 잔인한 달인지를 쉽게 이해시켜 주었다. 또한 헤르만 헤세의 작품 『청춘은 아름다워라』에 대한 문학 작품을 읽어 주시며 청춘의 아름다움과 헤세의 지난한 삶을 극복해 나가는 과정을 이야기해 주었다. 정 선생님은 고등학교시절 수준에서 철학이라는 주제가 접근하기 어렵지만 한국철학계의 대두라고 할 수 있는 서울대 박종홍 교수의 동서양의 철학을 넘나드는 깊이와 넓이를 쉽게 이해할 수 있도록 설명해 주곤 하였다. 또한 우리들에게 대학교에 가면 데칸쇼를 우선적으로 공부하라는 조언을 해 주었다. 평소에 선생님께서는 데카르트, 칸트 그리고 쇼팬아우워의 철학을 접하지 않으면 대학생이 아니라고 말할 정도로 철학공부의 중요성을 강조하셨던 말씀에 감동을 받았다. 본인도 대학교가 들어가면 기필코 동서양의 문학과 철학을 관심을 가지고 강의를 선택하여 들어보아야 하겠다는 마음을 먹게 되었다.

5) 고교시절에 감명 깊게 읽었던 서적들

시골 촌놈이 전주라는 도시로 간 이유로 혼자서 친구들이 없이 혼자서 지낼 때가 많았다. 시간이 지남에 따라서 내 주변에 조금씩 친구들이 생기기 시작했다. 나는 고등학교 시절 7인회 독서서클을 만들어 일주일에 한 번씩 만나서 읽었던 책을 소개하며 느낀 바를 자유스럽게 이야기하는 시간을 가지곤 했다. 헌책방에서 읽고 싶은 책을 선택하여 독서를 하다 보니 다양한 책들을 만날 수 있었다.

그 당시 읽었던 일본작품으로 『빙점』 이라는 소설의 주인공이 계모한테 설움을 당하는 다음 장면이 어떻게 전개되는지 너무 궁금증이 나서 수업 시간에도 읽다가 선생님한테 꾸지람을 들었을 정도로 독서에 빠지곤 했던 기억이 난다. 그 당시에는 세계문학전집을 중심으로 러시아의 톨스토이의 『부활』 이라는 작품과 영국작가 쉐익스피어의 작품 『로미오와 줄리엣』 이라는 작품은 두 원수지간의 사이의 집안인데 로미오와 줄리엣이 사랑을 하게 되는 데 결국 사랑 때문에 죽음의 나라에 가고 마는 순수한 열정이 매우 감명 깊었다. 또한 러시아를 대표하는 작가 톨스토이의 『인생 독본』 을 정말 고독할 때 한 구절씩 음미해 가면서 인생의 지난한 세월을 정신적으로 극복해 가는 방법을 터득할 수 있었다. 『부활』 이 너무 감명 깊었던 작품이

서강대학교 재학시절모습

영화로 공보관에서 상영되고 있다고 하여 친한 친구들과 같이 『부활』이라는 영화를 보게 되었다. 부활의 작품의 주인공 네흘류도프 공작이 젊은 날의 정욕으로 정복한 카추샤가 자기의 아이를 낳고 어렵게 사는 동안에 몸을 파는 여자로 전락하고 만다. 이러한 사실에 충격을 받아서 과거 잘못을 뇌우치고 그 죄를 보상하기 위해서 전 재산을 가난한 농노에게 나누어주고 헌신적으로 여생을 바치고자 결심하는 주인공의 모습은 지금도 잊을 수가 없다. 특히 세계문학 중에서도 독일의 작가 중에서도 헤르만 헤세의 작품 『데미안』은 방랑하고 있는 나에게 심금을 울려 주는 작품이었다. 데미안에서 주인공 싱클레어가 사과를 훔쳤다고 거짓말을 해서 친구들에게 과시하려고 하였으나 악당같이 생긴 크로머가 그것을 약점으로 삼아 많은 요구를 해 올 때 거기에 대응하지 못하고 크로머한테 죄 없이 고초를 당하는 순진한 모습이 마음속 깊게 새겨져 있다. 결국 데미안을 만나서 두 가지의 선과 악이 존재하는 세계가 있음을 인식시켜 주어서 싱클레어를 어두운 악당의 손아귀에서 빠져 나오는 장면은 매우 동정이 가는 부분이었다.

괴테의 『파우스트』는 너무 어려워 읽어도 무슨 뜻인지도 모르고 의무감에서 읽었던 기억이 지금 생각해 보아도 우습게 느껴진다.

현대문학에서는 주로 황순원, 그리고 염상섭, 이상의 작품을 중심으로 읽었던 기억이 난다. 황순원의 『소나기』의 시골 소년이 도시에 온 소녀에 대해 느끼는 지순한 사랑이야기라든지, 염상섭의 『만세전』의 주인공 이인화가 일제강점기에 지식인으로서 일본을 향하여 항거하려고 해도 힘이 없음을 보여주는 이야기 그리고 이상의 『날개』에서 주인공이 돈이 없이 하루를 작은 유리 창문으로 들어오는 햇볕을 쪼이며 여자의 화장품에서 야릇한 여자의 냄새를 은밀하게 느끼는 장면이나

이어령교수 사진

몸을 파는 기생이 던져주는 돈으로 살아가는 위약한 모습은 매우 범상치 않은 느낌을 주었다.

고등학교 시절에 이어령의 『흙속에 저바람속에』, 『하나의 나뭇잎이 흔들일 때』라는 저서들이 젊은 시절 큰 감동을 주었다. 나는 이러한 작품들을 낙엽이 떨어지는 가을날에 밴취에 앉아서 정신없이 읽곤 하였다. 이어령 교수는 나에게 한국인의 숨어있는 심성을 생활 속에서 찾아내서 재치있게 이야기를 만들어가는 언어의 마술사 같은 존재로 다가왔다.

6) 은명기 목사의 설교를 통해서 정의를 추구하는 하나님 말씀을 듣게 되다

은명기 목사

고등학교 시절에 전주천이 흐르는 강변에 위치한 전주 남문교회에 나가게 되었다. 그 교회는 내가 존경하고 있는 김해강 시인이 다니는 교회라서 더욱 열심히 다니게 되었다. 무엇보다도 은 목사님의 설교를 듣고 있으면 매우 철학적인 이야기도 많이 나오고 성경 말씀을 진지하게 풀어서 우렁차면서도 진지한 설교하시는 모습이 내 마음을 사로잡곤 하였다. 은 목사님은 설교 말씀을 강단에서 전하는 데 끝나는 것이 아니라 실천하는 목사님의 모습으로 기억되고 있다. 그 당시 군부 독재시대에 목사로서 부조리한 세상을 바로 세우기 위해서 몸을 사리지 않으셨다. 은 목사님은 군부 독재정치에 항거하기 위해서 길거리로 교회 성도들과 함께 나가서 외치며 그 정치적 부당성을 강하게 주장하셨다. 은 목사님은 그로 인해 여러 번 감옥에 투옥되기도 하고 많은 고초를 겪었다고 들었다. 은 목사님은 세상이 이해할 수 없는 이유로 감옥에 보내고 죄 없는 사람들을 고문하여 죽이고 하는 비인간적인 만행에 대해서 끊임없이 저항하고 행동으로 옮기신 목사로서 하나님의 정의로운 말씀을 몸소 실천하신 분이라고 느끼고 있다.

은 목사님의 동생도 같은 목사의 길을 걷고 있었다. 은 목사님이 사회운동으로 자리를 비울 때 동생이 목회를 주도하시곤 하였다. 어느 날인가 목회가 끝나고 교회를 나오면서 인사하면서 고등학교 학생인 나한테 다가와서 내 교복에 붙어 있는 마크가 좀 비틀어 있다고 하시면서 바르게 고쳐주었던 기억이 새롭다.

3학년 1반 고교시절

7. 대학시절 : 열정과 도전

1) 촌놈이 서울로 대학 시험을 보러가는 길

본인이 서강대학교에 입학시험을 보러가는 이야기를 좀 해야겠다. 아버지와 나와 쌍둥이 형하고 시골 고향집에서 처음으로 나온 신영여객을 타고 서울을 향했다. 난생 처음으로 서울로 가는 길이었다. 하루에 한번 다니는 서울로 가는 새로 개통된 버스를 타고 가는 초행길이었다. 그 당시 시골에는 고향에서 서울까지 하루에 아침 일찍이 7시에 출발하는 버스가 오직 한번 밖에 없어서 서둘러 준비해야 했다. 처음으로 서울로 대학교 입학시험을 보러가는 일이라 가슴이 좀 설렜다. 어머니께서는 대학입시를 보러 가는 길에 마음을 안정시키려면 천황심환 한 알을 먹고 시험장에 들어가는 것이 좋겠다고 하시며 가지고 갈 작은 책가방에 넣어 주셨다. 서울로 가는 길에 인도자로 나선 아버지와 나는 형과 같이 셀 수 없이 많이 동네마다 있는 버스 정거장에서 서울로 가는 사람을 태우려고 잠깐씩 정지하고 출발하곤 했다. 버스 창밖의 전개되는 시골 마을을 구경하면서 하루 종일 서울로 가는 지루하면서도 신기한 긴 여정이었다. 아버지께서는 서울에 가기 전에 몇 마디를 알고 가야한다고 했다. 아버지께서는 서울은 큰 도시라서 호화스러운 집도 많지만 기대는 하지 않은 것이 좋다는 말씀을 넌지시 해주곤 하였다. 왜 서울에 가기 전부터 김새는 이야기를 하는 줄을 나중에서야 좀 알 것 같았다. 나는 서강대학교에 입학원서를 내고 형은 서울대학교에 입학원서를 내었다. 서울 오류동에 사시는 큰 할아버지 댁에서 자고 가는 편이 낫겠다고 하시며 우리를 오리동에 데리고 갔다. 큰어머니께서 우리 동갑내기의 아들이 돌림병으로 갑자기 어릴 때 일찍이 세상을 갑자기 떠난 바람에 죽은 아들 생각이 나서인지 우리를 보는 눈초리가 그리 곱지가 않았고 우울한 표정을 읽을 수가 있었다. 우리가 자고 있는 방이 추운 겨울에 불이 들어오지 않고 매서운 추위에 몸을 떨면서 자게 한 것이 그 하나의 증거였다. 큰어머니께서는 우리(쌍둥이)를 보고 죽은 아들이 생각이 나서 그러하셨는지 모르지만 그 추운 겨울 방에는 냉기가 흐르는 분위기에서 자야 했다. 서울에 도착한 첫날의 밤에 이렇게 차가운 방에서 자야한다고 생각하니 서울 생활이 순탄치 않겠다는 예감을 하게 되었다. 아버지께서 서울에 가면 좋은 집도 많지만 기대하지 말라는 이유를 그제야 조금 알 것 같았다. 서울은 잘 사는 사람도 있고, 못사는 사람들이 같이 공존하는 곳이니 큰 기대는 하지 말라는 이야기가 실감이 나는 순간이었다. 큰아버지는 꽤 인자하신데 반하여 큰 어머니가 차가운 분이라는 것을 몸으로 느끼는 순간이었다. 그렇게 추운 분위기에서는 도저히 나와 형을 맡길 수가 없다는 판단하신 아버지의 모습을 볼 수 있었다. 아버지와 우리는 아침밥을 먹고서 다시는 오지 않겠다고 다짐하면서 비좁지만 세든 단칸방에서 아들 둘을 데리고 혼자서 공덕동 언덕에서 사시는 고모댁한테 가기로 했다. 가보니 허술한 옛날 기와집 주택에서 작은 방 하나를 세들어 어렵게 사시는 고모를 만날 수 있었다. 고모님은 일찍이 남편과 뜻이 맞지 않아서 따로 혼자서 공장에 나가시면서 돈을 벌어 두 아들을 키우고 사시는 넉넉지 않은 형편이었다. 고모님은 세들어 사는 작은 방이 하나밖에 없었지만 서로 웃음을 주고받을 수 있는 인간미가 넘치는 따뜻한 온기가 있는 집이었다.

2) 서강대를 찾아가는 길

나는 서강대학교에서 실시하는 입학고사를 치루는 전날에 예비모임에 참석하기 위해서 마포 신수동에 있는 서강대학교에 찾아가야 되었다. 마포에 있는 서강종점이라고 크게 쓰여 있는 버스를 잡아타고 서강종점에 내리고 보니 아무리 둘러봐도 서강대학교라고 써진 교문은 보이지 않았다. 지나가는 사람들한테 서강대학교의 위치를 물어 보니 한참 10여분 걸어서 걸리는 거리에 서강대학교가 있다는 말을 듣고서 다시 찾아 가야했다. 그래서 돈도 아낄 겸 서강종점에서 마포 신촌 로터리 부근에 있는 서강대를 물어 물어서 포장도 채 되지 않은 길을 걸으면서 서강대 문패를 찾았던 기억이 지금도 생생하다. 서강대학교의 교정에 들어서니 외국인 교수님들과 신부님들이 여기저기에 눈에 띄었다. 서강대 들어가는 입구에서 본관까지 가는 길이 그리 높지 않은 언덕길로 되어 있었다. 저 멀리 보이는 서강대 본관이 영화에 나오는 그림 속의 그리 높지 않은 아담한 하얀 건물이 외국대학교의 모습 그대로였다. 걸어서 촌놈이 외국대학교 같이 생긴 서강대학교에 입성한 것이 그 당시에는 개선장군이 부럽지 않았다. 그런데 합격해야지 다닐 수 있는 대학이 아닌가? 본관 밑으로 한강이 내다보이는 전망이 좋은 C관 라운지가 있었고, 처음으로 모이는 곳이 바로 이곳 라운지로 되어 있었다. 그곳으로 물어서 가는데, 고등학교 교복을 입고서 시험을 보러 가기 때문에 지방에서 올라 온 학생이라는 것을 누구나 쉽게 알아 볼 수 있었다. 그 당시에 외출복이라고 입을 것도 특별히 없었고 하여 고등학교 교복에 모자를 쓰고 있으니 말이다. 이 대학교 직원 같은 분이 본인의 교복을 보고서 어느 고등학교인지를 단번에 알아보고서 공부를 잘하는 학생같이 생겼구먼 하시며 합격할 것 같다고 하면서 나를 격려해 주셨다. 이 대학교에도 지방에서 올라 온 전고출신 선배들이 많으니 응원하러 올 것이라는 한 마디 말에 움추렸던 나의 어깨가 좀 피어지는 것 같았다.

서강대학교 전경

3) 서강대 어려운 시험에 합격하고 결심한 사연

다음날이 시험을 보는 날이었다. 서강대 입학시험의 여러 과목에서 출제된 문제들이 전혀 예상치도 못한 어려운 문제들로 가득 채워져 있었다. 특히 출제된 수학문제와 국어문제가 예상한 것보다 매우 어려웠던 것으로 기억이 있다. 아버지는 서울대에 형이 원서를 내고 같은 날 시험을 치루기 때문에 양쪽으로 신경을 쓸 수밖에 없었다. 아버지는 서울대에 서둘러 가셔서 형이 시험을 잘 보았는지 확인하고 나서 나를 보러 다시 서강대에 왔다 갔다 하셨다. 지금 생각하면 아버지는 두 배로 바쁘신 하루를 보내신 셈이다. 나는 아무리 생각해도 이번 서강대 입학시험을 잘 치루지 못해서 합격할 것 같지 않았다.

대학 입학고사를 치루고 고향 집에 내려오고 나서 합격 소식을 기다리고 있었던 차에 한참 후에 서강대학교에 합격했다는 축전을 그 당시에 입학고사장에서 응원하려 오신 사학과에 다니시는 L 선배가 보내주었다. 방학 동안에 서강대에 합격했다는 소식을 전해 주기 위해서 고등학교에 담임 선생님한테 가니까 학사규정이 다른 대학교보다 훨씬 엄격한 대학교이니 정신 바짝차리고 다니지 않으면 절대 졸업을 할 수 없다는 이야기를 해 주었다.

서강대학교에 들어가기 전에 우연히 책에서 하버드대 캠퍼스의 13개의 계명을 접하고 대학 시절에서만은 아래 계명대로 충실히 살기로 결심을 하였다.

① 지금 잠을 자면 꿈을 꾸지만 지금 공부하면 꿈을 이룬다.
② 늦었다고 생각하던 때가 가장 빠른 때이다.
③ 공부할 때 고통은 잠깐이지만 못 배운 고통은 평생이다.
④ 공부는 시간이 모자라서 못하는 것이 아니라 노력이 부족해서 못한다.
⑤ 행복은 성적 수준이 아닐지 몰라도 성공은 성적순이다.
⑥ 공부가 인생의 전부는 아니다. 그러나 인생의 전부도 아닌 공부하나 정복하지 못한다면 과연 무슨 일을 할 수 있겠는가?
⑦ 피할 수 없는 고통을 즐겨라.
⑧ 성공은 아무나 하는 것이 아니다. 철저한 자기관리와 노력에서 비롯된다.
⑨ 최고를 추구하라. 최대한 노력하라.

⑩ 지금 이 순간에도 경쟁자는 책장을 넘기고 있다.
⑪ 고통이 없으면 얻는 것도 없다.
⑫ 가장 위대한 일은 남들이 자고 있을 때 이루어진다.
⑬ 오늘 걷지 않으면 내일은 뛰어야 한다.

4) 저명한 세계적인 학자들의 특별강연을 들으며 학문에 뜻을 품다

처음부터 서강대학교는 외국인 교수들이 영어로 가르치는 대학교로 소문이 나 있었고, 들어가 보니 정말로 외국대학처럼 철저한 학사관리가 이루어지고 있었다. 한번 방심하면 졸업을 할 수 없는 무서운 대학교이었다. 그러한 서강대학교의 엄격한 학사제도에 적응하지 못하고 학사경고를 받은 친구들이 졸업을 못 할까 봐 학기 도중에 어디론가 사라진 학생들이 소외 일류 사립 대학교에 속하는 대학교의 편입시험에 합격하여 무사히 졸업한 친구들이 많았다. 이것은 서강대학교가 얼마나 F학점 제도를 철두철미 관리하고 있다는 증거이다. 그 당시 서강대학교의 재정적 지원금은 미국의 국회를 통과해서 온다고 했다. 서강대학교의 화장실은 양질의 화장지가 항상 놓여 있었다. 깨끗한 학교 환경이 너무 마음에 들었다. 그 당시 서강대학교의 이와 같은 전체적인 수준이 미국의 중상위권의 대학교에 견줄 정도로 우수한 대학교로 평가를 받았던 것으로 알고 있다. 서강대학교에 입학하기 전에는 나와 친척이 되며 전주고를 같이 졸업한 L이 고향집에 찾아와 서울대에 재수하여 도전해 보자고 여러 번 권유를 한적이 있었다. 그러나 나는 꿈에 그리던 외국대학교 같은 서강대학교를 두고 다른 대학교를 생각해 볼 수 없었다. 고풍어린 외국대학교 같은 분위기에 압도되어 다른 대학교는 마음에 들어오지 않았고 오직 이 대학교에서 열심히 나의 청춘을 학문에 몰두하면서 불사르고 싶었다. 서강대학교에 들어가서 특별활동으로 합창부에 우연히 들어가게 되었다. 평소 노래 부르는 것을 좋아하던 나는 점식때 식사를 다 마치고 산에 올라가서 노래를 혼자서 부르곤 했다. 어느 날인가 노래를 부르고 있었는데 경영과에 다니는 C형이 우연히 올라와서 노래 부르는 재능이 있어 보인다며 같이 합창부에 들어와서 합창단원으로 활동했으면 하는 제안이 들어왔다. 그때부터 나는 서강대학교 합창부 일원으로 활약하게 되고 1970년 여름 전국합창대회에서 드보르작「신세계 New World」를 불러서 1등한 기념으로 MBC 아침방송에 초청되어서 합창실력을 보여 준 기억이 새롭다. 전국 대학 합창 대회에서 1등한 기념으로 합창단원들이 서울 외곽에 있는 소요산에 있는 유원지에 놀러 가서 노래를 부르며 야영하며 하룻밤을 지세우면서 우정을 나누었던 시간들이 그리워질 때가 있다. 너무 합창부에서 연습하는 시간이 많아져서 공부에 방해가 되는 것 같아서 더 이상 합창부의 활동을 중단하기로 했던 일이 내내 마음에 아쉬움으로 남아 있다.

대학교 시절에는 주로 철학과 영문학에 흥미를 느끼며 한국어와 영어로 강의를 듣곤 했다. 그 당시 나는 서양철학에 관심이 있어서 독일 관념론을 완성한 헤겔철학, 근대철학사, 비트겐쉬타인의 언어철학의 강의를 들으며 서양철학의 본질을 전반적으로 파악할 수 있었다. 대학시절에 특별강연에 초빙되어 오신 변귀용 교수가 '도와 로고스' 주제로 제일 큰 강당에서 한 적이 있다. 변 교수님은 한국 사람으로서 동양의 정신을 관통하는 개념 도(道)와 서양의 철학의 근본정신 로고스(Logos)와 비교한 교수 논문이 통과되어 프랑스의 소르본느 대학교 교수가 되었다는 이야기를 듣고서 비교철학이라는 학문이 매우 멋있게 느껴졌다.

서강대 선배님들과 함께

서강대학사졸업사진

서강대학시절 졸업 기념사진

더욱 나를 사로잡은 것은 변 교수님의 풍기는 논리와 학자다움이었다. 나도 언젠가 변 교수처럼 세계에서도 인정받은 교수로서 외국에서 교수할 수 있을까 하는 꿈을 꾸어 보기도 했다. 인간이 한 생애를 살면서 자기가 하고자 하는 모든 것을 다 하고 갈 수는 없지만 되고 자 하는 미래의 꿈을 다 이루고 갈 수 있다고 생각한다. 그러한 나의 꿈을 실현하기 위해서는 대학교에 다니는 동안 여자와 거리를 두고서 학문에만 몰두해야 한다는 생각이었다.

임어당 선생이 철학자로서의 걸어 온 길에 대해서 서강대학교 개교 10주년을 기념으로 학교 대강당에서 초청 강연을 한 적이 있다. 임 선생님은 영어로 강연하고 한국어로 통역을 해 주는 분이 있었다. 임 선생님은 일찍이 미국에 건너가서 어려운 중국철학을 쉽게 이해할 수 있는 명료한 영어로 번역하여 중국철학을 세계에 알리는 데 기여를 한 분으로 알려져 있다. 선생님은 학자가 되려면 고서가 많은 책방에 자주 가라고 말씀을 해 주었다. 선생님은 마치 금광을 캐는 광부가 땅속 깊이 파묻혀 있는 금을 찾아내듯이 먼지 묻은 고서 속에도 빛나는 새로운 진리를 찾아 낼 수 있다는 이야기를 해 주었다. 그 때부터 나는 돈도 없는 가난한 대학생으로 청계천에 있는 고서가 많은 헌 책방을 자주 들리곤 했다. 책을 사다보니 돈이 떨어져서 교통비마저 없어서 청계천에서 청파동 고모 집까지 걸어오기도 했던 기억이 난다. 책 속에 무엇인가 길이

임어당 선생

있다는 믿음이 있었기에 청계천 서점에서 그 당시 살고 있었던 청파동 집까지 몇 시간을 걸어서 오기까지 힘들다는 생각은 한 번도 해 보지 못했다. 그 당시 나는 결핍된 지식을 채워야 한다는 심한 갈증이 있었던 같았다. 서강대학교에 다닐 때 미국 교수님과 신부님들이 많아서 가능하다면 영어로 수업하는 강의를 들으려고 노력했다. 본인은 영문학을 부전공하고 있었기 때문에 영문학 강의를 중심으로 인문학 교양을 쌓기 위해서 인류학 강의뿐만 아니라 철학 강의도 열심히 찾아 다녔다. 그 당시에 영어와 독어를 잘 하시는 영문학과 브로닠 신부님이 계셨다. 시간이 허락이 되는대로 자주 찾아가서 영어와 독일어로 대화를 나누면서 지냈던 기억이 새롭다. 필자가 연구실에 찾아가면 영어로 굿 모닝과 독일어로 구텐모르겐으로 시작으로 반갑게 맞이해 주시며 다양한 이야기를 주고 받았던 추억이 그리워지곤 한다.

서강대브루닠신부님과 함께

5) 서강대에서 3개 국어 마스터할 계획을 실천하다

서강대는 입학하기는 서울대보다는 쉽지만 졸업하기는 쉽지 않은 대학인 것만은 확실하였다. 그 이유 중의 하나는 서강대학교가 철저히 스파르타식 학사시스템을 운영하고 있기 때문이었다. 서강대학교는 학교 수업시간에 결석만 조금 많아도 F학점으로 자동 처리를 하고 있다. 출석 체크도 각 학생마다 지정 자석이 있어서 조교가 수업 전에 빈자리를 체크해 간다, 예컨대 과목이 6학점이면 6번 결석하면 그 과목은 자동적으로 F학점으로 처리된다. 학기 말 시험 과목중 한 과목이라도 부정행위가 발각되면 그 학기의 전 과목이 F학점이라는 벌칙이 내려진다. 두 번의 학사 경고를 받으면 학교를 퇴교 당하게 되어 있다. 이러한 엄격한 학사 관리로 해서 서강대학교의 역사는 짧지만 미국의 중류급의 대학교에 속하는 대학교로 급부상하게 되었다고 전해진다.

본인이 서강대학교를 다니면서 고등학교처럼 마음을 놓고 다녔다면 아마도 졸업을 못했을 것이다. 마침 나는 고등학교 시절의 방랑으로 서울대를 가지 못한 죄로 검은 모택동이 자주 입고 다닌 것과 같은 검은 제복을 입고서 상당기간 서강대를 다녔다. 서울대에 가지 못한 나는 서강대학교를 다니는 동안에는 원 없이 공부다운 공부를 하기로 결심을 했다. 나는 가능하다면 영어, 독일어 그리고 프랑스 원서를 보려고 했다. 예컨대 헤겔 철학을 독일어 원서로 읽으며 다녔다. 앙드레 지드의 『좁은 문』을 읽다가 프랑스 원어로 읽고 싶어서 프랑스어 기초부터 수업을 들었다. 서강대학교는 자습실이 늦게까지 자유스럽게 공부할 수 있도록 문이 개방되어 있었다. 나는 문을 닫을 때까지 공부를 하곤 하였다. 공부에만 몰두하는 모습이 매력으로 보였던지 주변에서 나를 좋아하는 여자들이 좀 있었던 것 같았다. 나를 좋아하는 여학생과는 의도적으로 거리감을 가지고 다녔다. 고등학교 시절의 방랑이 서울대를 들어가지 못했다는 생각이 날 압도하고 있었기 때문이었을 것이다. 고등학교 시절에 방랑했던 시간들이 공부로부터 멀어지게 했다는 것에 깨달은 바가 있어서 더욱 그러하였다. 나는 아침 나올 때 고모님이 싸준 도시락을 두 개를 가지고 마포 공덕동에서 산언덕을 넘어 한 시간 이상 걸어서 학교로 가곤했다. 두 개의 도시락 중의 하나는 점심밥이고 다른 하나는 저녁밥이었다. 나의 하루의 일과는 집에서 나오면 도서관에서 강의실로 가고 식사시간에는 산에서 식사를 하곤 하였다. 겨울에는 밖이 추워서 밥을 학교 뒷산에서 먹을 수 없어서 하는 수 없이 학교 식당 안에서 먹든지 아니면 서강대학교 정문 앞 중국집에서 뜨거운 국물만 시켜서 싸온 차가운 도시락밥과 함께 먹곤 하였다. 식당 주인이 키가 큰 중국분이었는 데, 한 번도 인상을 찌푸리지 않고서 국물 한 그릇만 주문에 응해 주었다. 지금 생각해 보아도 염치가 없는 학생이었던 같았다. 나는 이러한 초라한 모습이 남 보기에 부끄럽기도 하였지만, 주머니 사정이 넉넉지 않고 절약을 하다 보니 그러할 수밖에 없었다. 그 당시에는 다방은 정말 특별한 모임이 아니면 그냥 캠퍼스 안에 있는 벤치에서 만나서 이야기하거나 학교 라운지를 주로 이용을 하곤 했다. 그 시절에는 군부독재시대에 독재의 부당성에 항거하는 학생들과 어울리며 마음으로는 데모하고 싶었지만 고향에서 아들을 걱정하는 아버지 생각하고 도서관에 앉아서 오직 공부하는 길만을 고수할 뿐이었다.

학교 다닐 때 도서관에서 제일 나중에 나오는 학생이 되기도 하였고, 책을 많이 빌려가는 학생 중의 하나였을 것이다. 학문의 기초가 되는 인문학 원서를 많이 읽어서 내 빈 머리를 밝은 지혜로 채우고 싶었다. 외국 신부들하고도 가능하다면 자주 만나서 영어로 이야기를 나누곤 하였다. 그리고 김규영 교수님의 헤겔 철학을 강론하실 때 아주 정결하게 책상을 깨끗하게 정리하시고 몸을 바르게 해서 서로 인사를 나눈 후에 강의를 시작하시던 모습이 떠오른다. 우리나라에서 철학계의 대부가 되는 서울대학교 박종홍 교수께서 한국의 철학계를 이어갈 중요한 인물로 독일에서 독일 현상학 박사를 마치고 미국에 가서 철학교수가 된 조가경 교수와 서강대학교 이완조 교수를 지적했다고 전해진다. 지금도 잊을 수 없는 것 중의 하나는 그 당시 독신으로 살고 계시는 철학과의 이완조 교수님하고도 철학뿐 아니라 다양한 주제로 이야기를 나누었던 경험이 있다. 이 교수님하고는 언어철학 문제부터 시작하여 실존적 문제를 다룬 샤르트르문학에 이르기까지 다양한 대화를 나눈 적이 많았다. 지금도 나는 어려운 언어철학을 이 교수님한테서 쉽게 이야기 해 주시던 진지한 모습을 잊을 수가 없다. 나는 이 교수님의 비트겐쉬타인의 언어철학 강의를 들으면서 모든 기존 철학에 표현된 언어에 대한 회의로 시작하여 일상 언어 속에 들어 있는 새로운 언어유희의 규칙을 알아내듯이 철학과 문학텍스트 속에 표현된 언어유희의 규칙을 파악할 수 있는 자신감을 가질 수 있었다. 앞으로 기회가 주어진다면 나는 한번 철학과 문학을 그러한 관점에서 언어의 유희의 규칙의 문제를 풀고자 한다. 우연히 나는 대학 시절에 도서관에서 벤자민 프랭클린의 자서전을 감명깊게 읽게 되었다. 그 당시 나는 다음과 같은 벤자민 프랭클린(Bejamin Franklin)의 명언을 가슴에 새기고 다녔다.

그대는 인생을 사랑하는가?
그렇다면 시간을 낭비하지 마라.
왜냐하면 시간은 인생을 구성하는 재료가 되기 때문이다.
똑같이 출발했지만 세월이 지난 뒤에 보면
어떤 이는 앞서 있고, 어떤 이는 낙오가 되어 있다.

이 두 사람의 거리는 좀처럼 가까워질 수 없게 되어 버렸다.

이것은 하루하루 주어진 자신의 시간을 잘 이용했느냐 허비했느냐에 달려 있다.

6) 하영조 목사를 만나서 하나님의 증인이 되라는 말씀을 마음에 새기다

하영조 목사

내가 형과 함께 서울에 있는 마포구 용강동에 살았을 때 그 당시 하영조 전도사로 활동하였던 마포교회에 다니게 되었다. 마포 용강동에는 작은 아버지가 자녀교육을 위해서 새로 양옥집을 지어서 우리도 함께 고모와 사촌 동생을 가르치면서 살게 되었다. 일요일이면 교회에 나가서 청년부에서 합창도 하고 하 전도사의 지도하에 많은 청년부 행사를 치르곤 하였다. 하 전도사님은 하나님의 성도로서 땅 끝까지 이르러 복음을 전파하는 사명을 가져야 한다고 강조하시곤 하였다. 하 전도사님은 똑똑한 머리는 하나님께서 주신 달란트이니 하나님을 위해서 쓰임을 받아야 한다면서 신학 공부를 하여 해외로 나가서 훌륭한 선교사가 될 것을 언급하곤 하셨다. 그 당시 마포교회에는 소위 유명대학교라고 칭하는 서울대로 위시하여 여러 사립 대학교에 다니는 젊은 여대생과 남자 대학생들이 있었다. 같은 마포교회에 소속되어 있는 청년부로서 사회 봉사활동에 나가서 약자들을 위한 헌신적인 봉사를 하면서 많은 대학 친구들과 사귐을 가졌던 기억이 있다.

어느 날인가 교회에 나가서 보니 서울대에 다니는 미술학과에 다니는 여학생이 미술전시가 있다고 하면서 전시 초대장이 있으니 같이 가자는 제의가 들어왔다. 그 당시 여자 친구가 없었던 시절에 처음으로 받아보는 여대생의 제의에 반갑게 수락하고 경복궁 근처에 있는 전시장에 간 기억이 새롭다. 그 이후에 한 번도 만나지 못하고 공부한다고 친절한 여대학생한테 고맙다는 말 한마디 못한 채 거리감을 두고 지낸 것이 내내 미안함으로 남아 있다.

한번은 하 전도사님이 겨울산에 오르시다가 그만 발목이 다치시는 사고가 있었다. 우리 청년부에서는 그 당시 정릉에 사시는 하 전도사님 댁을 방문하여 같이 기도하면서 차를 마시며 한 나절을 보낸 기억이 나곤 한다.

한참 후 정릉에 대일고등학교에 교사로 있을 때 우연히 정릉시장 입구에서 하 전도사님을 만난 적이 있다. 오랜만에 만나서 너무 반가웠고 교사로 일을 하고 있다고 하니 나의 손을 잡으시며 열심히 하나님의 증인이 되라고 하신 말씀이 아직도 생생하다.

그 사이에 예술인을 위한 온누리 교회를 창립하시고 열심히 목사로써 활동하신다는 이야기며 전주대학교 이사장으로 추대되었다는 소식을 듣고서 축하를 드리고자 한번 꼭 만나 뵙고 싶었다. 어느 날인가 온누리교회에 전화를 걸어 하영조 목사님과의 면담을 신청하려고 하였다. 그 당시에 하 목사님의 몸이 매우 아파서 병원 중환자실에 계시다는 말을 전해 들었다. 그 뒤에 돌아가셨다는 소식을 들게 되었다. 그 동안 여러 가지 바쁘다는 이유로 하 목사님이 살아 계실 때, 제대로 만나보지 못한 것이 내내 아쉬움과 죄송한 마음이 밀려오곤 한다.

대학시절 여름방학이 되면 고향에 내려와서 황화 신성교회의 유년 주일학교의 선생으로 일하면서 교회합창부 일원으로 활동하며 방학을 교회 유년부 아이들과 함께 의미있는 시간을 보냈다. 내가 어린시절에 다녔던 황화 신성교회의 유년 학생들에게 성경말씀을 재미있는 이야기를 만들어 들려주면서 하나님의 말씀을 전하곤 했다. 나의 이야기를 들어 주던 순진한 아이들의 반짝이는 눈동자를 바라보고 있노라면 여름밤의 별처럼 나의 마음이 더욱 환해지는 것을 느꼈다. 이번 기회에 세례를 받기 위해서 목사님으로부터 학습을 받은 후 20대 후반 늦은 나이에 세례를 받았다. 그 당시 세례를 받음으로서 나는 지난 과거에 잘못한 죄를 사해달라고 기도를 통하여 하나님께 회개를 하고 나니 새로운 신앙인으로 다시 태어나는 것 같았다. 세례를 받은 나는 하나님의 말씀을 전하며 행동을 통하여 어두운 세상의 빛과 소금이 되어야겠다는 마음을 다짐하였다.

7) 두 나라의 문학을 비교하는 비교문학자가 될 결심을 하다

김열규 교수

대학시절부터 하고 싶었던 비교문학이라는 학문의 세계에 입문하여 걸어 온 그 여정을 잠깐 뒤돌아보는 것도 의미 있는 일이라 생각한다. 서강대학교 시절에는 신화학, 국문학과 독일문학을 이해하기 쉽게 열강 하시던 김열규 교수님을 언급하지 않을 수 없다. 김 교수님이 국문학자로서 릴케와 카로사와 같은 독일 작가의 심오한 문학 세계에 심취하시어 강의하시던 모습을 잊을 수가 없다. 또한 독일 서사학의 이론을 바탕으로 한국 서사학에 접목시키는 이재선 교수님의 강의를 통해서 한국과 독일의 서사학의 비교 가능성을 인식하게 되었다. 일찍이 오스트리아 비엔나대학교에서 일반문학 이론의 대가인 헤르버르트 자이들러(Herbert Seidler) 교수 밑에서 아시아적인 관점에서 독일낭만주의와 한국낭만주의 문학을 비교 연구하여 박사학위를 받고 귀국한 이유영 교수님이 계셨다. 본인은 강의 도중에 동양과 서양의 문학을 심도있게 읽어 보고 다양한 관점에서 차이점과 유사성을 밝혀내는 작업을 주목적으로 하는 비교문학의 중요성을 강조하시던 이 교수님의 열정에 감화되어서 비교문학자의 꿈을 꾸게 되었다. 대학교시절에는 서양 철학에 매료되어 있었지만 독일로 유학 준비를 하고 있을 때 그들에게 없는 동양의 철학과 문학의 본질을 보여 주고 싶었다. 그래서 본인의 석사학위 논문도 헤르만 헤세의 「유리알 유희와 주역비교연구」 라는 주제로 하기로 마음을 먹게 되었다. 처음에는 본인은 독일문학의 원형을 찾고자 독일 고전주의 미학을 완성한 괴테와 독일 낭만주의를 대표하는 노발리스의 문학 정신을 탐구하려고 하였으나 독일대학에 가서는 학문적인 주체성을 가지고 동양적인 관점에서 독일문학을 비교 연구를 하여야 하겠다는 마음을 먹게 되었다. 내가 이 교수님께 평소에 본인의 글을 읽어 들리면 문학적 감성을 잘 살려서 작가가 되라는 고무적인 말씀을 아끼지 않으셨다. 그 때마다 교수님께 작가보다는 문학연구자가 될 꿈을 가지고 있다고 말하곤 하였다. 서울대에 대학원 진학을 위해서 준비하고 있었던 시절에 지도교수였던 이 교수님이 한번은 조용히 나를 교수님 연구실로 부르시더니 서울대도 좋지만 서강대도 못지 않으니 장학생으로 선발해 줄 테니 대학원에 들어와서 다니라고 권유하시였다. 그리고 교수님은 지방에 독일어교사의 자리가 있어 S고등학교에 추천해 줄 테니 가서 일하면서 대학원에 다니라는 조건을 제시해 주었다. 교수님은 고생을 많이 하셔셔 그러하신지 본인의 넉넉지 않은 집안의 사정을 미루어 알고 계신 것 같았다. 말로 표현할 수 없는 교수님에 대한 존경과 감사의 마음은 지금도 변함이 없다.

8) 대학원시절 군산 수송고등학교에서 서울 대일고등학교로 옮기게 된 사연

그래서 나는 지방 군산에 내려가서 25세 젊은 나이에 독일어 교사로 일을 하게 되었다. 일주일에 한 번은 군산에서 서울로 올라가서 서강대학원 수업을 받아야 했다. 금요일 저녁 밤기차로 군산에서 서울로 가는 완행기차에 7시간 이상 몸을 싣고 밤을 지새우고 새벽 아침에 서울역에 내리면 근처에 식당 해장국을 사먹고 서강대로 가곤 했다. 어느 날에는 일에 지친 몸으로 밤기차를 타고 있노라니 갑자기 잠이 와서 마침 옆자리가 비어있기에 누워서 책가방을 베개로 삼고 나도 모르게 잠이 들었다. 그 사이에 무엇인가 깨끗한 양복을 입고서 가죽 가방에 돈이 들어 있는 것 같아 보였던지 소매치기가 옆에 달아 붙어서 가방에 든 돈을 훔쳐가려는 작업을 하려고 한 것을 눈치 채고 벌떡 일어났더니 쏜살같이 어디론가 사라지고 없었다. 젊은 나이로 군산에 있는 S 고등학교에 독일어 교사로 있는 동안에 남학생과 여학생이 같이 다니는 학교였다. 나는 특히 여학생들이 내가 총각 같아서 인지 나이와 내가 살고 있는 숙소의 위치를 물어 볼 때마다 대답하기가 난처한 경우가 많았다. 그 때 나이를 제대로 말을 했다가는 선생님으로 보지 않고 연상의 대상으로 볼 수도 있을 것 같아서 30세라고 거짓말을 했던 일이며 하숙집은 절대로 알려 주지 않은 것이 지금 생각하면 잘 한 것 같았다.

대일고 교사 시절 학생들과 함께

어느 누구보다도 처음 교사로 발령이 되어서 젊은 교사로서 학생들을 위해서 열심히 괘도를 만들어서 재미있게 그림을 그려 넣어 어려운 독일어를 쉽게 가르치려고 시도한 일이며, 운동회가 열리는 날에는 학생들과 더불어 넓은 운동장에서 같이 뛰면서 같이 호흡하고 사는 것을 보람으로 여겼던 것 같다. 그 당시 이종록 교장 선생님이 열정을 다하여 가르치는 젊은 교사의 모습을 살피시고 가끔 불러서 이야기를 나누곤 하였다. 이종록 교장 선생님은 교육철학을 대학교에서 가르치시는 교수로도 활동하시는 덕망이 있으신 분이셨다. 그러던 중에 우연히 서울 정능에 위치한 D고등학교에서 독일어 교사를 선발한다는 광고를 보게 되었다. 매주 한 학기동안 군산에서 서울로 밤기차를 타고 대학원을 다니면서 여러 가지 고충을 경험한 터라 한번 교사 선발을 한다고 하니 한번 서류라도 내보고 싶었다. 아버지께서는 그렇게 유명한 고등학교의 교사 초빙서류를 제출해 봐야 나보다 조건이 훨씬 좋은 지원자들이 많을 것이고 서류를 제출하면 떨어 질 것이 뻔하니 괜히 시간만 소비하지 말라면서 만류를 하시는 것이었다. 나는 경험삼아 떨어져도 교사 선발에 한번 응시를 하고 싶었다. 그 당시에 내가 남과 차별화할 수 있는 조건이 무엇인지를 곰곰이 생각해 보았다. 그 당시 필자의 고등학교 시절에 1학년 반 수석, 전체 8등 그리고 영어 최고득점상을 획득했던 상장이 문뜩 생각이 떠올랐다. 그래서 대일고등학교에 교사 원서를 제출할 때 같이 첨부하여 복사도 하지 않고 상장 그대로 제출한 것이다. 그것이 플러스 점수를 주었던지 기대도 하지 않았는데, 학교당국에서 1차 서류심사가 통과되었으니 면접시험에 응시하라는 통보가 왔다. 정말 예상치 않았지만 반가운 소식임에는 틀림없었다. D학교 당국의 요구대로 면접시험을 보러 서울에 다시 올라 서 면접을 최선을 대해서 보았다. 얼마 있으니까 D고등학교 독일어 교사로 선발 되었다는 소식을 받게 되었다. 그것은 군산에서 서울로 가는 밤기차로 대학원 다니는 고충으로부터 해방을 의미했다. 그런데 남은 것은 군산 수송고등학교에서 서울 대일고로 직장을 옮기는 것을 허락해 줄까하는 하는 문제가 남아있었다. 갑자기 생긴 일이라 어떻게 해야 하나 고민하던 중에 나를 잘 지켜보았던 이종록 교장선생님을 찾아갔다. 대학원을 매주 다니면서 군산에서 서울로 가는 데 애로점이 많아서 서울에 있는 D학교의 교사 자리가 있다는 신문광고를 보고 지원을 해본 결과 합격을 하게 되었다고 교장 선생님한테 솔직히 그 과정을 상세히 이야기를 해 들렀다. 나는 이 학교의 수장이신 이종록 교장한테 한 학기를 다니면서 먼 거리를 주마다 대학원 수업 때문에 서울로 다녀야 하는 어려점이 많았다는 점을 강조했다. 또한 젊은 나를 이 학교의 독일어교사로 일을 하면서 한 학기동안 대학원에 다니도록 배려해 주신 학교 당국에 감사하다는 마음을 전하였다. 내 이야기가 끝나자마자 교장 선생님이 나에게 서울 D고등학교로 가고 싶느냐라고 단도직입적으로 물어 보았다. 그렇다고 이야기를 해 드렸더니 미래가 총망히 되는 젊은 선생을 S학교에서 데리고 있으면 좋겠지만 서울로 대학원에 다니면서 어려운 점이 많다는 점을 인정한다면서 학문에 뜻을 두고 있으니 그 꿈을 이루라는 말씀이 있으셨다. 지금도 이종록 교장선생님이 고마운 분으로 지금까지 잊지 않고 있다.

서울에 올라가서 대일고등학교라는 명문 고등학교의 교사로 임명되어서 취임인사를 할 때 나도 모르게 처음 대하는 신선한 젊은 학생들의 모습을 보고 있노라니 교사로서 사명감을 더욱 느끼게 되고 어깨가 무거워지는 느낌을 받았다.

9) 서울에 올라와서 대학원에 다니던 시절

군산에서 교사생활을 했을 때, 군산에서 서울로 대학원을 다니기 위해서 긴 시간을 밖에서 지불해야 했던 시절은 가고 서울에 올라 와서 버스를 타고 1시간이면 대학원에 다닐 수 있다는 것이 정말 꿈만 같았다. 어느 날인가 키도 크고 어여쁜 이대 대학원에 다니는 P선생님이 나한테 와서는 이어령 교수의 대학원 수업을 받으러 가지 않겠냐며 나를 위해 준비한 영어교재를 보여 주었다. 그것도 다름 아닌 내가 관심이 있는 이어령 교수의 신화문학론 강의였다. 내가 찾아서 해야 할 일을 P선생님이 친절히 안내해 준 것이 정말 고맙고 반가운 소식이었다. 매주 한 번씩 대학원 이어령 교수님의 강의를 들으면서 주중에 한번 P선생님하고 같이 다니게 되었다. P선생님의 이목구비가 수려하고 지적으로 생긴 국어 선생님이기 때문에 학생들 물론 주변의 젊은 총각교사들에게도 나중에 알게 된 것이지만 선망의 대상었던 것 같았다. 본인과 P선생님과 같이 대학원 수업에 같이 같은 버스를 타기 위해서 급하게 학교 언덕길을 내려오는 것을 학생들이 보고서 와 하는 소리를 들을 때가 많았다. 어느 날인가 수업에 들어가 보니 학생들이 내일이 P선생님의 일직이라고 알려 주면서 잘 해 보라는 식의 눈치였다. 그래서 나하고 P선생님 하고는 동료사이 그 이상도 그 이하도 아니라고 설명해 주었다.

이어령 교수의 강의가 끝나고 P선생과 같이 이대 교정을 나오는 때 그날따라 바람이 세차게 불면서 비가 오고 있었다. 마침 우산을 나만 가지고 있어서 내 우산을 같이 쓰고서 이대 정문을 나오면서 누가 보면 연인사이라고 오해하겠다고 말한 적이 있다. 그날따라 차집에 들어가서 이어령 교수의 강의 내용을 가지고 이야기를 주고받으면서 대뜸 이런 질문을 P선생한테 던진 적이 있었다. P선생은 우리 같은 선생님을 배우자감으로 생각한 적이 있느냐라는 질문이었다. 그런 말을 듣고 있었던 P선생으로부터 돌아오는 대답이 생각외의 대답이었다, P선생은 '선생님은 어떤데요'라는 매우 긍정적인 대답이었다.

석사 학위 수여식 기념 사진 (서강대 동기생들과 함께)

서강대대학원 석사 졸업사진

지금도 P선생님이 나를 어떻게 생각하느냐를 물어 본 적은 없다고 자신있게 말을 할 수 있다. 그 당시만 해도 필자는 연애와 결혼은 공부가 다 끝나고서 하고 싶었기 때문이었다. 그 당시 이어령 교수의 신화문학론을 강의를 들으면서 독일교양소설을 신화적 관점에서 분석할 수 있다는 가능성을 발견하게 되었다. 석사논문으로 한번 모험적으로 독일교양소설을 신화적 방법론을 도입하려고 하였지만 너무 어려운 점이 많을 것 같아서 훗날로 미루게 되었다.

곽복록 교수님, 이덕호 교수님, 이유영 교수님과 졸업 동기생들과 함께 찍은 사진

이유영 교수님이 본인의 석사논문 지도교수였기 때문에 가능하다면 교수님의 전공하였던 독일 낭만주의의 대표적인 작가 노발리스에 대해서 연구하는 것이 합리적일 것이라고 생각했다. 처음에는 낭만주의의 문학의 성립 배경의 철학으로 인정하는 독일 관념론을 연구하고 난 후 독일 낭만주의의 문학세계를 심도있게 탐구하고자 하였다. 그리고 나는 석사과정을 마치면 독일문학을 본격적으로 공부하기 위해서 독일유학을 꿈꾸고 있었다. 독일에 가서 한국인으로서 그들에게 무엇인가 의미있는 학문의 업적을 내기 위해서는 동양문학과 철학을 가지고 하여야겠다는 생각이 떠올랐다. 그 당시 내 머릿속에 동양사상과 문학으로부터 제일 많은 영향을 받은 바 있는 헤르만 헤세 작가가 생각이 났다. 먼 장래를 보고 석사논문의 주제를 독일 낭만주의문학에서 헤르만 헤세로 옮기게 되었다. 그때부터 헤르만 헤세 문학과 동양사상에 관련된 많은 학술자료를 수집하기 시작하였고, 관련 연구자들을 찾아다니며 헤르만 헤세와 동양과의 연구의 방향에 대해서 논의를 하면서 헤르만 헤세가 후기 문학에 절대적인 영향을 주었던 주역의 원리를 가지고

그의 대표작 『유리알 유희』를 연구를 할 필요성을 절감하게 되었다. 그 당시 주역을 알기 위해서 주역학원이며 주역으로 유명하다는 권위자들을 찾아다녔다. 그 중에서 지금도 인상 깊게 기억나는 분이 몇 분이 있다. 한분은 정역으로 평생을 바친 바 있다는 김일부 선생님으로 가르침을 받았다는 도통한 주역선생을 만나서 주역의 원리를 쉽게 이해할 수 있었다. 또한 주역의 관점에서 성경의 창세기부터 철저히 분석하여 신학박사 학위를 받고 노오스 다코다 (North Dakoda) 대학교에서 신학 교수로 활약하고 있는 이정용 교수님도 만나 보았다. 신문지상이나 TV에서 주역이라는 강연을 한다는 정보가 내 눈이 들어오면 빠지지 않고 부지런히 찾아다니다 보니 주역에 관한 어느 정도의 본질을 알 수가 있었다. 그래서 헤르만 헤세가 몸소 점도 치고 그림처럼 주역의 괘를 몸소 그림처럼 그릴 정도로 주역 세계에 매료되어 있음을 발견할 수 있었다. 특히 그의 작품 「유리알 유희」작품은 그의 주역의 원리를 적극적으로 도입하여 주인공의 방랑의 과정을 주역의 점괘에 따라서 전개시키는 현상을 찾을 수 있었다. 그 후에 이러한 학문적 경험은 본인의 박사 논문에서도 헤르만 헤세의 전 작품을 주역의 관점에서 더 확대하여 분석 고찰하는 데 많은 도움이 되었다.

10) 대학원과정을 마치고 군복무를 시작하다

나는 대학원의 과정이 끝나고 논문을 쓰는 단계에서 군복무 하러 가야했다. 병무청에서 2을종으로 방위로 결정되었다는 소식을 접하고 고향으로 내려가서 군복무를 마쳐야했다. 처음에는 읍사무소 혹은 군청에서 배치될 것으로 알았는데, 연무대 훈련소의 방위병으로 가게 되었다. 군인 입영하는 기분으로 군용차를 타고 집에서 연무대 훈련소를 도시락을 싸 가지고 매일 출퇴근을 해야 했다. 방위생활이 시작하기 전에 한 달 동안 조치원에서의 기초 훈련과정이 있었다. 지금 생각해도 20대 후반 늦게 시작한 군대 생활을 하기 때문에 나보다 20대 초반의 막내 동생뻘 되는 이들과 같이 입영 생활을 하게 되었다. 마침 아침에 조치원에 입영하여 첫날에 훈련소 마당을 쓸고 있는데 우연히 마주친 친구가 대학동기로서 벌써 제대를 앞두고 있는 상병이었다. 마당을 쓸고 있는 모습이 처량해 보였든지 나한테 소속을 물어 보더니 내가 소속된 소대장한테 잘 말해주겠다며 걱정하지 말라고 했다. 그 당시 다른 친구들은 3년 동안 군대생활을 하는데, 14개월이면 군인복무가 마치게 되는 방위병이라고 해서 그러한지 군사교육을 가르치는 교관들이 유난히 혹독하게 훈련을 시키는 것 같았다. 조치원 훈련소에서 앞서 마치고 간 훈련병중 한 훈련병이 교관들의 강압적인 훈련을 이기지 못하고 산악 훈련장에서 자살한 사건이 발생하기도 하였다. 한 달 동안이라는 단기기간 동안 방위병에게 교관들이 행하여지는 너무 비인간적인 훈련을 체험하다보면 이런 험한 세상도 있구나 하고 느낄 때가 많았다. 본인도 훈련병시절 짐승보다 못한 대우를 받고 있는 현장을 목격할 때마다 세상에 나가면 한번 고발하고 싶은 마음에서 매일 수첩에 메모한 적이 있었다.

방위시절 휴가를 내어서 대학원이 끝날 무렵에 서강대에 자주 석사논문 자료를 찾으려 가곤하였다. 평소 알고 지내는 전자공학과의 L이라는 참한 여학생이 있었다. 고향이 본인과 동향이라고 해서 자주 L을 만나곤 하면서 동생 이야기도 자주 했다. 가끔 L여학생과 이야기 도중에 L의 바로 아래 동생은 책읽기를 너무 좋아한 나머지 밤을 지새우면서 눈이 붓도록 책을 좋아한다고 했다.

그날 따라 서강대에 갈 일이 있었다. 한번 전자공학과 조교실에 L동문이 졸업 후에 어디로 갔는지도 궁금해서 전화를 걸었다. 조교가 말하기로는 L씨는 과학기술원에 취직했다는 사실과 마침 언니 대신에 도서관에 책반납하러 조교실에 여동생이 와 있으니 자세한 소식을 물어볼 수가 있다고 하기에 급하게 전자 공학과에 달려가 보았다. 서둘러 필자는 서강대 전자공학과 조교실로 달려 가서 조교실 문을 열고 L씨 동생을 만나려 왔다고 말하자 L의 여동생이 조용히 나오고 있었다. 책을 들고 나오는 L의 여동생의 모습이 L씨가 나한테 일찍이 이야기했을 때 상상했던 것과는 영 다른 모습이었다. L씨가 여동생을 이야기할 때면 책만 보고 안경을 걸치고 뚱뚱한 얼굴을 하고 있는 고집 센 여장부 같은 상상을 해본 적이 있었다. L의 여동생을 처음으로 보는 순간 이러한 나의 관념을 단숨에 깨고 말았다. 만나보니 키고 크고 날씬한 몸매에 준엄한 미모를 지닌 지성적 모습으로 내 앞에 나타난 것이다. 그녀의 지적이며 순수한 모습을 보는 순간에 첫 눈에 나를 사로잡고 말았다. 마침 저녁식사 시간이라 식사를 같이 할 수 있는 지를 L의 여동생한테 조심스럽게 물어보았다. L씨 동생은 나의 제의를 다행스럽게도 흔쾌히 받아 주었다. 그 이후 그렇게 하여 본인과 L의 동생과 서강대 교정에서 자주 만나게 되었다. 어느 날인가 나는 L의 동생을 군대에 장기휴가차 서울에 올라와서는 일찍이 시골에 내려가고 싶지 않았다. 나는 군인의 몸으로 모처럼 처음으로 휴가를 내서 온 기회인데 영화도 보고 더 시간을 가지고 싶었다. 나는 날로 매력이 가는 그녀와 함께 서울역 근처의 영화관에 역사물 다마크커스를 보려 갈 정도로 서로의 관계는 깊어가고 있었다. 1978년도 서강대학교에 독문학 박사과정이 없었기 때문에 1978년 가을 학기 고려대학교에서 박사과정을 밟고 싶었다. 그래서 고려대하교 대학원에서 실시하는 박사학위 과정 시험에 응시하여 다행스럽게도 합격하게 되었다. 그 당시에 군에서 제대한 후였기 때문에 부모님으로부터 경제적인 지원을 받을 수 없는 형편이었다. 그 당시 아버지께서 암이라는 병환으로 고생을 하고 계셨던 상황이라서 더욱 그러하였다. 사귀고 있었던 hj한테 무거운 마음으로 대학원 합격했다는 소식과 입학금이 없어서 등록할 수 없게 될 것 같다고 말했다. hj는 그 말을 듣자마자 자기가 모아 돈이 있으니 빌려줄 테니 나중에 형편이 좋아지면 갚을 조건으로 지원해 주겠다는 말을 듣고 감사하면서도 든든한 후원자가 생겼다는 느낌을 받았다. 나중에 그 돈을 부지런히 일을 해서 갚었던 기억이 난다.

hj는 그 당시에 서울 효창동 언덕위에 있는 개인주택에서 방을 하나 얻어 자취를 하고 있었다. 어느 날인가 갑자기 감기가 들어서 열이 오르고 할 때 hj 생각이 문뜩 났다. 필자는 그녀가 있는 자취집에 언덕을 넘어 찾아갔다. HJ는 나의 머리 이마에 땀을 흘리는 모습을 보더니 혹독하게 감기가 들었다고 하면서 급히 부엌에 가서 매운 맛이 나는 콩나물국이며 콩치로 요리한 음식을 차려 왔다. 그 당시 바람이 부는 추운 겨울인데 밖에 있는 부엌에서 나를 위해서 서둘러 요리하는 뒷모습이 햇볕에 아름답게 빛나고 있었던 기억이 난다. HJ가 뜨겁게 끓인 국물을 맵게 먹고 좀 쉬고 나니 열이 내리고 거뜬히 감기가 마법처럼 날아갔던 기억이 있다. 그 때부터 결혼하면 더 맛있는 음식을 먹을 수 있겠다는 소박한 욕심이 생기게 되었다.

어느 날씨가 해맑은 가을 날었을 것으로 기억이 난다. 그렇게 많은 유원지가 있을 텐데 내가 알고 있는 범위가 너무 좁아서였든지 어린이 공원이 생각이 나서 그곳으로 같이 놀러 가자고 하니 쾌히 응해 주었다. 제대한 후 고향에서 할 일이 없는 상태에서 HJ가 보고 싶어서 무겁게 생긴 구식 녹음기를 가지고 상경했다. 지금 생각하면 구식 카세트를 넣으면 노래가 나오는 녹음기를 가지고 HJ와 놀러 갈 생각을 했다. 필자와 HJ와 함께 음반가게에 들려 "눈이 내리네"로 시작하는 프랑스 샹송 카세트를 샀던 기억이 난다. 어린이 공원에 도착하여 나무 그늘아래서 준비한 "눈이 내리네"로 시작하는 샹송을 틀으며 앞으로의 인생 계획을 진지하게 이야기를 나누었건 기억이 새롭게 생각이 난다.

나 같은 여러 가지로 부족한 사람을 왜 좋아하게 되었는 지를 물어본 적이 있다. 처음 만날 날에 내가 휴가차 상경했기 때문에 떨어진 구두의 앞부분이 꿰맨 자국이 나 있었고 험루하게 생긴 빨강색 시장가방에 무거운 책을 가득히 어깨에 매고 나타난 모습이 매우 안쓰럽게 보였다고 한다. 반면에 필자도 처음 JH를 보는 순간을 지금도 기억하는 데 오랫동안 그리워하였던 깨끗한 용모에 절도있는 품격에 매료되었다고 할 수 있다.

아마도 나는 HJ로 하여금 보호를 받아야 하는 모성본능을 자극한 것같다. 부모님으로부터 모든 남자들은 잘 해 주면 도둑놈으로 알고 더욱 조심하라는 말씀을 듣고 자랐다고 했다. 그 당시 나를 보는 순간 도둑놈같이 못된 사람이라고 생각이 들지 않았다고 한다.

Hj가 의정부에 있는 K 여자 고등학교에 교사로 시험을 보러 가는 날에 같이 간일이며 일직할 때 혼자서 있으면 지루할까 걱정이 되어서 같이 시간을 보낸 일이며 서울 외곽에 있는 호수가 있는 유원지에 놀러 간 추억들이 주마등처럼 스쳐간다. 연애 시절에 감정이 격하여 충돌할 때마다 헤어질 것 같은 순간들도 있었지만 어딘가 서로가 끌리는 매력이 있었던지 1987년 2월 11일에 지금 부인과 3년간의 교류를 마치고 서로가 하나가 되는 결혼식을 올리게 되었다. 그 당시 본인의 박사지도자였던 고려대학교 박찬기 교수님의 주례하에 한국일보강당에서 결혼식을 거행하게 되었다. 부인은 고등학교에 교사로 일을 하고 있었기에 부인의 제자들이 많이 와주었고. 본인의 고등학교와 대학교 친구들이 많이 참석하여 축하해 주었다.

결혼 후 1년 만에 첫 아이가 태어나면서 부인은 집에서 아이를 기르면서 살림을 하게 되고 나는 생활전선에 나서야 되었다. 처음에는 나는 마포구에 있는 개인 주택의 전세를 얻어 식구들과 좁은 방에서 공부를 할 수 없어서 서강대 도서관에 주로 이용하면서 박사공부를 계속할 수밖에 없었다. 박사 지도교수님이 본인의 여러 가지로 어려운 형편을 고려하여 많은 일할 자리를 마련하여 주었다. 교수님이 추천해 준 고려대학교는 물론 덕성여대에 강사로 일을 해 가면서 박사과정을 밟게 되었다. 박사과정을 이수하면서 여기저기에서 교수초빙 광고가 신문 지상에 나오곤 했다. 교수 초빙 신문 광고가 나오면 일단 조건이 되면 서류부터 준비해서 보내기 시작했다. 서울의 사립 대학교와 지방의 국립 대학교에서 초빙광고가 동시에 나오기도 하였다. 지도교수님께서 국립대학교가 신분의 안정면에서 좋으니 가능하다면 지방 국립대로 가라고 권유를 해서 전북대학교 교수시험에 응시하게 되었고 힘들게 합격하여 교수에 임명되었던 것이다.

부인은 그림 그리고 글을 쓰는 재주를 다 같이 가지고 태어 난 것 같았다. 내가 유학시절부터 본격적으로 부인은 다양한 책을 독서를 하면서 그림 그리기와 예술학 공부를 하기 시작하였다. 내가 유학할 당시 다니던 오스트리아 예술대학교(Kunstakademie)에서 미학공부를 한 자료를 토대로 해서 한국에 와서도 J대학교에서 석사학위과정을 마치게 되었다. 그 이후에 W 대학원에서 「구스타브 클림트 회화에 나타난 동아시아적 장식 미학에 관한 연구」 라는 주제로 미학 박사학위를 획득하게 되었다. 부인은 지금 J대학에서 예술학을 강의를 하면서 해외와 국내에서 여러 차례 개인 전시하고 있다.

여행기념 가족사진
(외손주들과 함께)

유학시절부터 나는 박사논문 발표 준비한다고 도서관에서 늦게야 귀가하는 동안 혼자서 집에서 있는 아내는 아이들 키우는 데 수고가 많았다. 나는 뜻을 세우면 밀어붙이는 고집스런 성격으로 마음고생을 적지 않게 부인한테 시켰던 것 같다. 우리 부부가 사는 동안 여러 가지 우여곡절이 많았지만 큰 사고 없이 건강하고 행복하게 살 수 있도록 인도해 주신 하나님께 먼저 감사할 따름이다. 그리고 지금까지 딸은 한국 외국어대학교 독문학과를 졸업하고 서울대학교 비교문학 석사과정을 마치고 결혼 후 독일에 가서 2남 1녀 자녀를 기르면서 국가공인 전문번역사와 통역사로 일을 하고 있다. 다른 한편으로 딸은 호프하임 시민대학(Volkshochschule)에서 한국학을 가르치는 강사로 활동을 한 바 있다. 또한 아들은 오스트리아 비엔나 응용미술대학교(Vienna University for applied Art)에서 석사학위를 받는 후 박사공부를 계속하면서 한국과 비엔나를 오가며 화가로서 활약하고 있다. 여러 가지 어려움을 극복하고 아이들을 잘 성장하도록 지난한 여정을 같이 걸어온 아내에게 깊이 감사의 마음을 가지고 있다.

8. 외국 유학시절 열정과 도전

1) 괴팅겐대학교을 향해 찾아 가는 길

외국 유학시절에 있었던 이야기를 하지 않을 수 없다. 본인은 독일문학이라는 학문을 하는 사람으로서 독일유학이라는 통과의례를 거쳐야 한다고 생각하던 차에 독일 괴팅겐대학교 독문학 교수인 호르스트 투어크(Horst Turk) 교수님의 초청을 받게 되었다. 결국 오랫동안 동경하던

괴팅겐대학교 박사지도 투르크교수

독일유학의 길에 오르게 되었다. 한국에서 독일로 가는 항공편으로 대한항공을 이용하기로 했다. 나는 아내와 어린 초등학교에 갓 입학한 딸과 유치원에 다니는 아들이 있었다. 괴팅겐을 가려면 국제공항 프랑크푸르트를 거쳐서 가야했다. 가족과 같이 독일로 떠나는 마음이 그리 가벼운 것이 아니었다.

식구들하고 같이 외국 생활을 시작하자니까 준비하여야 할 일들이 너무 많았다. 특히 본인은 독일에서 박사공부를 마치고 돌아오겠다는 무거운 과제를 안고 있었기 때문에 말 할 수 없는 중압감이 밀려왔다. 내 어린 아이들은 마냥 외국 간다고 하니까 들떠 있는 분위기였다. 공항에 내리면 그 당시만 해도 한국에서는 비싼 바나나를 먹고 싶다고 했다. 아내는 꼬마 아이들한테 줄줄이 배낭을 메게 해서 무엇인가 이사짐 속에 가벼운 생활품을 넣었지만 어린 나이에 감당하기에는 무거워 보였다. 독일로 가는 대한항공편을 탔기 때문에 한국식으로 기내식이 제공되고 있었다. 같은 비행기에 탑승한 승객 중에는 독일 본에 선교사로 일하러 가시는 마음씨 좋은 목사님이 아이들을 프랑크푸르트공항에 내릴 때까지 돌보와 주셨다. 먼저 기차를 프랑크프르트에서 괴팅겐에 가는 기차가 직행기차가 없어서 한번 어디선가 갈라 타야했다. 괴팅겐에 살고 있는 서강대학교 동창이지만 나이가 세 살 많은 J형이 역에 나와 있기로 했다. 일단 프랑크푸르트에 내리자마자 괴팅겐에 있는 J한테 도착했다는 사실을 공중전회로 알리고 그곳으로 가는 노선을 물어서 기차표를 사야 했다.

괴팅겐유학시절 본인과 가족,외국 유학생들과 하이델벨르크성 단체 여행 기념사진

괴팅겐으로 가는 새벽 기차에서 어둠이 깔렸지만 창밖을 보니 하얀 눈으로 온 천지가 덮어 있었다. 창밖의 어두움을 뚫고 지나가는 기차 창문의 틈사이로 차가운 바람이 불어왔고, 희미하게나마 창문을 통해서 하얀 눈으로 덮어 있는 숲과 들판을 볼 수 있었다. 그리고 멀리서 보이는 마을 집 창문에서 나오는 희미한 불빛이 반짝거리고 있었다. 그제서야 꿈에 그리던 아름답게 눈 덮인 독일 전통 집들이 눈에 들어오기 시작했다. 기차가 우리 식구들을 싣고서 눈 덮인 산야를 뚫고 기적소리를 내면서 괴팅겐을 향해 달리고 있었다. 긴 여정으로 피곤하여 자고 있는 어린 아이들과 아내를 보면서 모르는 낯선 세상으로 달려가는 기차 안에서 야릇한 불안감과 가장으로서 책임감이 밀려왔다. 시베리아로 가는 기차마냥 황량하면서도 막연한 쓸쓸한 느낌마저 들었다. 창밖으로 전개되는 하얀 눈으로 덮인 들판이며 창가로 불어오는 바람소리며 황량한 들판을 달리는 기적소리가 이국땅에 내던져진 낯선 방랑자로 만들어 버린 것 같았다. 괴팅겐은 프랑크푸르트에 두 시간쯤 떨어진 낭만적 전통이 흐르는 대학도시라는 이야기를 들었기에 더욱 많은 생각을 하게 한 것 같았다. 독일에 온 첫날에 괴팅겐 역에 도착하니 저 멀리서 기다리고 있는 J형이 보였다. J형은 우리가 내리는 것을 보고서 저 멀리서 기쁨 마음으로 달려오는 모습이 지금도 눈에 선하다.

우리가 괴팅겐에 도착할 당시에 거주할 방은 정해져 있는 데, 임대계약서가 없어서 아파트에 바로 들어 갈 수 없어서 하는 수없이 J형의 도움으로 형이 거주하는 방에서 하룻밤을 지내게 되였다. 우리가 들어가서 살아 갈 방은 비어 있지만 계약서를 보여야지 들어 갈 수 있다는 이야기를 해 주었다. 일단 아파트를 관리하는 하우스 마이스터한테 지하보관실에 보관하고 다음 날에 계약을 정식으로 하는 것으로 되어 있었다. 우리가 들어가서 살 집은 지은 지가 얼마 되지 않은 깨끗한 아파트들로 나와 부인과 아이들이 만족해 하였다. 몇 분만 걸어가면 산으로 가는 산책길과 자전거길이 나 있었고, 우리가 살 아파트에서 걸어서 5분이면 갈 수 있는 여러 일상 먹거리를 살 수 있는 R카우프 가게가 있었다. 대학교 개학이 4월이기 때문에 학기 시작하기 전 한 달가량 남아 있었다.

쉴러 공원(Schiller Wiese)

우리는 독일에서 살아가려면 일단 거주 신고를 하여야 하였기에 집 계약서를 준비해야 했다. 친절하게도 J형이 다 알아서 우리를 안내해서 해결사처럼 친절하게 안내를 해 주었다. 괴팅겐에 온 첫날에 눈 덮인 쉴러비제(Schiller Wiese) 공원으로 J형이 데리고 가서 구경시키는 것으로 되어 있었다. 너무 넓은 초원에 눈이 덮어 있었고, 유명한 역사적 기념비가 여러 곳에서 세워져 있었고, 기념비 앞에서 아이들과 같이 사진을 찍으며 분주하게 여기저기로 돌아다녔다.

그곳의 공원에 둘러 쌓인 우렁찬 나무들이 매우 인상적이었다. 처음 독일 땅을 밟으며 경험하는 유학 온 첫날이라 마음이 들떠 있었고, 친절한 j형이 사진사처럼 우리 식구들을 위해서 사진을 찍어 주고 다녔다. 괴팅겐 도시 중심에서 외곽으로 좀 떨어진 프렌들스트라세에 있는 우리가 거주할 아파트가 방 두 개에 거실이 있는 쾌적한 공간에서 독일 유학 생활을 시작할 수 있었다.

2) 괴팅겐대학교에서 독일문학 박사공부를 시작하게 되다

독일 괴팅겐대학교마크

필자가 독일의 낭만적인 전통이 흐르고 있는 괴팅겐(Göttingen) 대학교에 있았던 이야기를 좀 해야할 것같다. 독일 괴팅겐대학교의 독문학 도서관은 매우 인상적이었다. 독문학 도서관에 들어가는 입구에 있는 그림(Grimm) 형제의 동상을 보면서 박사학위 논문을 작성하기 위해서 논문 관련 자료를 찾으러 다니곤 했던 기억이 새롭다. 독문학 중에서 문학의 일반이론, 연극이론, 번역학에 조예가 깊었으며 본인의 박사과정 지도교수였던 호르스트 투어크(Horst Turk) 교수 밑에서 독문학과 방법론에 대해서 많은 것을 배울 수 있었다. 괴팅겐에 오기 전에 괴팅겐대학교에 국가해외장학생으로 선발되어 이미 항가리문학을 전공하고 있는 J형을 통해서 많은 정보와 도움을 받게 되었다. 괴팅겐대학교는 서적을 통하여 낭만의 도시로 역사 깊은 대학으로 알고 있는 터에 대학시절에 의형처럼 지내던 J형이 괴팅겐대학교에 있기에 더욱 괴팅겐으로 가고자하는 마음이 생겼다. 괴팅겐대학교 독어독문학과에서 일하시는 비교문학에 관심이 많은 호르스트 투르크 교수님으로부터 초청장을 받고서 독일 유학을 가게 되었다. 귀국하면 교수라는 일자리는 있지만 개인집을 장만하지 못하고 6개월 계약기간이 지나면 아내와 함께 여기 저기 전셋집을 구하러 다녔던 시절이었다. 그래도 필자는 평생에 한번 독일 유학을 하고 싶었고 무엇인가 독문학과 비교문학이라는 학문을 제대로 하고자 하는 열정이 식지 않고 있었기 때문에 가능한 일이었다. 그 당시에는 80년대 만해도 공무원신분에 외국에 가려면 수속이 너무 복잡하였다. 적어도 외국에서 재정적 지원을 해 주겠다는 장학증서 및 초청장을 정식으로 받은 후에서야 외국에 나 갈 수 있는 상황이었다.

학기가 시작되어서 학기 등록하러 외국 학생 전담하는 학생처(Auslandamt)에 가서 정식으로 독문학 박사 등록을 하자니까 독일어 능력을 증명할 수 있는 어학 증명서를 제출하라고 해서 한국에 있을 때 괴테문화원에서 받았던 중급 독일어 능력 증명서를 제출을 했다. 또한 괴팅겐대학교 박사학위과정에 등록하려면 박사 지도교수의 승낙서를 받아 오라고 해서 본인을 초청해 주었던 투르크 교수님한테 자세히 그 사정을 이야기하니까 두 말할 것이 없이 승낙을 해서 박사과정에서 공부를 시작할 수 있었다. 한 번은 투르크 교수님이 나한테 커피타임을 갖자고 하면서 대학교 근처의 커피 집에 데리고 갔다. 그곳에는 투르크 교수님 밑에서 박사학위를 마친 박사급 강사 및 조교들이 10여명 기다리고 있었다. 투르크 교수님이 나를 하나씩 소개해 주었다. 대화를 하다가 문득 투르크 교수님이 나한테 한국문학에 해학성이 존재하는지를 물러 보기에 한국고전작품인 『배비장전』의 주인공이 벌리는 배꼽 잡은 해학적인 장면을 자세히 설명해 주었다. 투르크 교수님과 제자들이 독일문학과 한국 문학 속에 유사한 해학성에 존재한다는 점에서 매우 흥미로워 했던 기억이 난다.

괴팅겐대학독문학과 도서관

그 중에서도 투르크 교수님의 수제자인 뢴커(Loenker)박사가 나한테 괴팅겐대학교 독문학 박사공부에 필요한 여러 가지 조언을 해 주면서 외국 생활에 잘 적응하도록 친절히 잘 해 주었다. 뢴커바박사는 자기 집에 나를 초대하여 차를 마시며 독일문학과 동양사상과 관련지어서 연구하는 방법론을 주로 이야기를 나누곤 했다, 그는 주역에 특히 관심을 보였다. 그래서 독일문학중에서 헤르만 헤세의 문학과 주역과의 관련성을 진지하게 설명해 주곤 했다. 투르크 교수님이 어느 날 박사 반에 들어 있는 전 학생들과 그의 제자들을 같이 집에 초대하였다. 그 당시에 투르크 교수님 밑에서 한국인으로서 박사지도를 받고 있는 나하고 서울대 출신 K씨와 같이 초대를 받아서 지도 교수님의 집에 가게 되였다. 초대를 받은 나는 매우 큰 기대를 가지고 좋은 음식과 좋은 포도주를 마실 수 있겠구나 하고 부푼 가슴을 안고 교수 집에 도착하였다. 마중 나오신 투르크 교수 사모님께서 우리 박사 지도받은 학생들에게 인사를 나누고 올라가서는 끝날 때까지 나타나지 않으셨다. 투르크 교수님은 많은 책들로 들러 쌓인 개인 서재 있는 방에 우리를 안내를 해 주었다. 그리고 좀 있으니까 투르크 교수님이 백포도주와 빨강포도주가 들어 있는 대두병 크기의 두 병을 가지고 방안에 들어 오셨다. 초저녁부터 늦은 밤까지 지금까지 준비한 박사 논문에 관련된 구체적인 진행과정을 자유스럽게 이야기하는 시간이었다. 거기에 참석자들은 주로 박사학위의 주제에 관련된 학술적 방법론에 대해서 진지하게 각 자가 공부한 내용을 가지고 열띤 토론을 벌리는 장이었다. 투르크 교수님은 우리들에게 술잔을 비우면 그 위에 한잔씩 따라주는 일을 하고 계셨고, 정해진 주제에 토론이 끝나면 진지하게 한 마디씩 평가를 해 주시는 것으로 진행되었다. 그 당시 교수님댁에서 초대하는 자리라서 우리 한국식으로 거나하게 차려서 먹고 마시는 분위기를 생각했었다, 그것은 친교의 시간이 아니라, 교수가 각 학생들에게 주어진 박사 주제에서 요구되는 연구 방법론에 대해서 날카롭게 질문하고 대답하는 학술 토론의 장이었다. 그러한 분위기에서 독일의 학문의 발전이 날로 쌓아가는 것을 몸으로 실감하게 되었다. 교수님 집에서 나오니 깜깜한 밤 2시가 되었다. 동료 박사반 친구들과 같이 걸어서 집으로 늦은 밤길 숲길을 헤쳐 귀가를 해야 했다.

비엔나대학교 유학 시절 가족과 비엔나 유적지 탐방 기념 사진

괴팅겐 축제 부인과 함께 참가기념 사진

괴팅겐에 있은 동안에 J형하고 우리 식구들은 차가 없어서 먼 거리는 J형이 잘 알고 지내는 차가 있는 유학생의 차로 주변의 유원지며 박물관에 가곤했다. 지금도 기억이 나는 고슬라(Goslar)라는 박물관에 가게 되었다. 나는 J형의 친절한 안내를 받으며 바바로샤 황제의 이야기며 괴테가 일주일간 머물고 갔다는 집을 어렵게 찾아 갔던 기억이 새롭다. 괴팅겐은 원래 낭만적인 정신의 뿌리가 되는 동화를 수집한 그림형제도 활동의 중심지가 바로 괴팅겐이었다. 낭만의 꿈을 꾸었던 작가들은 한번쯤 괴팅겐을 방문한 흔적들이 여기저기에 보였다. 그 유명한 훔볼트, 괴테 하이네 등이 이곳 괴팅겐을 여행하며 머물던 집들마다 작가의 이름과 체류기간을 새겨 둔 것을 볼 수 있었다. 유명한 예술가와 사상가들은 길이길이 기억해 두고 싶은 마음인가? 많은 사람들로부터 주목을 받고 싶은 마음에서 그러했을까? 지금도 궁금해진다.

J형과 같이 나는 대학시절부터 낭만주의문학과 철학에 관심이 많았던 터라 낭만주의 대가 노발리스의 생가을 방문하기로 했다. 노발리스의 하르덴베르크 가문의 명패가 있는 큰 저택을 찾아 나선 김에 노발리스가 연서를 들고서 하얀 말을 타고 애인의 집으로 달렸다는 기다란 언덕길도 걸어 보기로 했다.

우리 식구들은 주변에 노란 유채꽃으로 뒤 덮어있는 언덕을 걸으면서 자주 도시락을 싸가지고 소풍을 가서 같이 아이들과 같이 뛰어 다니며 즐거운 한 나절을 보내 곤 했다. 저녁이면 식사 후에 자전길이 나 있는 길을 따라서 산책을 하면서 식구들이 고향생각에 노래를 부르며 향수를 달래곤 하던 일들이 주마등처럼 스쳐간다.

3) 오스트리아 학무성 초청으로 비엔나대학교로 옮기게 된 사연

(1) 오스트리아 수도 비엔나로 가는 길

괴팅겐에서 온 지 6월이 되었을 때 한국에서 낭보가 날라 왔다. 사실 독일에 오기 전에 한국에 있는 오스트리아 대사관에 가서 학무성(BMWF) 장학생 선발 시험을 치룬 적이 있다. 거기에 필요한 모든 서류와 최종 구두시험까지 보고서 소식을 오랫동안 기다리다가 오지 않아서 단념하고 서둘러 독일 괴팅겐대학교에서 온 초청장과 프랑크푸르트 주재 한국문화원에서 온 장학증서를 받아서 학교당국에서 허락을 받아서 독일로 오게 된 것이다.

비엔나대학교 교정

그런데 이번에 한국 주재 오스트리아 모저(Moser) 대사로부터 오스트리아 학무성 장학생으로 선발 되였다는 기쁜 소식이 온 것이었다. 괴팅겐대학 유학시절 중에 예상치 못했던 오스트리아의 학무성으로부터 박사과정을 마칠 때까지 연구 장학금을 주겠다는 초청장이었다. 더욱 좋은 여건 하에서 비엔나 대학교로 옮겨 학문의 여정을 넓히게 되었지만, 괴팅겐대학교에서 여러 독일 친구들과 J형하고 이별을 한다고 생각하니 섭섭한 마음이 먼저 앞섰다. 오스트리아에 아는 사람이 전혀 없는 상태였기에 더욱 그러하였다. 기차로 독일에서 오스트리아 비엔나로 낯선 새로운 생활공간을 옮긴다는 생각에 설렘과 동시에 부담감으로 다가왔다.

세계에서 선발되어 온 오스트리아 학무성(BMWF) 장학생들과 함께

오스트리아에서 서부역(Westbahnhof)에 도착한 우리식구들은 장학생한테 제공해주는 아카데미아(Akademia) 호텔을 찾아 가야했다. 역에 내린 나는 지나가는 오스트리아 서부역에서 일을 하시는 아주 몸이 뚱뚱한 분한테 독일어로 물어 보았으나 아주 비너식 사투리 방언으로 말을 하니까 도저히 알아들을 수가 없었다. 먼저 우리가 머물 수 있는

숙소인 아카데미아 호텔로 서부역 앞에서 대기하고 있었던 택시를 잡아타고 향했다. 원래 장학생한테 주는 독신자 방이라서 우리 식구들이 같이 살기에는 너무 비좁아 보였다. 그렇지만 우리 식구들이 살 수 있는 좀 큰 집을 얻기까지는 하는 수 없이 당분간 좁은 학생 기숙사 방에서 같이 생활을 해야 했다. 그래서 방문객으로 식구들을 접수처에 등록해 놓고 좁은 공간에서 한 달 동안을 산다는 것이 여간 힘든 일이 아니었다. 왜 이렇게 살아야 하나 하는 한숨도 나오고, 한국에 가면 교수로 편하게 살 텐데 박사 한다고 죄 없는 아내와 자식들만 고생을 시킨다는 생각에 잠을 못 이룬 때가 많았다. 마침 독일에 살 때 지인의 도움으로 오스트리아에 아는 K교수님을 소개해 주었다. 친절하게도 한국 J대학교에서 피아노 교수 생활을 접고 오스트리아로 오신 K교수님이 우리 식구들을 안심시키며 방을 구하는 데 발을 벗고 나서 주었다. 그런데 우연히 서부역 가까이 있는 한인교회에 나가게 되었다. 한인교회에서 나가 알게 된 M대학 음악교수가 비엔나에서 공부하던 제자가 다른 도시에 있는 대학교로 옮기는 바람에 이사를 가야할 형편이 생겨서 마침 월세집이 나왔다고 하면서 우리를 그 집에 소개해 주었다. 그 당시에는 우리 식구들은 일단 좁은 방에서 탈출할 수 있다는 희망으로 그래도 방이 여러 개 있는 서부역 부근에 있는 집으로 급하게 계약을 하고 이사를 가게 되었다. 이사할 사이에 K교수님이 가지고 계시는 빈 집에 잠깐 동안 임시로 사용하도록 배려를 해 주었다. 공동으로 사용하는 집이라서 화장실에 갈 때와 수돗물을 쓰는 때 소리가 크게 나지 않도록 조심조심 살아야 되었다. 드디어 계약한 홀러가세(Hollergasse)에 있는 집에 이사를 가게 되였다. 승강기가 없는 5층에 있는 집이라서 이사하는 것부터 힘이 들었고, 이사 와서 살다 보니 생각한 것보다는 살기가 그리 편한 집이 아니었다. 밖에 나가야 화장실이 있고, 제일 위층에 있기 때문에 겨울에 춥고 여름에는 덥게 1년을 살다가 너무 불편하여 다른 집을 구해야 했다. 외국 장학생이라는 조건을 쾌히 인정해서 비너식의 스타일로 규모가 큰 저택의 집인데도 상대적으로 월세도 그리 비싸지 않은 미센도로프가세(Missendorfgasse)에 있는 집으로 이사를 하게 되었다. 박사 반에 들어가 있기 때문에 아침에 도서관에 가서 박사논문 자료를 찾다보면 저녁 늦게야 귀가해야 하는 고된 생활의 연속이었다. 그래서 부인은 김밥이나 빵을 싸가지고 어린 자식들을 데리고 프라터 (Prater)로 나가곤 했다. 프라터는 도나우강변에 그 유명한 몇 킬로로 뻗어있는 너도밤나무 가로수길이 있다. 부인은 아이들과 함께 내가 도서관에 가 있는 동안에 프라타를 자전거로 달려보기도 하고 이곳저곳의 박물관에 데리고 다니곤 했다. 지금 생각하면 아버지로서 부인과 자녀들과 많은 시간을 같이 보내지 못한 것에 미안한 생각이 든다. 그 당시 필자는 외국박사가 무엇이 길래 이렇게 아이들과 놀아주지도 못하고 부인과 따로 떨어져서 생활을 하여야 하는 지를 깊게 고민에 빠지곤 했다.

(2) 비엔나 대학교 박사공부하며 겪었던 이야기

비엔나 대학교 독문학 박사 반에 속해 있었던 본인이 박사논문의 일부를 발표하는 날이 다가오면 동료 집에 가서 독일어 교정을 보면서 늦게서야 귀가하는 날이 많았다. 오스트리아 고등학교에서 상담역을 맡고 있다가 정년을 좀 일찍한 베버(Weber)라는 분이 우리 박사반에 정식으로 신청하여 박사공부를 하고 있을 때, 본인한테 매우 친절하게 독일어 교정이며 오스트리아 생활하는 데 많은 힘이 되어 주었다. 우리 집에 몸소 초대를 하면 아이들이 볼만한 장난감과 동화책을 사 들고 오시곤 하던 친절하고 마음씨가 매우 고운 분이셨다. 그림 솜씨가 어린 유치원시절부터 두각을 보였던 둘째 아이한테도 큰 관심을 보여 주면서 미래의 피카소가 되겠다는 고무적인 말씀을 해 주시곤 하던 분이었다.

비엔나대학교 도서관

본인이 1997년도 문교부 해외 파견 교수로 다시 오스트리아 비엔나대학교에 제일 먼저 가서 뵙고 싶어서 베버선생님댁을 물어서 찾아 갔으나 이미 암으로 고생하시다가 세상을 떠나신 몇 년이 되었다는 비보를 사모님을 통하여 듣고 매우 가슴이 아팠다. 베버 선생님의 사모님이 고등학교 교장으로 퇴임을 하신 분인데 본인이 유학시절에 너무 잘 해 주었고 남편과의 관계를 너무 잘 알고 있었기에 친절히 대해 주었다. 아들이 오스트리아 유학초창기에 자기 집에 빈 방을 내 주시면서 정식으로 집을 구할 때까지 잠시 머물 수 있도록 배려해 주었다.

또한 오스트리아에 있는 동안 우리 식구들한테 헌신적으로 대해 준 쉬네베르크 가족을 소개하지 않을 수 없다. 아주 먼 곳에서 온 그리 넉넉하지 않은 돈으로 살아가는 유학생 가족이라는 이유로 아이들이 갑자기 아프면 적십자 의료원에 근무하는 쉬네베르크 부인이 그렇게 천사처럼 약을 가지고 달려와 주곤 했다. 우리 식구들을 위해서 돈을 한 푼도 받지 않고서 갑자기 아플 때면 SOS 신호를 보내면 백의천사처럼 항상 미소를 잃지 않고 대해 주었다. 쉐네베르크 부인 헤르타 Hertha는 주말마다 비엔나에서 1시간이상 기차로 가는 거리에서 혼자서 살고 계시는 그녀의 어머니 농원을 도와주는 효성심이 깊은 분이었다. 먼저 그녀의 남편 쉬네베르크를 알게 된 것은 비엔나 대학교 유학생의 고민거리를 상담해 주시는 분이라서 가끔 상담하러 가곤 하였는데, 마침 한국 서강대학교 은사이신 이유영 교수와 같은 가톨릭 기숙사에서 같은 시기에 대학을 다녔다는 이유로 한국인 유학생들에 매우 호의적이었다. 집을 가끔 초대를 해서 같이 식사를 나누면서 오스트리아의 문화를 소개하고 자칭 시인이라고 할 정도로 자작한 시를 낭송하여 주기도 하였다. 특히 일본의 하이쿠의 시에 관심이 많아서 일본의 시에 대해서 의견을 나누곤 하였던 일이 많았다. 그 분은 술을 즐기는 편이라 낮에도 한 잔을 반주로 하고서 대학 음식점에서 동료 직원들하고 이야기를 주고받던 기억이 새롭다. 본인은 도나우 강가부근에 있는 법학대학교 도서관이 현대적이고 깨끗하여 자주 논문자료를 가지고 다니곤 했다. 박사논문을 완성하여야 한다는 강박관념 때문에 자유스럽게 여기저기를 돌아다닐 시간이 많지 안했다.

비엔나에 유학시절에 한국에서 뮌헨 대학교에서 박사논문을 작성하고 있는 J교수가 놀러 왔다. 오스트리아의 문화적 볼거리를 제대로 보여 주고 싶었는데 차없이 생활을 하다 보니 J교수가 뮌헨에서 몰고 온 차로 시간이 부족하여 중요한 명소를 다 보지 못하고 간 것이 아쉬운 기억으로 남아 있다. 그 당시에 나는 박사학위 논문을 작성하는 일에만 몰두되어 있었기 때문에 다른 일들을 신경을 쓸 여유가 없었다고 고백할 수 있다. 박사가 무엇이 길래 이렇게 아내와 아이들을 고생시켜야 하는 지를 몸으로 느끼게 되었다. 운명적으로 어려운 독문학을 하게 된 것은 국문학을 하는 사람보다는 전생의 죄가 많아서 한다는 이야기를 하곤 하였다. 나에가 주어진 운명 같은 짐을 이제야 내려놓을 수 없는 것처럼 느껴졌다. 일단 교수가 되었으니 적어도 독일어와 독문학에 대한 지식을 더 쌓아서 한국에 귀국하면 학생들에게 더 나은 산지식을 가르쳐 주여야지 하는 강한 신념이 있었기 때뮨에 좌절을 하려고 하다가도 다시 일어날 수 있었다. 그 당시에 유학이라는 힘든 시기에 어려운 독일문학 박사 공부를 계속할 수 있었던 것은 끈질긴 집념 같은 것이라고 해야 할까? 아니면 알고 싶은 세계를 대책 없이 끝까지 가 보아야 직성이 풀리는 곰 같은 근성에서 연유한 것인가? 아마도 전쟁 중에도 영어단어장을 만들어 영국군 병사한테 빵을 주며 배우려는 강한 집념을 보여 주셨던 아버지의 디엔에이(DNA)가 내 핏속에 흐르고 있기 때문이라는 것을 다시 한 번 확인할 수 있었다. 지금도 그 당시에 한물간 중고품 애플 컴퓨터를 가지고 독수리 타법으로 밤을 지새우며 박사 논문을 독일어로 작성된 자료를 가끔 쳐다 볼 때마다 그 비엔나 시절의 어렵게 고생하며 살았던 기억이 다시 떠오르곤 한다. 지금도 그 당시의 박사시절의 고생의 흔적을 지울 수가 없어서 구석에 전리품처럼 모셔 놓고 있다.

(3) 박사지도교수로 헤르트 째만 교수를 만나다

본인의 박사논문을 지도하신
째만 교수님

서강대학교 석사학위 지도교수였던 이유영 교수님이 추천한 비엔나 대학교 독문학과 헤르버르트 째만(Herbert Zemann) 교수님 밑에서 박사공부를 계속하게 되었다. 비엔나 괴테학회 회장으로 오랫동안 활동하셨던 헤르버르트 째만 교수님을 통하여 독일문학을 연구하는 방법론을 배우면서 박사학위 논문을 지도받을 수 있었다. 한번은 비엔나 독문학 박사반들은 일종의 수학여행으로 독일문학의 시와 소설분야에서 중요시 다루어지고 있는 릴케와 카프카를 탄생시킨 체코에 가기로 되어 있었다. 그 당시에 체코와 한국(남한)은 외교수립이 정식으로 되어 있지 않았던 관계로 체코정부로부터 남한에서 온 본인을 입국허가를 해 줄 수 없다는 통보를 받고서 아쉽게도 수학여행(excursion)에 참석하지 못했다. 같이 하지 못한 아쉬움 때문인지 학기말이 되어가던 즈음에 박사지도인 째만 교수님이 한번 비엔나 근교에 비엔나 시민들이 즐겨 찾는 돼지 구이를 전문으로 하는 음식점에 우리 전 식구를 초대한 적이 있다. 초등학교에 다니는 딸한테 독일어로 몇 마디 물어 보더니 발음이 좋아서 독문학을 하면 잘 할 수 있겠다고 말해 주었던 말이 씨가 되었던지 큰딸은 정말로 대학교에 진학할 때 외고 다닐 때 영어과를 다녔기에 영문과로 갈 줄 알았는데, 독문과로 가게 되었다.

필자의 박사논문이 독문학 속의 '괴테와 헤세의 중국관'이었기 때문에 비교문학 관련 교수를 찾던 중 마침 '유럽연극과 노연극 비교 연구'라는 교수 논문이 통과되어 비엔나대학교에서 교수로 계시는 이상경 교수님을 우연히 만나게 되었다. 필자는 동서비교문학의 다양한 연구 방법론을 이상경 교수님을 통하여 알게 되었다. 그 당시 비엔나 대학교에서 동서양의 비교연극론을 심오하면서도 열정적으로 가르치시던 이 교수님의 모습이 종종 떠오르곤 한다. 강의가 끝나면 비엔나에서 시인과 예술가들이 자주 들르는 카페며, 오스트리아 전통 포도주를 파는 지하 레스토랑에 가서 힘겨운 유학 생활의 개인사며 학문적인 이야기로 꽃을 피웠던 생각이 난다. 나는 이 교수님을 자주 뵙울 기회가 있었다. 우리가 자주 가곤 하였던 곳은 오스트리아의 시내에 있는 지하 음식점이었다. 그곳에 가면 비인 사람들이 여러 사람이 모여 앉아서 대화하면서 그 해에 생산된 비너식의 호일리겐(Heuligen) 와인을 마시며 훈육한 돼지고기를 같이 먹는 모습을 보곤 했다. 비엔나 시민들이 촛불을 켜 놓고서 편안한 마음으로 담소하면서 만들어내는 정감 있는 분위기는 지금도 새롭게 생각이 난다. 이 교수님은 동서양의 문학을 비교하는 방법론을 제시하여 많은 비교문학 저서를 발간하여 널리 알려진 분이다. 이상경 교수님은 2005년도에는 KBS에서 해외동포 중에서 학문적 업적이 뛰어난 분에게 수여하는 학술상을 받은 바 있다. 그 당시에 본인은 교수님의 비교문학적 학문적 방법론을 박사논문에 도입하고 자 나름대로 열심히 강의와 저서를 접하곤 했다. 그 해 여름 학기말쯤 오스트리아에 와 있었던 한국 유학생들이 이 교수님댁에 초대받은 적이 있었다. 오스트리아 비엔나 대학교에 다니는 많은 한국 유학생 학생들과 지인들이 이 교수님댁에 초대되어서 다양한 화제로 이야기를 나누면서 즐겁게 보낸 시간이 그리워지곤 한다.

본인의 박사학위 논문을 독일어로 완성하면서 방법론에서는 이상경 교수님이 많이 조언을 아끼지 않으셨고 독일어 문체를 동료 베버 선생님이 도움을 받아서 독일어로 거의 완성을 할 수 있었다. 그 당시 전북대학교의 교직 공무원자격으로 왔기 때문에 2년 이상 더 오스트리아에서 체류를 할 수 없었기 때문에 박사학위를 받기 위해서는 적어도 2년 이상은 소요되는 여러 가지 절차가 남아 있어서 불가피하게 비에나 대학교에 제출하지 못하고 본인의 평생 과제(Lebenswerk)로 남겨두고 아쉽지만 오스트리아를 떠나야 했다.

귀국하는 과정에서 아이들이 다녀던 비엔나에 있는 린츠(Lintz)초등학교 여교장한데 여러 과목의 교재를 받아 오면서 한국에서 계속 독일어 공부를 시키겠다고 다짐하고 온 기억이 새롭다. 우선 귀국하여 짐도 풀지 못하고 고려대학교 측에서 마지막 10년차에 마지막 기회를 주어서 박사학위 논문으로 독일어를 한국어로 번역하여 제출하는 과제가 남아 있었다. 그 당시에 독일어로 완성된 박사논문을 한국어로 옮기는 과정에서도 여러 가지 어려운 점이 있었지만 지도교수이신 박찬기교수님을 중심으로 여러 교수님들의 도움으로 무사히 박사논문이 통과될 수 있었다. 결국 오스트리아에서 2년 동안 고생하면서 독일어로 작성한 것을 바탕으로 귀국 후 한국에 와서 두 달 동안에 한국어로 번역하면서 보완된 박사 논문이 통과되어서 고려대학교 박사과정을 시작한 지 10년 만에 박사 학위를 받게 되었다. 필자의 박사학위 받기 가까지의 여정이 그렇게 순탄하지 않은 지난한 과정이었음을 다시 느끼게 된다.

9. 교수시절 열정과 도전

1) 어려운 교수시험에 통과하여 교수가 된 후 학문에 몰두하다

처음 교수로 임용되기까지의 과정을 기억이 나는 대로 이야기하고자 한다. 그 당시에 교수가 되려면 적어도 석사 이상자로 논문이 2편 이상 그리고 강사 및 조교 경력이 1년 이상 있는 자가 교수시험에 응시자격이 있었다. 전국단위로 교수 공채라면 무조건하고 제출 서류를 다 보내고 기다리다 보면 어느 대학에서는 자격조건이 10프로 부족하다는 통보를 받기도 하고 상세히 그 이유를 밝혀 주지 않아서 석연치 않은 느낌을 받곤 했다. 예컨대 경찰 대학교에서는 1차 서류합격하고 신원조회를 받은 과정에서 신원을 확인하고 그 뒤에 아무런 연락을 받지 못하는 경우도 있었다.

1981년 1월중에 전북대학교에 교수공채가 나와서 제반 서류를 제출하여 응시자격이 되어서 교수시험을 보게 되었다. 시험지를 받아 보니 문학과 시간에 관련된 너무 어려운 문제가 출제되었다. 이번 교수시험에서 잘못되면 서울에서 전주로 이사를 한 상태에서 부인을 대할 면목도 없고 실망감을 안겨 줄 것을 생각하니 막막하기만 했다. 그 때 나는 머릿속에 문뜩 떠 오른 대학원 시절에 관심있게 발표도 한 적이 있는 에밀 쉬타거의 실존적 시간관을 도입하여 문학속의 시간문제를 풀어가면서 한자씩 메꾸어 나아갔다. 어느 새 서너 장을 무엇인가 써 내려갔다. 지금까지 태어나서 치룬 시험 중에서 제일 어려운 시험을 치룬 셈이었다.

일본국제학회 참석기념 사진

일본국제학회발표 모습

최명희문학관 동료교수들과 함께 방문기념 사진

한 참 후에 시험의 결과가 발표되었다. 교수시험에 합격점을 얻었다는 소식을 받고서 얼마나 기뻐했던지 상상을 초월한 기분이었다. 서울 생활을 접고 이사 온 후에 그 시험에 불합격했더라면 어떻게 되었을까 생각하니 아찔한 기분이 엄습해 왔다. 하늘이 보호하사 절망에서도 희망을 주시는 하나님한데 감사할 따름이다. 생각보다 신원 조회가 몇 달 더 걸리는 바람에 적어도 4월에 발령을 받아야 하는 데, 6월 달에서야 학교 당국으로부터 교수발령을 받게 되었다. 교수가 된 이후에는 학교에 일찍이 퇴근하는 일을 삼가고 늦도록 연구실을 지키려고 했다. 연구실에서 주로 가르치는 교재준비와 논문을 새롭게 쓰는 일 그사이에 읽고 싶었던 철학 문학, 신화에 관련된 다양한 독서를 섭렵하기 시작했다. 밤 10시 넘어서까지 본인의 연구실에 불이 켜져 있었기에 소문이 집에서 쫓겨난 교수라고 별명이 붙을 정도였다. 그것은 본인이 밤늦게까지 연구실에서 연구에 일하는 것을 본 학생들의 입에서 나온 말일 것이다. 많은 좋은 논문과 저서를 내는 일이 교수의 제일 중요한 일이라고 믿고서 나름대로 노력한 결과로 여러 연구기관으로부터 연구 지원을 받을 수 있었다.

2) 문교부 해외파견교수로 선발되어 다시 비엔나에 가게 되다

1997년 "세계전환기 독일문예학에 준 동양의 영향"이라는 연구 주제로 문교부 파견 교수로 선정되어 비엔나 대학교 연구교수로 가게 되었다. 다시 유학하던 오스트리아 비엔나 대학교에 가 보니 10년 전에 박사 논문을 다 작성하지 못한 채 비엔나 대학을 떠난 일들이 주마등처럼 스쳐갔다. 그 당시에 비엔나 대학교에 연구 교수로 왔지만 10년 전에 독일어로 작성하다 만 미완의 박사논문을 다시 완성하고 싶은 마음이 솟아올랐다. 이번 기회에 다시 도전을 하고 싶었다. 마지막 박사논문을 독일어로 제출하지 못한 것이 마음속 깊은 곳에 한이 되어서 다시 한 번 박사논문을 쓰겠다고 지도교수한테 이야기를 하니 쾌히 허락을 해 주어서 박사논문을 다시 쓰게 되었다. 비엔나에 떠날 때 지도교수한테 내 인생의 여생의 작업으로 남겨 놓고 간다고 약속을 지키고 싶었기 때문이리라. 사실상 1988년도 비엔나 대학교에 귀국한 후에 독일어 작성하던 것을 다시 한국어로 번역하고 보완하여 한국에서 이미 박사학위를 받았다. 그 이후에 여러 가지 학회 만드는 일과 공동연구하는 일에 정신이 팔려서 비엔나 대학교에서 미완으로 남겨 둔 박사학위 논문을 쓰는 데 전혀 시간을 낼 수가 없었다. 그 당시에 한국에서 오스트리아에 올 때 가지고 온 위에서 언급한 주제와 박사주제를 동시에 수행하자니 현실적으로 도저히 감당할 수 없는 한계를 인식을 하게 되었다. 결국 여러 가지 제약 때문에 오스트리아 비엔나 대학교 독문학 박사보다는 문교부 해외 파견교수로서의 연구주제에 몰두할 수밖에 없었다. 다시 한 번 오스트리아의 박사논문은 정말 여생의 과제로 남겨둘 수밖에 없었다. 필자는 상기한 연구의 성과를 토대로 작성한 “19세기 말에서 20세기 중반까지 서양예술사조에 준 동양의 영향”에 대한 저술 계획서가 학술 저서로서 출간할 충분한 가치가 있다는 평가를 아산 사회복지재단으로부터 받아 연구비 지원을 받게 되었다. 큰 주제로 아산연구재단의 지원을 받았지만 완성된 저서로 출간하려면 긴 시간을 저술하기 위해 많은 시간을 보내야 되었다. 한국에는 없는 학술자료를 입수하기 위해서 매년 독일과 오스트리아로 연구체류를 방학 때마다 날아가서 도서관에 있는 자료를 찾아 동분서주하였던 기억이 새롭다.

때에 따라서는 외국의 비교예술에 조예가 깊은 교수들의 서양예술사를 접하면서 그들의 나름대로 서양 예술사를 서양 중심의 예술사관에 입각해서 예술사를 기술하고 있음을 발견하고 수정되어야 할 부분이 많은 것을 인식하게 되었다. 그 중에서도 함부르크에 예술사를 전공하고 한국학에도 관심이 많은 호르스트 베버(Horst Weber)친구를 통해서 동양예술을 접했던 예술가들의 그림들이 많이 나오는 회귀한 도서들을 입수할 수 있었다. 이러한 과정을 거쳐서 작성된 논문을 국제학회에 발표하면서 저명한 국제 비교문학 학술지와 국내의 독문학 학술지에 게재되어 좋은 반응을 받았다.

3) 문교부 해외파견교수시절 유럽학술여행을 떠나다

여름 방학 중에 비엔나에서 출발하여 북유럽까지 한 달 동안 여행할 원대한 계획을 세우게 되었다. 사실 그 당시는 한국에서는 IMF라는 어려운 형편에 있었기 때문에 가장 싼 차를 구입하여 가장 최대로 절약하여 최대의 여행의 결실을 거두는 데 목표를 두고 있었다. 좋은 차가 아니고 한화로 계산하면 백만원주고 산 가장 싼 폭스바겐을 타고 저 멀리 북유럽을 자가용차로 간다는 것이 주변에서는 불가능하다고 했다. 우리 식구들은 어떻게 하면 적은 돈으로 전 유럽을 체험할 수 있을 것인지를 여러 번 가족회의를 통하여 결론을 얻게 되었다. 오스트리아에서 출발할 때 모든 여행 도구를 마련하는 일, 예컨대 밖에서 텐트를 야외에서 숙소로 만들어서 숙박비를 절약할 수 있었던 길을 택했다. 여행 중 비가 올 경우에 유스호텔을 이용하는 방법을 택하기로 의견을 모았다. 전체적인 여행할 계획을 철저히 세워서 한 달 동안의 절약형 유럽여행을 하기로 한 것이다. 뒤차 트렁크에는 야외텐트를 준비하고 먹을 것도 가득 싣고서 비엔나에서 유럽의 북쪽 끝에 있는 노르웨이까지 먼 길을 떠난 것이다. 정말 본인은 운전사로 한 달을 책임지고 두 아이들과 아내를 중고차에 태우고 말이다. 큰 딸이 준비한 음악을 들으면서 비엔나를 떠나서 독일 국경을 가고 있었다. 독일과 오스트리아를 흐르는 강을 쳐다보면서 같은 게르만의 전통 속에서 같이 살았던 민족이 아닌가? 같은 역사를 공유하면서 다른 한편으로 독립해서 살아가는 민족이라는 생각이 문득 떠 올랐다. 지금은 두 나라가 유럽공동체를 이루고 사는 민족이 되었지만 말이다. 유럽의 길은 서로 벽을 쌓지 않고서 상호 소통할 수 있는 고속도로로 뚫려 있기 때문에 자유스럽게 여행을 할 수 있다. 적어도 3달 동안은 무비자로 왕래가 가능하기에 마음 놓고 유럽여행하고 싶으면 언제든지 여행을 즐길 수 있는 기회가 열어져 있다. 유럽인들은 1년의 휴가를 한 달정도 갈 수 있는 유급휴가제도가 있는 데 일 년에 돈을 저축하여 여행을 통하여 마음과 몸을 휴식을 취할 수 있는 곳으로 떠나는 것이 그들의 연중행사로 되어 있다. 여름철이 지나면 서로 간에 어디 갔다 왔는지를 물어보고 얼마나 검게 태양에 태웠는지를 견주어 보는 것이 그들의 휴가후의 모습이다. 우리 아시아 국가들도 유럽연합처럼 서로 소통하고 평화롭게 사는 시대가 언제쯤 도래될까 생각에 잠시 잠기게 되었다. 독일 국경을 넘으니 아이들이 그 옛날에 유학 시절에 살던 괴팅겐에 제일 먼저 들러 보자는 이야기가 나와서 괴팅겐으로 가기로 했다. 그 유학 시절의 추억을 생각하면서 괴팅겐에 살았던 프리드리히 플엔들스트라세로 향했다. 우리 가족들이 즐겨 찾았던 R 상점은 그래도 있는지? 우리가 살던 아파트와 주변의 집들은 얼마나 변했는지? 궁금해 졌다. 괴팅겐에 있는 유학시절부터 자주 왕래하던 한뮌덴(Hanmuenden)에 있는 동향인이 살고 있었다. 그러면 괴팅겐시절에 자주 왕래를 하였던 고향 친지를 만나보고 싶었다. 전화를 걸었더니 반갑게 하루를 쉬었다가 가라는 바람에 하룻밤을 그곳에서 머물게 되었다. 한뮌덴의 지인 집에 머물면서 그 옛날의 유학시절에 있었던 일화를 이야기하며 즐거운 시간을 보낸 기억이 난다. 그 다음 날 아침에 괴팅겐 가는 길은 왠지 마음이 설레고 있었다. 아이들하고 처음으로 유학을 시작하던 곳이며 괴팅겐에서 저녁을 먹고 나서 시간이 허락이 되는 데로 많이 아이들과 같이 산책하였던 숲길이 머리에 스쳐갔다. 저녁식사를 한 후에 산책길을 거닐면서 노래를 부르며 향수를 달래던 시간으로 되돌아가는 기분이었다. 괴팅겐에 도착하니 그대로 우리가 자주 지나다니던 성당이며 집우체통 마져 그대로 변화하지 않고 10년 전의 유학 시절에 보았던 모습 그대로 있었다. 세월이 바람처럼 지나가는 데, 검은 머리가 흰 머리로 변해 버리고 있는 데, 변함없이 서 있는 모든 것이 옛 모습 그대로 있는 것을 보고 있노라니 인생의 무상함을 다시 느끼게 되었다. 유학 당시에 자주 도서관에서 이야기 나누던 이희우 박사님도 계신지 궁금하여 수소문하여 통화를 할 수 있었다. 그 당시에 괴팅겐에서 다른 곳으로 가야하는 급한 사정이 생겨서 이희우 박사님를 몸소 뵙지 못하고 전화로 목소리만 듣고서 아쉬운 마음을 가지고 괴팅겐을 떠나야 되었다. 이희우 박사님은 원래 서울대에서 국문학을 전공한 후 독일 괴팅겐 대학교에 유학하여 몽고학으로 박사학위를 받아서 괴팅겐 대학교에서 몽고학을 가르치면서 괴팅겐 대학교 도서관에 근무하고 계신 분이셨다. 이희우 선생님은 조용한 용모에 전형적인 학자의 풍격이 있는 분이셨다. 나는 도서관에 가면 자주 들러서 이 선생님과 많은 이야기를 나누곤 하였던 기억이 있다. 우리가 찾았던 때가 마침 여름 휴가철이라 옛 유학시절에 교류하던 교수님들은 벌써 휴가를 떠난 상태어서 만나 뵐 수가 없었다. 그 당시에 자주 들락거리던 대학기숙사에 가게 되었다. 우연히 전북대 사대 독어과에서 조교로 일한 적이 있는 여학생이 나를 보자 반갑게 인사하며 알아보고 우리를 자기집에 커피초대를 했다. 우리는 그 여학생의 집에서 커피를 마시며 처음에는 독문학을 공부하러왔다가 개인 사정이 있어서 치대로 전과하였다는 사연과 우리의 괴팅겐의 유학생활에 있었던 이야기를 잠시 동안이지만 즐겁게 나누웠던 기억이 난다. 그 당시 마침 시간이 있어서 독일에서 영국에 가기 전에 독문학 박사공부하고 있는 뮌스터 대학교 제자가 문뜩 생각이 나서 가기로 했다. 그곳에 HS라는 제자가 독문학을 공부하러 뮌스터 대학교에 체류하고 있기에 그간의 소식도 궁금한 차에 한번 들러 보기로 했다. 영국을 가려면 여러 곳을 거쳐야하는 데 마침 연락이 되어서 뮌스터로 가서 하루 밤을 머물고 가기로 했다. 제자는 부인을 전북대학교 캠퍼스 커풀로 맺어져서 결혼하여 아들을 기르며 열심히 뮌스터에서 박사공부를 하며 살고 있었다. 제자는 영국은 자동차 운행법이 왼쪽으로 운행을 하여야 하기 때문에 처음 가는 길은 조심하시라는 말을 여러 번 강조하며 말해 주었다. 영국에 가려면 프랑스의 갈레에서 영국해협까지 가는 배가 있었기에 그 곳까지 차로 달려 가야했다. 갈레에 도착하니 갈레에서 영국으로 가는 대형 배가 기다리고 있었다. 가지고 간 차를 싣고서 우리식구들은 영국으로 가는 대형 배에 올라탔다. 그 당시 출발하던 시간이 오후 늦은 시간이 되어서 영국 도우버해협을 건너서 항구에 도착하니 어두 컴컴한 밤이었다. 영국이라고 해서 배에서 내리니 바닷바람이 세고 바람에 흔들리는 초원의 풀들이 눈에 들어왔다. 우리가 목표로 한 것은 먼저 숙소를 정하는 일이었다. 도우버해협을 건너서 제일 가까운 유스호텔에 전화를 걸었더니 유스호텔은 자리가 없다고 하기에 야영장에서 텐트를 칠 자리가 있는 지를 공중전화로 물어서 알아 본 결과 오후 7시까지 오면 자리가 있다고 했다. 우리는 서둘러 텐트를 칠 수 있는 야영장을 향하여 숲길을 헤쳐 가야했다. 가는 길 위에 나무들로 우거진 숲으로 채워져 있었다. 숲 사이로 나있는 길이 좁아서 차에서 헤드라이트를 길 위에 비추어 가며 마음 조이며 짐승이 출현할 것 같은 두려움을 안고서 숲길을 달려가야 했다. 본인은 좀 두렵기도 했지만 네 가족의 생명을 지켜야 한다는 생각하며 정신을 바싹 차려야 되었다. 헤드라이트로 비친 길만을 바라보며 가다가 갑자기 숲속에서 차방향으로 달려오는 사슴 한 마리가 차앞을 스치고 지나가는 것이었다. 나는 더 큰 짐승이 출현하지 않을까 노심초사하며 으스스한 분위기를 느끼게 하는 숲길만 보고 달릴 수밖에 없었다. 한참 가다가 불빛이 비추이기에 그 곳을 향하여 가니 야영장이라는 푯말이 보였다. 바쁜 마음으로 텐트장에 도착하여 성급하게 접수처에 찾아서 야영을 하겠다는 마지막 손님으로 허가를 받아야 했다. 벌써 젊은 배낭여행자들이 텐트를 치려고 접수하러 온 사람들의 줄 끝에 서게 되었다. 마지막 서있는 나한테까지 우리 식구들을 위해 하룻밤을 묵을 수 있는 텐트를 칠 수 있는 표를 간신히 살 수가 있었다. 아들과 나는 서둘러 텐트를 먼저 치기 시작하고 아내와 딸은 가지고 온 빵과 바나나 등 먹거리를 챙기고 있었다. 그 다음 날에 우리 가족은 영국의 수도 런던을 향해 갔다. 왼쪽으로 운행하다보니 조심을 해서 바다로 둘러싸인 섬나라에서만 볼 수 있는 드문드문 나있는 들풀만이 바람에 나부끼는 황량한 들판을 쳐다보면서 런던을 향했다. 런던은 제일 유명한 국회의사당의 건물의 웅장함, 테임즈강과 다리가 잘 어우

러져 있었고, 공원에 놓인 세계적으로 유명한 모어의 조각 작품에서 풍기는 단조로운 예술성을 느낄 수 있었다. 영국에서 태어난 쉐익스피어, 처칠같은 인물이 떠올랐다. 쉐익스피어의『로미오와 줄리엣 Romio and Juliet』이라는 작품은 너무나 잘 알려진 사랑을 위해서 죽음의 나라를 선택하는 순수한 젊은이의 사랑이야기이다. 쉐익스피어 작품은 두 젊은이들이 죽지 않고서 사랑을 이 땅에 성취하고 오래 오래 살 수 있으련만 비극적으로 사랑하는 사람을 위하여 죽음을 선택하게 하는 비극 속에 미학이 탄생된다는 생각을 하면서 잠깐 상념에 빠져 보았다. 반면 한국의『춘향전』에는 초반전에는 일편단심으로 춘향이가 이도령 향한 사랑 때문에 변학도의 온갖 힘겨운 유혹을 물리칠 수 있었다. 결국 이 도령이 과거 시험에 합격하여 암행어사로 되어서 금의환향하여 변학도의 악행을 벌하고 사랑을 지켰던 춘향이를 배필로 만나서 잘 먹고 잘 살았다는 희곡적 결말로 닫혀있다. 이러한 춘향전의 해피엔딩은 우리들한테 더 상상의 나래를 펴지 못하게 하는 점은 쉐익스피어의 사랑이야기와는 좀 다른 느낌을 주고 있는 생각을 하게 되었다. 철학자와 정치가, 가수 영화배우와 같은 역사적인 인물도 많이 탄생시킨 영국을 다 보려면 적어도 한 달은 더 머물러야 하는 데 우리에게 주어진 한 달 동안의 유럽여행이라는 바쁜 여정 속에서 한 나라만을 알기 위해서 집중적으로 체류를 한다는 것은 불가능한 일이었다. 짧은 기간의 영국여행에서 오는 아쉬운 마음을 안고서 북유럽으로 방향을 돌려야 되었다.

북유럽으로 가면서 이번에는 핀란드를 빼고 노르웨이와 스웨덴을 중심으로 돌아보기로 했다. 스웨덴의 오슬로를 지나가면서 하늘보다 더 푸른 색깔을 지금도 잊어 지지 않는다. 노르웨이의 그 유명한 호수 가이징거로 가보라는 주변의 추천이 있고 해서 가이징거를 탐방하기로 했다. 어느 신문사에서 "유럽의 여행의 단상"이라는 제목으로 노르웨이의 가이징거에서 느낀 바를 쓴 적이 있다, 참고로 이번 기회에 가이싱거에서 본 소감을 소개하고자 한다.

4) 유럽 여행 중에 느낀 단상

오스트리아 비엔나 대학교 객원교수로 있을 때 유럽여행을 하게 됐다. 그때, 우리가족이 둥지를 틀었던 오스트리아의 수도 비엔나를 시발점으로, 유럽여행을 시도했다. 독일의 끝에 위치한 훼만에서 페리호라는 배에 차를 싣고서 북유럽의 덴마크를 경유, 노르웨이 그리고 스웨덴까지 갔다. 그리고 다시 프랑스를 거쳐 영국을 여행하고 집으로 오는 여행이었다.

여행은 네덜란드의 고흐박물관, 노르웨이 뭉크박물관, 그리고 스웨덴 국립미술박물관, 프랑스의 루브르, 영국의 국립박물관 등을 돌아보는 문화탐방이 중심이었다.

고호기 세상에 빛을 보내 된 것은 그의 형수가 그의 남편이 죽자 고호와 그의 동생 테오사이에 오고 간 수많은 서신 내용을 정리하고 영어로 번역하여 책으로 출간한 덕분이라고 생각한다. 고호가 순탄치 못한 고난의 삶을 체험하면서 그림으로 삶의 위기를 극복한 점과 화가의 눈에 비친 생동감 있게 자연의 아름다움의 순간을 포착하여 화폭에 담아 낸 독창적인 예술가 정신을 높이 평가하는 비평가들이 나와 주면서 고호에 대한 관심이 높아졌다고 본다. 오전에 당일의 입장표가 매진된다는 고흐박물관에서 생전에 많은 고생을 하면서 남긴 고흐의 작품이 후손들에겐 관광 수입이 되고 있음을 확인했다.

노르웨이 가이징거정상에서 가족과 함께 여행기념사진

이번 고호 미술관을 관람하면서 나는 우리나라도 조상들이 남겨 준 수 많은 유 · 무형 문화유산을 개발해 국가 미래의 전략 산업으로 융성, 장려할 수는 없을까란 생각이 스쳤다.

우연히 만난 독일 여행객의 "노르웨이에선 꼭 가이징거에 가라"는 말이 생각나 그곳으로 향했다. 여름인데도 멀리 보이는 산에는 눈이 덮여 있었다. 조물주가 준 태초의 빙하기를 갓 벗어난 신선한 호수와 정상에 올랐을 때 보이는 안개와 간간히 보이는 양떼, 구름등 천애의 절경은 그동안 차로 험난하게 구비 구비 산길을 안개와 추운 바람을 해치고온 보람을 보상해 주었다. 아무도 손대지 않은 청결하고 아름다운 자연자체가 바로 관광의 자원이었다. 외국인이 한국에 오면 정말 세계와 견줄만한 아름다운 풍경에 감탄을 금치 못하곤 한다. 한 번 독일인과 함께 설악산에 올라 간 적이 있다. 그는 설악산의 아름다운 풍경을 보고 "알프스 몽블랑과 다른 나라의 유명한 풍경을 몽타주 식으로 합성시킨 것 같다"고 말했다. 이렇게 아름다운 산천을 지니고 살고 있다는 사실을 한국인들은 모르고 있는지... 이런 강산을 우리나라는 종종개발이라는 미명하에 파헤쳐 정체불명의 외국풍 식당을 차려놓고, 커다란 간판과 어울리지 않는 네온사인으로 장식해놓고 있다. 방문하는 사람들이 몰려와 놀고 마시고 함부로 버려진 쓰레기더미로 악취가 나는 모습을 목격하게 된다. 외국 관광객들이 유명한 관광지라는 말을 듣고 찾아왔을 때 어떻게 느낄지 깊이 생각해봐야 한다.

자연을 있는 그대로 잘 보존하고, 깨끗한 상태를 유지해 주는 것만으로도 관광자원으로 활용된다는 노르웨이인들의 지혜를 이번 여행을 통해 느꼈다. 아름다운 풍경을 먼 산 정상에서 바라봄으로써 더욱 아름답게 느끼게 하는 노르웨이인의 여유와 멋을 아는 날이 우리나라에는 언제나 정착될까....필자는 잠시 생각하곤 한다.

제2부

학문을 향한 열정, 도전, 그리고 미래 비전

1. 나와 문학작가, 철학자와 저명인사들과의 만남
2. 창의적 저술활동을 통해 새로운 비교문학의 연구의 길을 열다
3. 선진화를 향한 한국 미래의 비전을 제시하다
4. 다양한 컬럼으로 한국 미래 비전을 제시하다

오스트리아 응용미술대학교 출신 화가 진광영

1. 나와 문학작가, 철학자와 저명인사들과의 만남

1) 괴테와 만남

괴테를 처음으로 접한 것은 중학교를 졸업하고 고등학교에 합격한 후에 한가히 집에서 쉬는 방학시절이었다. 고등학교에 다니는 누나가 괴테의『파우스트 Faust』를 읽어 보라는 권유에 문고판으로 나온 파우스트를 접하게 되었다. 처음에 괴테의 파우스트를 알지도 모르고 읽어가다 보니 정말 줄거리가 너무 어려워 읽다가 그만 둔 일이 있다. 괴테가 독서하는 방법을 알기 위해서 한 평생을 바쳤다고 다음과 같이 고백한 적이 있다.

“나는 독서하는 방법을 배우기 위해서 팔십년이라는 세월을 바쳤는데 아직까지 그것을 잘 배웠다고 말 할 수 없다. 우리는 항상 경탄할 만한 가치 있는 책을 읽어야한다.”

지금 생각해도 괴테라는 작가가 평생에 걸쳐서 이룩한 저서를 어찌 10대의 나이로 파우스트의 문학을 이해한다는 것은 도저히 상상할 수 없다. 아마도 괴테라는 유명한 작가의 작품이니 한번 파우스트를 읽어 보라는 누나의 고등학교 선생님이 독서할 가치 있는 고전작품으로 추천해 준 것을 동생한테도 한번 다시 읽어 보라는 말을 했을 것으로 짐작을 할 뿐이다.

독일문학을 본격으로 전공하면서 과연 괴테라는 독일 위대한 작가는 어떠한 인물인가를 다시 관심을 가지게 되었다. 고려대학교 박사과정

독일 슈테델 미술관에 전시된 괴테 초상화 옆에서

에 들어가서 지도교수로 박찬기교수를 만나게 된 것은 나의 행운이었다고 생각한다. 박 교수님은 결혼 주례를 봐 주시고 대학교로 진출할 수 있도록 정신적으로 많은 지도를 아끼지 않으셨던 분으로 마음 깊숙이 감사하고 있다. 특히 본인의 박사논문을 지도하시던 고려대학교 박 교수님께서 독일문학 작가 중에서 괴테를 가장 존경하는 작가로 높이 평가하고 계셨다. 교수님은 히틀러가 이방의 낯선 문화를 관용의 정신으로 적극적으로 이해하고 받아 들어야 한다는 괴테의 세계 문학의 정신을 이해하고 있었다면 세계대전이 일어나지 않았을 텐데하시며 괴테의 관용의 정신을 강조하시곤 하셨다. 필자도 그 때부터 괴테의 문학 작품과 그의 세계관에 관심을 가지게 되었다. 괴테의 작품을 자세히 들여다보면 사랑하는 법과 자연을 바라보는 법과 세계 문학적 차원에서 외국문학을 바라는 보는 법을 알 수 있었다. 우리가 알고 있는 『젊은 베르테르의 슬픔 Die Leiden des jungen Werthers』을 보더라도 약혼자가 있는 로테와 사랑에 빠진 베르테르가 사랑을 현실적으로 이룰 수 없음에 절망하고 자살을 선택한다는 이야기이다. 괴테는 이러한 자살을 통해서 베르테르와 로테가 사랑하는 관계로 발전했다면 이미 로테의 약혼한 관계를 청산하고 결혼할 수 있도록 사회가 개방하여야 한다는 저항 정신을 높이 평가하는 학자도 있다. 괴테는 젊은 시절에는 생명처럼 남녀간의 순수한 사랑이라는 자연법이 약혼이라는 사회법보다도 더 중시되어야 한다는 그의 사랑관을 표현한 것으로 볼 수 있다. 또한 괴테의 작품『빌헬름 마이스터 수업시대 Wilhelm Meisters Lehrjahr』의 주인공들을 고찰해 보면 주인공 빌헬름 마이스터가 사회가 요구하는 시민이 되기 위해서 산업여행을 통하여 많은 사람들과의 만남을 통하여 세상물정을 알게 되고 다양한 여성의 편력을 한 후에 결국 현실적이고 이상적인 나타리에와 결합한 점은 그의 여성관이 매우 현실적으로 변화하고 있음을 보여주는 좋은 증거다. 그의 대표적인 작품『파우스트』는 주인공 파우스트가 멜피스트 텔레스와의 24년간의 계약조건은 그 기간 동안에는 마음껏 욕망의 세계를 누리다가 계약이 끝나면 영혼을 빼앗아간다는 내용이었다. 주인공 파우스트는 계약에 서명을 한 후 회춘약을 먹자 80대의 늙은 학자가 20대로 변신하게 된다. 파우스트는 청순하고 신앙심 깊은 그레트헨한테 사랑에 빠지면서 이야기가 시작된다. 주인공 파우스트는 청순한 그레트헨에게 사랑의 눈이 멀어서 격렬한 사랑의 여정이 시작된다. 그 사실을 알게 된 그레트헨의 오빠가 파우스트를 좇아가서 결투를 벌이게 되고 파우스트는 펠피스트 텔레스의 도움을 받아서 그레트헨의 오빠를 죽이게 된다. 그레트헨의 어머니도 갑자기 들이닥친 폭풍으로 갑자기 심장마비로 죽게 되고 만다. 그리고 그레트헨은 파우스트와의 사이에서 생긴 아이를 추운 겨울에 낳게 되고 결국 그레트헨은 자기가 낳은 어린아이를 죽이게 되는 상황까지 이르게 된다. 그레트헨은 유아 살해 죄로 감옥에 가게 되고 그 사실을 뒤늦게 알게 된 파우스트는 감옥에 있는 그레트헨을 구하러 온다. 그레트헨은 처음에는 파우스트를 알아차리지 못하고 하나님한테 자기의 잘못을 뉘우치고 구원을 해 줄 것을 기도한다. 파우스트도 그레트헨한테 사랑에 눈이 먼 상태에서 저지른 과거의 잘못을 반성하게 된다. 파우스트 일부의 마지막 장면이 하늘에서 그녀는 심판받았다는 소리가 들리는 동시에 그녀는 구원받았다고 소리가 동시에 들린다. 괴테의 사랑관은 상기한 그의 작품『파우스트』 주인공을 통하여 파우스트가 그레트헨과의 관능적 사랑으로 시작하여 시련과정을 겪어가면서 뉘우치고 기도로 하나님한테 용서를 빌어서 천상으로부터 구원된다는 기독교적 신앙관을 보여준다는 점이다. 이것은 평상시 괴테가 바이블을 옆에 놓고서 파우스트를 창작했다는 여러 학자들의 지적에 신빙성을 더해 준다. 괴테의 파우스트는 바이블 중에서도 욥기에 나오는 욥의 신앙을 시험하기 위해서 하나님과 악마와의 내기를 거는 모습을 연상하기에 충분하다.

괴테는 만년에 동양을 체험하면서 그의 문학 세계에 새로운 변화의 계기를 가지게 된다. 그는 근동(近東)과 극동(極東)의 체험으로 나누어 볼 수 있다.

괴테에게는 근동의 체험으로 무엇보다도 페르시아의 하피즈의 시인과의 만남이 중요한 의미를 가진다. 괴테는 하피즈라는 시인이 티무르라는 폭정 속에도 순수한 사랑의 시를 쓸 수 있었다는 사실에 감동을 받게 된다. 괴테는 그러한 하피즈의 문학에 대한 독서체험을 통해 얻어진 지식을 바탕으로 『서동시집 West-Oestlicher Divan』 을 창작하게 된다. 괴테는 그 시속에서 동양과 서양의 예술, 종교, 사랑의 동질성을 찬양하고 있다.

괴테의 극동의 체험의 중심에는 중국이 자리를 하고 있다. 괴테는 라틴어로 번역된 중용을 읽으며 중국의 중용의 사상에 일찍이 매료된 바 있다. 그는 중국의 오천년의 역사를 흔들리지 않고 중심을 잡아 준 사상이 바로 중용사상이라는 지적한 바 있다. 괴테는 바이마르 도서관에서 라틴어, 프랑스어, 영어 및 독어로 번역된 중국관련 서적을 다양하게 독파해 냈다. 이러한 독서를 통한 그의 동양 체험을 기반으로 그의 만년의 작품 「중국과 독일 사계절과 사시각 Chinesisch-Deutsche Jahres u. Tageszeiten」 이라는 시를 창작하기로 이른다, 괴테가 만년에 정무에 지친 시적 화자가 술을 마시면서 자연과 대화를 하면서 시를 쓰는 이태백 풍의 시를 구사한다.

괴테는 1813년 유럽에 나폴레옹의 출현으로 위기를 맞이하게 되자 조속히 세계문학이 도래할 것을 촉구하였다. 괴테는 세계문학을 통하여 이웃 나라 사이에 존재하는 낯선 문화를 관용의 정신으로 이해하여야 전쟁이 일어나지 않을 것이라는 신념을 가지고 앞서 언급한 『서동 시집』 과 「중국과 독일 사계절과 사시각」 을 창작하게 되었다고 볼 수 있다.

오늘을 사는 우리는 괴테에게서 배울 점은 무엇이 있겠는가? 반문을 할 수 있다. 우리는 괴테가 그의 작품 『파우스트』 를 통하여 보여 준 젊어지는 회춘의 지혜를 여러 분야에 응용할 수 있다고 본다. 미래를 내다보는 사람들은 요즈음 유행하는 회춘하는 게임콘텐츠와 신약개발의 아이디어로 도입하여 활용할 수 있다고 보인다.

괴테가 창안한 세계문학의 정신은 서로 다른 이데오르기와 종교로 인하여 상대국가와 갈등과 전쟁을 치루고 있는 나라가 많다. 이러한 위기를 극복하기 위한 대안의 방안으로 괴테가 주장한 세계문학의 관용의 정신을 도입할 필요가 있다. 나아가서 괴테의 세계문학정신은 이웃 간의 상호 문화교류를 통하여 전쟁이 없는 평화로운 세상을 만들어 가는데 많은 시사성을 던져주고 있다고 본다.

2) 노발리스와의 만남

대학교 시절에 오스트리아 비엔나 대학교에서 독문학 박사학위를 받고서 귀국한 이유영교수님이 계셨다. 이유영 교수님은 젊은 학자로서 오스트리아 사이들러 (Herbert Seidler)라는 유명한 일반문학의 이론의 대가 밑에서 독일과 한국의 낭만주의 비교연구로 박사학위를 받아 왔다. 오스트리아 비엔나 대학교에서 연구한 바 있는 독일의 낭만주의에 대해서 강의

노발리스

를 하면서 독일 낭만주의 대표작 노발리스의 『푸른 꽃 die blaue Blume』 이라는 제목의 작품을 접하게 되면서 노발리스를 만나게 되었다. 노발리스는 일찍이 철학과 자연과학에 관심이 많았고 귀족 출신으로 대학교육을 받았던 천재적 작가이었다. 노발리스는 소피 폰 퀸(Sophie von Kuehn)이라는 소녀를 우연히 어느 모임에서 그녀의 아름다움에 반해서 순식간에 사랑에 빠지게 된다. 노발리스는 불치의 병

에 걸린 소피의 병을 치료시키고자 의약을 공부하여 온갖 노력을 하였지만 결국 죽게 된다. 노발리스는 죽은 소피의 무덤가에 일주일간 눈물을 뿌리며 쓴 시가 바로 「밤의 찬가 Hymnen an die Nacht」이다. 그 중에서 제6장에 나오는 죽음의 찬가(Sehnsucht nach dem Tod)를 읽어 보면 소피를 만나기 위해서는 죽어서라도 소피를 만나서 그의 사랑의 꿈을 이루고 자하는 낭만적 동경이 여실히 드러나 있다. 죽은 소피가 예수가 십자가에 못박혀 있는 주변을 천사와 같이 노닐고 있는 모습이 그려져 있다. 노발리스가 얼마나 소피를 사랑했는지를 보여주는 증거이다. 그의 작품 『푸른 꽃』이라는 작품에도 소피를 그리는 흔적이 잘 나타나 있다. 주인공 하인린히가 꿈에서 본 푸른 꽃을 찾아 시인이 되기까지 묘사한 교양소설인데, 주인공 하인리히가 지하와 지상의 공간을 방랑하면서 마틸테와 같은 아름다운 여인을 상봉하는 장면이 있는 데, 여기에서 만난 마틸테가 바로 죽은 소피를 많이 닮아 있음을 알 수 있다.

필자가 괴팅겐대학교 유학시절에 노발리스가 태어나고 자란 하르텐베르크 가문의 집을 방문하게 되었다. 노발리스가 어린시절에 호수가 있는 큰 저택에서 천진스런 꿈을 꾸면서 초록의 넓은 뜰을 뛰어 다녔을 노발리스의 모습을 잠시 그려 보았다. 노발리스의 젊은 시절에 크리스털처럼 빛나는 소피를 만나 순식간에 사랑에 빠지고 하얀 말을 타고 소피를 향하여 연서를 지닌 채 달려가던 언덕을 보면서 노발리스의 사랑을 향한 순수한 열정을 다시 생각게 한다.

3) 헤세와의 만남

필자는 인생에 대하여 깊이 고민하며 방황하던 젊은 시절부터 어느 작가보다도 헤세 작품을 즐겨 읽으면서 인생의 허무감에서 빠져 나올 수 있는 힘을 얻으며 많은 위안을 받았다. 헤세의 문학에서 나오는 이러한 인간의 고뇌를 치유하는 힘은 과연 어디에서 기인하는 것인가 하는 의문을 품게 되었다. 그래서 교수가 된 후에도 필자는 헤세라는 작가에 대해 학문적 관심을 가지고 자료를 수집하게 되었고 논문을 발표하면서 헤세연구를 본격적으로 착수하게 되었다.

헤세문학의 숲을 향하여
본인 저서 표지

헤세의 어린 10대 시절부터 시인으로 문단에 우뚝 서기까지 순탄치 않은 지난한 삶의 여정을 잠깐 되돌아본다. 헤세는 부모가 바라던 목사가 되려고 들어간 신학교의 생활에 적응하지 못한다. 헤세는 마울브론 신학교의 엄격한 경건주의적 교육환경에 염증을 느끼고 중퇴하고 인생에 회의를 느끼고 자살을 시도하게 된다.

그는 결국 집을 나와 헤겐바우어(Heckenbauer) 서점에서 점원 생활을 시작한다. 그는 일찍이 10대 소년 시절부터 시인이 되지 않으면 아무런 일을 하지 않겠다는 시인이 되고자 하는 강한 의지를 보였다. 헤세는 독학으로 부족한 지식을 쌓아가면서 시인의 꿈을 포기하지 않고 다양한 문학 작품을 접하면서 작가로서의 수업을 하게 된다. 초창기 창작 기에는 헤세는 낭만주의적 문학의 전통을 보여주고 있지만, 세계대전이 발발하던 시기부터는 당당하게 히틀러에 대항하며 국수주의적 정책을 날카롭게 비판하고 동서양을 아우르는 인간상을 추구하는 양심의 정치를 문학작품을 통해 실현하고자 하였다. 헤르만 헤세가 자신에게 닥친 온갖 어려운 고난을 극복하고 세계인들을 감동하게 하는 작가가 될 수 있었던 요인이 어디에서 기인하는지를 좀 더 심도 있게 체계적으로 연구하고 싶었다.

한국인으로 태어나 낯선 독일민족의 정체성이 드러나 있는 독일문학의 본질을 깊게 이해한다는 일은 그리 쉬운 일이 아니었다. 그 당시에 독일문학을 제대로 알려면 독일 체험을 하면서 독일에 유학을 가는 길밖에 없다고 생각했다. 마침 독일 괴팅겐 대학교의 초청을 받아 독문학 박사과정에 들어가 헤세만이 아니라 괴테를 포함하여 동양관을 비교하는 것이 더 폭넓은 학문적 시야를 경험할 수 있겠다는 당시 필자의 박사 논문을 지도하시던 호로스트 투르크(Horst Turk) 교수의 권유도 있고 해서 괴테와 헤세의 중국관을 비교 연구하게 되었다. 그 당시 괴팅겐 대학교에서 박사 논문을 작성 중에 오스트리아 학무성(BMWF)의 초청을 받아서 본인 박사 학위 논문을 비엔나 대학교 괴테와 오스트리아문학에 해박한 헤버르트 체만(Herbert Zeman) 교수 밑에서 계속해서 동일한 주제를 가지고 박사공부를 할 수 있었다.

귀국한 이후에 한국에 이미 많은 독자층을 가지고 있었던 헤르만 헤세 문학을 집중적으로 연구하고 발표할 수 있는 학회를 만들고자 하였다. 이를 위해 헤르만 헤세 연구자들이 중심이 되어 헤르만 헤세 학회의 필요성을 인식하고 준비 작업을 하게 되었다. 헤세학회가 결성된 된 후에도 헤세 학회의 활성화를 위해 그 당시 헤세 학회의 총무로 활동하였던 기억이 새롭다.

필자는 헤세 문학의 산실의 공간에 대한 호기심이 발동하여 헤세의 고향 칼프(Calw)뿐만 아니라 헤세의 만년의 안식처이자 수십 년의 창작 생활을 보냈던 몬타뇰라(Montagnola)를 찾아가고 싶었다.

필자가 1988년도 헤르만 헤세 국제심포지엄(International Hermann Hesse Symposium)에 참석하면서 헤세 고향 칼프에 갈 기회가 있었다. 그곳에서 헤세가 어린 시절을 보냈던 울창한 숲과 강물이 흐르는 조용한 칼프의 분위기를 느낄 수 있었다. 그 당시 헤르만 헤세 국제 심포지엄에 참가하여 세계의 여러 나라에서 온 헤세 연구자들을 만나 학문적으로 교류했던 일들이 매우 생생한 기억으로 남아 있다. 특히 그 당시 헤세전문가 볼커 미헬스(Volker Michels) 선생이 프랑크푸르트 역에서 한 시간가량 위치에 있는 오펜바흐(Offenbach)에 사는 자택에 초대를 받았다. 그는 헤세의 모든 자료를 갖춘 헤세 문학 도서관을 세워 희귀한 헤세 자료를 수집할 수 있었다. 그곳에는 헤세의 작품뿐만 아니라 헤세와 관련된 다양한 자료가 있어 문학 도서관은 헤세의 영혼이 살아 숨 쉬는 듯 한 분위기를 느끼기에 충분했다. 필자는 헤세의 전문 출판사인 주어 캄프(Suhrkamp)의 편집장으로 평생 동안 헤세 연구에 매진한 그와의 만남이 매우 인상 깊다. 볼커 미헬스 선생이 『픽토르의 변신 Piktors Verwandelung』에 친히 사인을 해서 선물한 책을 볼 때마다 감사의 마음을 느끼고 있다. 볼커 미헬스 선생은 다음 기회에 헤르만 헤세 국제 심포지엄에 참가하여 한국에서의 헤세가 왜 인기 있는 작가가 되었던지 발표해 달라는 요청을 받았다. 그 외에도 필자는 볼커 미헬스 선생과 함께 헤세의 동양관, 자연관 그리고 정치관 등 다양한 헤세의 핵심 주제를 가지고 자유롭게 대화를 나누면서 의미 있는 시간을 보낸 기억들이 다시 살아나는 듯하다.

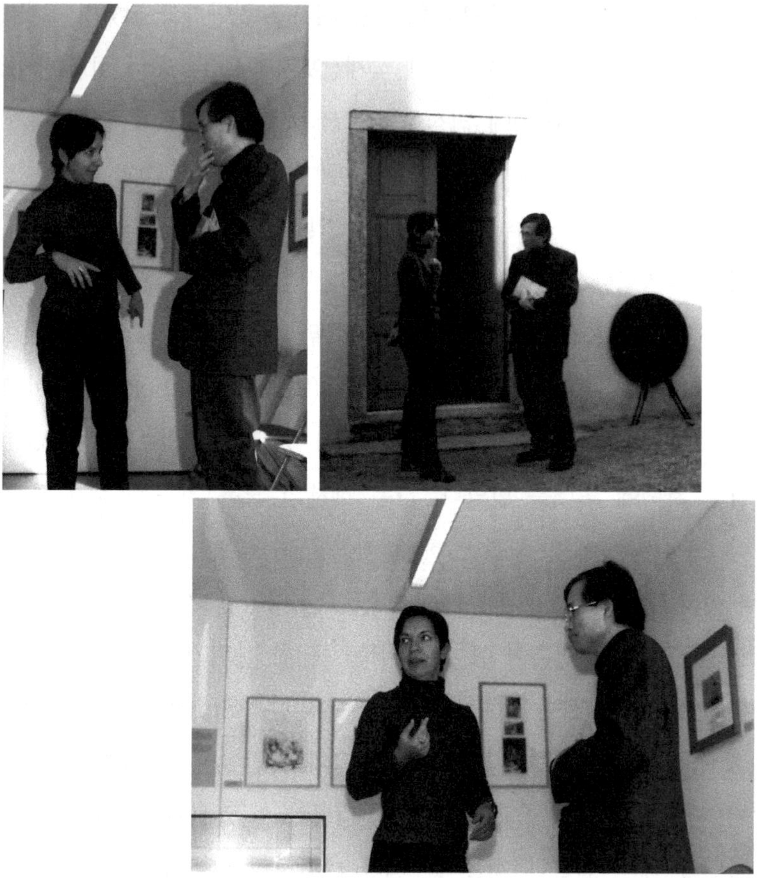

헤세박물관 레기나 부허관장님과 함께

또한, 2005년도 프랑스 파리 소르본느 대학교에서 열린 국제독문학자대회(IVG)에 참석을 마치고 나서 그리던 헤세가 만년을 보냈던 몬타뇰라를 방문하였다. 헤세가 즐겨 찾던 숲 속 사이에서 멀리 보이는 루가노(Lugano) 호수를 바라보며 헤세박물관을 방문한 기억이 새롭게 생각이 난다. 필자는 헤세문학박물관에서 오랫동안 일하고 있는 레기

나 부허(Regina Bucher) 관장을 처음으로 만나게 되었다. 개인 사정으로 헤세박물관의 문을 닫는 날인데도 불구하고 박물관의 문을 열어주며 반갑게 웃으면서 맞이해 주었던 관장의 친절함을 지금도 잊을 수 없다. 레기나 부허 관장의 배려로 헤세가 원고를 작성할 때 사용하였던 타이프 앞에 앉아서 그 당시의 헤세 작가의 마음을 헤아려 보기도 하고 동양에 대한 관심의 흔적을 엿 볼 수 있는 주역을 몸소 그린 붓 그림을 감상해 보기도 하였다. 필자는 헤세가 자주 산책을 하였던 숲길을 거닐다 보니 그가 꿈꾸었던 자연과 인간이 하나가 되는 공간 속으로 잠시나마 들어가 있는 기분을 느낄 수 있었다.

필자가 그동안 교수 생활을 하면서 기회가 되는 데로 독일과 오스트리아에 있는 여러 대학교의 연구 교수로 가서 헤세 문학에 대한 가능한 모든 학술 자료를 수집하고 논문으로 작성하여 국내는 물론 국제학회에 발표한 바 있다.

그동안 독일어문화권에 속하는 독일과 오스트리아에 체류하면서 그곳의 다양한 학술 자료를 갖춘 괴팅겐(Göttingen), 뮌스터(Muenster), 베를린(Berlin), 바이로이트(Bayreuth), 지겐(Siegen) 그리고 빈(Wien)대학 도서관에서 미처 발견하지 못한 귀중한 학술 자료를 수집할 수 있었던 기억들이 새롭다.

4) 카프카와의 만남

카프카를 처음으로 접하게 된 것이 대학교에서 이유영 교수님으로부터 카프카의 작품 『변신』, 『심판』 그리고 『성』에 대한 강의를 들으면서 시작되었다. 카프카라는 작가가 일찍이 낮에는 상해보험회사에서 일하고 밤에 글을 써야하는 작가이라는 사실에 매력이 갔다. 카프카는 그 당시 부조리한 상황 속에서 탈출구가 없는 희망이 없는 실존적 상황을 섬세하게 묘사한 작가임을 알게 되었다. 그 당시 인간들이 상호 소통하지 못하고 기계화되고 있는 시대적 분위기를 잘 간파하고 상징적으로 변신과 동화의 형식으로 비유적으로 표현한 작품이라고 평가할 수 있다.

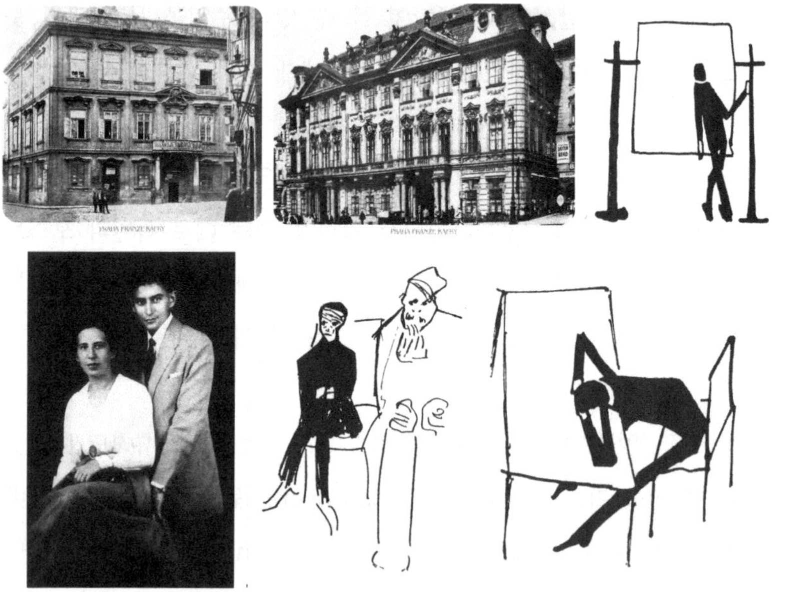

카프카의 생가, 펠리체와 약혼사진, 카프카의 스케취 작품들

카프카가 여러 가지 외국문학과 사상을 수용하지만 그 중에서도 중국의 문학과 사상에 매료 되였다고 한다. 카프카는 두 번에 걸쳐서 펠리체와 약혼을 파기할 정도로 소심하고 결핵으로 병약한 몸으로 죽음을 의식하고 글을 써야했다. 또한 카프카는 꿈속에서 첫날밤에 약혼녀 펠리체(Felice)의 베일을 벗기었더니 중국의 공주였다는 꿈을 꿀 정도로 중국의 문학에 젖어있었고, 중국의 도가사상에도 매료된 흔적이 그의 작품들

속에 드러나 있다. 카프카의 작품 『사냥꾼 그라쿠스 Der Jaeger Gracuss』를 읽어보면 죽었는지 살아 있는 지 분간할 수 없는 상황 속에서 죽음의 바다 위를 떠다니는 도가적 분위기를 감지할 수 있다.

카프카가 한국의 작품에 어떻게 반영되어 있는 지를 검토하여 2016년 여름에 열리는 국제비교문학회에서 발표하고 자 준비한 경험이 있다.

한국의 70대부터 80대 후반까지 한국의 모든 언론이 탄압되고 인권 말살되고 표현의 자유가 억압된 군부독재시절의 부조리한 정치상황속에서 감옥에 가고 심한 고문을 체험한 젊은 작가들이 있었다. 그들은 부조리한 정치상황에 저항하고 상호 소통할 수 없는 절망감속에서 카프카문학을 한국적으로 수용하고 변용하는 현상을 살펴보았다. 한국의 현대 시문학 분야에서 프란츠 카프카가 김승희의 「공포영화」, 김광규의 「꿈과 잠」, 「진혼가」, 「유령」, 「법원」, 김진경의 「카프카에게」, 이성복의 「꽃지는 아들」, 등에 어떤 영향을 미쳤는지가 고찰했다. 다른 한편 한국의 현대 소설문학 분야에서 프란츠 카프카가 서사적 내용과 형식적인 측면에서 김영현의 「벌레」, 구효서의 「카프카를 읽는 밤」, 최수철의 「매미의 일생」 등에 어떤 영향을 미쳤는지에 연구의 초점을 맞추어서 발표문을 영어로 작성하여 국제비교문학회에서 발표한 바 있다.

(1) 카프카의 고향 프라하를 찾아서

2016년 여름 오스트리아 비엔나대학교에서 개최되었던 국제비교문학회에 참가하여 발표를 마친 후 카프카의 고향 프라하를 방문하게 되었는데, 이번 여행은 필자에 있어서 젊은 날의 사연이 있기에 더욱 의미가 있는 것이다. 필자가 비엔나 30대 유학시절 박사 반(班) 지도교수 및 동료들과 함께 이곳으로 수학여행을 할 수 있는 기회가 있었지만 그 당시에는 공산국가인 체코와 외교관계가 수립되어 있지 못한 이유로 한국인으로서 필자는 참석할 수 없었던 것이다. 그래서 더욱이 이번 여행은 필자가 좋아하는 카프카의 고향이기 때문에 더욱 설레는 마음으로 프라하를 여행지로 선택했던 것이며 특히 카프카의 작품을 만들어낸 바 있는 창작공간을 중심으로 답사하고자 한 것이다.

카프카의 만년모습, 안개에 덮인 프라하 사진들

비엔나에서 프라하까지는 약 4시간 거리인데 마침 비엔나에서 프라하로 가는 저렴한 비용의 국제 버스 노선이 생겨서 아침 일찍이 비엔나 남부 시외버스 장에 위치한 국제 버스 정거장에서 프라하 행 첫 차에 몸을 실었다. 운 좋게도 이 날은 날씨가 화창해서 그런지 창밖에 펼쳐지는 풍경이 나로 하여금 마치 영화 속의 어느 한 장면 속으로 빠져 들어가게 한다. 초록의 초원으로 뒤덮여 있는 드넓은 광야가 펼쳐져 있고 저 멀리 교회당의 첨탑과 성곽이 보이는 풍경이 그림처럼 빠르게 눈앞에 펼쳐져 왔다가 사라진다.

이러한 풍경을 보고서 작품을 구상했을 카프카를 생각하면서 카프카의 작품 속의 공간을 탐색하고 싶었기 때문에 우선 프라하에 도착하자마자 제일 먼저 카를 대교를 건너서 바라다 보이는 프라하의 전통적 성(城)을 찾게 되었다.

필자는 안간힘을 다하여 높이 솟아있는 성을 향하여 올라가면서 카프카 작품『성 』속에 등장하는 주인공 측량사 K가 그랬듯이 성주로부터 초청을 받고서 성에 도착한 느낌을 받았다. 그리고 문득 필자는 성의 주변을 헤매다가 결국 성안으로 들어가지 못하고 방황하는 작품 속 장면이 머릿속에 스쳐갔다. 외부 세계와 단절된 그래서 마치 딴 세계에 있는 듯 높은 성을 보고 있노라니 카프카가『성』이라는 작품 속 주인공 K를 통하여 인간과 외부 세계와 소통이 끊긴 소외된 인간상을 상징적으로 보여주고 싶었던 이유를 조금은 알 것 같았다.

카프카의 작품 활동에서 빼어놓을 수 없는 장소인 즉, 그가 태어난 곳과「시골의사」,「다리」,「싸구려 관람석에서」,「이웃 마을」,「양동이를 탄 사나이」,「형제 살해」,「사양 꾼 그라쿠스」와 같은 많은 작품을 완성해 낸 황금소의 골목길을 찾기까지에는 많은 여행객의 인파속에 여러 골목길을 정신없이 물어서 해매여야 했다.

고진감래라고 했던가! 고생 끝에 찾은 장소 즉, 카프카의 다정했던 여동생 오틀라가 마련해 준 알히미스텐가쎄 22번지에 있는 황금소로를 찾았던 때는 해가 진 늦은 오후였다. 원래 황금소로는 1600년에 미친 황제인 루돌프 2세의 연금술사들이 거주하였던 곳으로 작은 집들이 다닥다닥 붙어 있었다. 집들의 문은 낮고 방은 비좁았으며 지하엔 화덕이 하나 놓여 있었다. 카프카는 1916년 11월 24일부터 1917년 4월까지 머무르며 밤늦도록 창작 공간으로 사용했던 곳이었다. 이곳은 아주 외진 곳에 있어서 소란하게 삐걱거리는 마차 소리도, 거리의 행인의 소리도 들리지 않는 아주 조용한 공간이었다. 카프카는 직장에서 일을 끝내고 나면 오후 4시에 돌아와서 네댓 시간 동안 글을 쓰고 나서 부모님의 집으로 걸어 내려가 가족들과 저녁식사를 마친 후에 다시 그곳에 돌아와 밤늦게까지 작품을 마무리하고 한 밤중이 되어서야 집에 자러 갈 정도로 창작에만 몰두하며 살았던 것이다.

황금소로

구상했던 작품을 완성하고 집으로 돌아오는 길에는 새 하얀 눈이 탐스럽게 쌓인 날도 있었고 별들이 총총히 빛나고 달이 하늘에 휘영청 떠있는 밤길을 걷노라면 머리가 맑아지고 잠도 잘 왔다고 고백한 카프카를 생각하면서 나도 감정을 이입시키면서 그 때의 황금소로의 길을 천천히 음미하면서 걸어보았다.

체코 여행의 마지막 날에는 카프카의 문학 자료가 있는 새로 건립된 카프카 문학관에 방문하여 카프카가 젊은 시절에 작성한 일기와 육필 원고를 눈으로 확인할 수 있어 기뻤다. 또한 카프카 문학관 옆에 있는 카프카 전문 상점에 들어서 카프카를 기념할 만한 카드이며 희귀한 도서도 구입할 수 있었다. 특히 이번 여행에서 황금소로를 배경으로 찍은 겨울눈이 덮인 것과 황혼의 빛을 담은 그림엽서 두 장을 구입한 것이 매우 의미 있는 수확이었다. 카프카가 세상을 떠난 지 오랜 세월이 지났지만 그를 그리워하는 많은 사람들이 카프카 문학박물관과 전문상점에 방문하는 모습을 볼 수 있었다. 그를 기념하는 동상과 카프카 상품으로 세계에서 온 수 많은 여행객들에게 널리 팔리는 것을 보면서 작가를 문화 상품으로 기획하는 그들의 지혜가 인상적이었다.

카프카는 각혈(咯血)을 할 정도로 병고에 시달린 몸으로 낮에는 상해보험에서 일을 하고 밤에는 집에 돌아와 글을 쓰곤 했었다. 카프카는 출구 없는 세계, 희망 없는 세계 그리고 주변 세계와의 소통되지 않은 부조리한 세계를 동화적이고 은유적인 수법으로 치밀하고 생동감 있게 묘사한 많은 작품들을 남겼다. 평소 카프카는 후두암으로 죽어가는 몸인데도 글을 쓰는 일이 자기가 살아있다는 의미이며 인간 내면에 얼어버린 바다를 깨어 부수는 도끼의 구실이 되어야한다고 강조한 말이 이 순간 다시금 머리를 스치면서 가슴에 감동의 물결이 밀려온다.

또한 카프카의 실존의식은 프랑스 현대 실존주의 철학을 대표하는 사르트르뿐 만아니라 군부독재에 저항한 한국의 많은 작가들에게도 지대한 영감을 준 것으로 알고 있다. 그렇기 때문에 지금도 카프카는 세계인들에게 주목을 받는 고전적 현대 작가로 칭송을 받고 있는 듯하다. 필자는 이번 프라하 여행을 통하여 카프카는 독일문화권의 작가만이 아니라 세계인들로부터 존경과 사랑을 받아야할 작가임을 다시 한 번 확인할 수 있었다.

5) 김규영 교수님을 통한 헤겔과의 만남

김규영 교수님

헤겔을 알게 된 것은 서강대 대학시절 철학과 김규영 교수님을 통해서 이었다. 김 교수님은 강의실에 들어오시면 교탁부터 깨끗하게 정리를 하시고 같이 인사를 하면서 수업이 시작된다. 그 당시 헤겔의 대표작『정신현상학 Phaenomenologie des Geistes』을 독어로 해석하면서 헤겔의 변증법의 철학을 배우게 되었다. 헤겔이 인간의 인식의 단계를 감각의 단계, 지각의 단계, 계시의 단계를 부정의 논리로 발전되어 가는 과정을 치밀한 논리로 전개하고 있는 어려운 변증법을 상세히 설명해 주시었다. 헤겔이 다 알다시피 정 These 반 Antithese 합 Synthese의 논리를 기존의 모순이 지향되면 절대정신이 구현되어 결국 지상천국이 실현된다는 낙관적인 역사관을 주장하고 있다. 대학 시절에 군부 독재시대에 위수령이라는 계엄령상태에서 모든 대학교 휴교령이 떨어지게 되었다. 그래서 고향에 내려와서 시간이 허락이 되는 데로 헤겔의 『정신 현상학』을 독일어에서 한국어로 번역을 하면서 시간을 보냈다. 헤겔의 변증법적 논리의 본질을 김규영 교수의 강의를 통하여 익히 알고 있었기 때문에 번역하는 데는 별로 큰 문제가 되지 안했다.

필자는 독일문학과 비교문학을 연구하는 사람으로서 헤겔의 철학을 괴테와 헤르만 헤세의 문학과 비교 하려고 독일 베를린 대학교 도서관에 방문하여 헤겔과 괴테 비교된 서적을 입수하게 되었다.

괴테와 헤겔의 세계관 및 종교관을 정밀하게 비교적으로 분석 연구한 서적으로 시간이 있을 때마다 흥미 있게 읽곤 한다. 헤겔의 변증법적인 논리는 동양의 음 양의 논리와는 차이가 있다고 본다.

헤겔의 변증법은 모순과 부조리를 제거하려는 긴장되면서 공격적인 특성이 있다면 주역의 사상은 두 가지 상반된 음과 양의 요소가 들어 있음에도 음양이 긴장관계를 가지고 대립하는 것이 아니라 서로 부족한 부분을 상호 보완하면서 전체적인 조화를 목표로 하고 있다는 점이 다르다. 헤겔은 그 당시에 대학교에서 쇼펜하우어(Schopenhauer)보다도 그의 박식한 식견과 변증법적 철학으로 유명세를 타서 인기가 있어서 많은 수강자들이 수업을 들르려고 몰려왔다고 한다. 헤겔(Hegel)은 동양에 대해서 쇼펜하우어가 동양의 불교사상에 매료되어 있는 반면에 헤겔은 동양에 대해서 부정적인 태도를 취하고 있다는 점에 서로 다르다고 할 수 있다.

6) 이완조 교수님을 통한 루드비히 비트갠쉬타인(Ludwig Wittgenstein)과의 만남

대학시절에 이완조교수님으로부터 분석철학 강의를 들으면서 언어철학의 대가인 비트겐쉬타인(Witgenstein)을 알게 되었다. 이완조 교수님은 강의를 하실 때 학생들보다는 칠판에 판서를 하시면서 자세히 철

이완조 교수님

학적 현상을 분석하고 설명하시는 좀 딱딱한 강의를 하시는 분으로 알려져 있다. 그런데 필자는 강의가 끝나고 시간이 있을 적마다 이완조교수님의 연구실에 찾아가서 수업 시간에 이해되지 않는 부분을 물론 언어 철학의 전반적인 문제를 물어보고 자유스럽게 대화를 하곤 하였다. 지금 생각하면 매우 당돌하고 맹랑하게 질문하는 버릇없는 학생으로 비쳤을 것으로 생각한다. 필자는 이 교수님께 평소 흥미있게 읽곤 하였던 문학작품을 가지고 가서 질문해도 여유있는 웃음을 띠시며 많은 이야기를 해주곤 해주셨다. 지금도 기억나는 일화가 있다. 프랑스의 실존주의 작가 카뮈의 작품『페스트』라는 책을 가지고 가서 페스트를 박멸하고 자하는 의사의 휴머니즘에 대해서 그렇게 흥미 진지하게 이야기를 나누었던 기억이 생각이 나곤 할 때가 많다. 의사로서 인간의 생명을 구하기 위해서 헌신적으로 노력하는 휴매니스트 의사에 대해서 철학적으로 재미있게 설명을 해 주시던 기억이 생생하다.

학창시절에 언어철학에 한때 심취되어 있던 차에 이완조 교수님의 추천을 한 비트겐 쉬타인의 대표작 『철학적 탐구 Philosophische Untersuchung 』라는 푸른 책을 접하게 되었다. 비트겐 쉬타인은 일상적인 언어 속에서 언어의 유희의 법칙을 발견할 수 있다는 믿음을 가지고 있었다. 바이블의 언어 속에는 바이블의 언어 게임의 법칙이 있다는 말이다. 예컨대 “하나님은 인간의 죄를 벌하신다. (God punishes human's guilty.)”라는 문장이 우리들에게 자연스럽게 인식되는 것은 "아버지가 아들의 죄를 벌하신다. (Father punishes his son's guilty."는 말에서 유추되어서 전이되기 때문에 우리들에서 바이블의 언어적 표현들이 쉽게 이해가 된다는 이야기이다.

기회가 주어진다면 언어로 표현된 문학 속에서 언어의 법칙을 발견할 수 있다면 괴테의 모든 작품 속에 표현된 문장 속에 괴테식의 언어의 유희의 법칙을 찾아내고 자 한다. 이렇게 문학작품 속에 언어로 표현된 모든 문장 속에 내재된 언어의 게임의 법칙을 발견하는 작업이 이미 입력된 작품들을 동원하여 분석 작업을 하게 되면 짧은 시간 안에 의미있는 결과를 얻어 낼 수 있으리라 생각해 본다.

7) 미국 프린스턴 대학교 세계적 독문학자 치올오브스키와 만남

치올오브스키 교수님

독일소설과 헤세의 저명한 저술을 많이 낸 바 있는 프린스턴 대학교의 치올오브스키 (Ziolovsky) 교수님을 2005년 여름에 프랑스의 파리 소르본느 대학교에서 개최된 국제독문학자대회(IVG)에 참석하면서 우연히 만나게 되었다. 항상 국제독문학자학회에 가면 수요일에 수학여행이 잡혀 있었다. 그래서 필자는 예술의 도시로 유명한 파리에서 한 시간 반이면 도달할 수 있는 프랑스의 예술인들이 모여서 그림을 그렸다는 예술인촌을 가기로 결정했다. 예술 촌으로 가는 길에는 미국인 교수님들과 일본과 중국에서 온 교수들이 많아 와 있었다. 그래서 이미 알고 지내는 미국 와싱톤 대학교 폴 루체러 교수님 (Paul Lutzeler) 한테 혹시 프린스턴 대학교의 치올오브스키(Ziloovsky) 교수님이 이번 같이 오셨는지를 물어 보았다. 그 루체러 교수님이 저기 모퉁이에서 계시는 키가 크고 우람하게 생기신 분이 치올오브스키 교수라고 알려 주었다. 찾아가서 본인을 소개하고 교수님의 저서를 다 읽어 본 한국에서 온 헤세에 관심이 많다고 하니 너무 반갑게 대화에 응해 주셨다. 그 당시 치올오브스키 교수님과 사모님이 같이 학회장에 참석하고 있었다. 치올오브스키 교수님는 한국에 S 교수님을 지도했다는 경험과 한국에 특별강연을 하러 사모님과 같이 방문한 인상깊은 기억들을 이야기하셨다.

본인이 치올오브스키 교수님의 저서 중에서 『헤르만 헤세의 소설론』을 읽으면서 의문이 생겼던 부분과 동양과의 관련성에 대해서 이야기를 나누었다. 그는 헤르만 헤세의 소설의 구조를 분석하는 데, 소나타의 원리를 도입한 바 있다. 그는 그의 상기한 저서에서 헤세의 주인공의 성장과정의 서사구조가 소나타의 도입부, 전개부 그리고 맺어가는 원리와 일치한다고 지적하고 있다. 필자가 치올오브스키 교수가 미처 지적하지 못한 그의 서사구조와 동양과의 관련성을 물어본 기억이 난다. 필자는 헤세의 작품 『싯다르타』에 등장하는 주인공의 성장과정에서 동양의 사상을 도입하여 전개시키는 과정에서 동양이 차지하는 서사적 기능이 존재하는 지를 물어 보고 싶었다. 그 부분에 대해서는 다시 심도 있게 연구할 여지가 남아 있다고 말씀한 기억이 난다. 필자 옆에 조용히 서 계신 교수님의 사모님도 너무 진지한 학문적 대화가 지루했는지 다른 화제로 바꾸려고 넌지시 말을 걸어 왔다. 사모님께서는 한국에 오셨을 때 한국의 여행한 추억을 아름답게 기억하고 계셨다.

본인이 안식년에 프린스턴 대학교에 독일문학과 비교문학에 대한 연구 방법론을 더 공부하려고 서신으로 자세히 미국연구 체류의 목적과 필요성을 언급하면서 초대장을 부탁한 적이 있었다. 지금은 대학교에서 떠난 몸으로 도움을 많이 줄 수 없다는 답장이 와서 프린스턴 대학교와의 인연을 가지지 못한 아쉬운 부분은 있지만 한국에 나와 있는 제자가 있다고 하시면서 소개를 해준 진지함을 보여 주었던 교수님으로 기억이 된다.

8) 오스트리아 중세문학분야 석학 비르칸 교수와의 만남

비엔나대학교에서 중세문학을 주로 연구하고 가르친 바 있는 켈텐학회 회장이신 비르칸(Helmut Birhkan) 교수님을 알게 된 것이 우연한 일이었다. 한번은 필자가 중세문학의 대표작품『니벨룽겐의 노래』와『파르치팔』을 연구하던 중에 비로칸 교수님으로부터 중세문학에 관한 학술적 연구 방법론에 대한 이야기를 듣고 싶어서 전화로 약속일을 정하여 연구실로 찾아 간 일이 있었다. 비엔나 유학시절에 시간이 될 때마다 여러 번 비르칸 교수님을 찾아 뵐적마다 필자한테 유난히 친절을 베풀어 주시던 교수님이었다. 그날따라 한국 학생이 교수님한테서 박사공부를 하던 P제자한테 배웠다고 하시면서 본인한테 손수 만든 물김치를 한 병을 담아 선물을 주시는 것이었다. 비르칸 교수님이 타문화에 얼마나 깊은 관심과 열정이 얼마나 깊은 지를 직감적으로 알 수 있었다. 그 당시에 중세문학에 대한 학술 자료와 조언이 필요한 상황에서 중세문학의 길잡이가 될 좋은 학술서를 추천해주시며 많은 도움을 주셨다. 한국문화에 관심이 있고 서울대 허창운 교수님을 제외한 중세문학에 연구자가 거의 없는 한국의 독일문학계에 한번 비르칸 교수님을 초빙을 하고 싶어졌다. 독일어문학회 측에서 초청하면 좋겠다는 의사가 있어서 비르칸 교수님의 특별강연 초대장을 만들어 보내는 일을 내가 전담하게 되었다.

비르칸 교수님이 한국에 오시면 필자가 주선하여 특별강연을 알선을 해 주게 되었다. 여러 대학교에서 초청 강연을 하시면서도 한국 문화에 지대한 관심이 많아서 인지 이색적인 문화에 대한 자료를 영상으로 담아 가고 싶어 하셨다. 이번에 충북대학교에서 개최되는 춘계 독일어문학학회에 초대를 받아서 이루어진 특별 강연은 오후 늦게 잡혀 있었다. 그 사이에 시간이 있어서 전주 근교에 있는 금산사를 방문하기로 했다. 무엇보다도 문화에 관심이 많으신 비르칸 교수에게 금산사의 불당 속에 황금으로 만들어 진 동양에서 가장 높이 세워진 부처를 보여주고 싶었다. 항상 외국 손님이 오시면 자주 전주 근교에 있는 금산사를 모시고 가곤 했다. 그날따라 금산사로 가는 길에 봄을 알리는 벚꽃이 길 위에 화창하게 피어있었다. 나는 금산사 안으로 차를 몰고 갈 수 없기 때문에 금산사 입구에 있는 주차장에 차를 주차해 놓고 걸어서 가면서 산사의 새소리를 들으면서 많은 이야기를 나눌 수 있었다. 한국의 불교의 문화와 유럽의 기독교의 문화를 비교하면서 명상을 통해 욕심을 비우면 부처가 될 수 있다는 불교의 득도의 세계와 성경의 말씀대로 지은 죄를 회개하고 하나님께 그 죄를 용서를 빌면 구원이 된다는 두 종교의 차이점에 대해서 이야기를 나누었다. 금산사에 가는 길 위에 번데기를 파는 포장마차가 있어서 비르칸 교수님한테 먹어 볼 의향이 있는 지를 물어 보았다. 번데기가 누에고치에서 나온 벌레라고 설명해 주니 안심하고 맛있게 먹으시던 모습이 가끔 떠오곤 한다.

오스트리 아비르칸 교수님과 함께

금산사의 방문을 마치고 학회장에 가기 전에 충분한 시간이 남아 있어서 부여를 향해 가기로 했다. 필자가 비르칸 교수님들 모시고 부여에 있는 백제문화의 상징이 되는 문화재로 부소산, 낙화암과 산속의 모란사라는 사찰을 안내해 주었다. 마지막 의자왕을 모시던 삼천궁녀가 당나라의 적군들에 밀려서 잡혀 치욕스럽게 죽기보다는 낙화암에 떨어져 죽는 것이 낫다고 생각하고 삼천 명이나 되는 궁녀들이 바위 밑으로 뛰어 내렸다는 이야기를 해 주었다. 죽은 삼천 궁녀의 모습이 꽃이 떨어지는 것과 같다고 하여 낙화암이라는 지명이 나온 것이라고 설명을 해 주었다. 교수님은 마지막 의자왕이 삼천궁녀와 노닐며 호화스럽게 살아 온 의자왕에 대해서 좀 궁금해 했다. 교수님은 그 당시에 그렇게 수천의 궁녀가 한 왕이 모시기 위해서 필요했는지를 물어 왔다. 한 나라를 다스리는 왕이 되면 하늘에서 내려진 존재로 왕의 권위를 과시하기 위해서 그 많은 궁녀를 둘 수 있었던 것으로 개인적으로 생각한다고 대답해 주었다. 백제의 패망의 원인이 그러한 사치와 방탕의 결과가 아니었는지를 조심스럽게 설명해 주었더니 수긍이 가는 모습이었다. 백제의 문화를 자세히 볼 수 있는 백제박물관에 들어가서 그 당시 백제인이 보여 준 다양한 섬세하고 우아한 문화를 알아들을 수 있도록 독일어로 친절히 설명해 주었다. 학회장에 가는 도중에도 상여가 나가는 모습이 신기했던지 차를 멈추게 하고서 상여 나가는 장면을 섬세히 담아가려고 사진기 샤터를 누르시던 모습이 주마등처럼 스쳐간다. 그리고 서울에 가서는 한국적 정체성을 드러내는 샤먼이 보여주는 굿에 학문적 관심이 많아서 그러하신지 무당이 한판 벌리는 굿놀이를 열심히 영상 속에 담아 가셨다, 비르칸 교수님은 많은 분야에 관심이 많지만 특히 한국의 샤머니즘에 관심이 많아서 제주대에 초청강연에서는 '독일 그림형제의 동화에 나타난 샤마니즘에 관한 연구'를 발표한 적이 있었다.

특히 비르칸 교수님은 비엔나대학교에서 가르칠 때 학생들에게 중세의 의상을 입고서 몸소 중세의 음식을 만들어 보게 하여 중세문학을 직접 체험케하는 교수방법를 실천하는 특이한 교수로 일려져 한국 EBS 방송에 소개된 적이 있다.

2. 창의적 저술활동을 통해 새로운 비교문학의 연구의 길을 열다

1) 한국과 독일 문학의 비교연구를 통해 동양과 서양의 인문학적 교류의 신 지평을 열다

한국문학에 대한 학문의 길을 터준 분으로 이어령 교수님과의 만남을 이야기하지 않을 수 없다. 필자는 이화여자대학교 국문학 대학원에서 특강형식으로 이루어진 이어령 교수님의 강의를 들은 적이 있다. 이 교수님의 특강은 "문학에 나타난 신화적 모티브"라는 주제이었다. 이 강의를 통하여 신화학적인 관점에서 한국문학을 독일문학과 비교할 수 있다는 방법론을 배우게 되었다. 이어령 교수님은 강의할 때 불어원문을 읽어 가시면서 프랑스 작가의 신화적인 심연의 모티브를 탐구하는 방법론을 제시해 주었던 기억이 새롭다. 이 교수님은 무의식의 심리학과 인류학의 이론을 도입하여 새로운 신화론의 이론을 수립한 보드킨의 원형 신화론을 강의하시던 모습이 새롭게 떠오른다. 필자는 이 교수님의 강의를 들으며 세계문학속의 보편적 서사문법이 존재하고 있음을 확인할 수 있었다. 이어령 교수님의 강의를 듣고 있으면 무슨 신들린 무당이 굿풀이를 하듯이 언어라는 도구로 마술을 부리는 듯 한 착각이 들 때가 많았다. 이 교수님의 강의를 듣고 있노라면 문학 속에 존재하는 신화적인 세계의 바다에 나도 모르게 빠지게 하는 힘을 느끼게 한다. 필자는 운 좋게도 동료 교사의 도움으로 유창한 한국어의 구사력과 무한한 상상력을 동원하여 언어의 마술사처럼 필자로 하여금 환상적인 문학의 심오한 세계를 심취하게 하는 명강의를 들었던 추억이 날로

본인의 저서 한독비교문학적 연구표지

새롭게 생각이 난다. 이어령 교수님은 일찍이 필자의 고등학교시절부터 『흙속에 저바람속에』 라는 수필을 읽으면서 이어령 교수님의 일상적인 삶속에서 한국인의 의식의 전형적 원형을 찾아내는 재치 발랄한 글 솜씨에 매료된 바 있었다. 이어령 교수님의 강의를 직접 들으면서 목소리가 쉰듯한 음성으로 날카로운 직관과 상상력으로 한국과 서양문학속애 존재하는 신화적 원형을 드러내는 강의를 들을 수 있었던 값진 체험이었다. 그 당시의 이어령 교수의 강의를 통하여 필자의 한국과 독일문학을 신화적 관점에서 비교 연구할 가능성을 암시받았다고 볼 수 있다.

본인이 교수가 된 이후에 본인이 몸 담고 있는 전북대학교 영문학과 이보영 교수님하고 여러 번의 공동연구를 하면서 이어령 교수님의 강의를 통하여 터득한 신화문학이론이 많은 도움이 되었다. 필자는 지금까지 다양한 방법론을 도입하여 한국문학과 독일문학과의 비교 연구한 경험을 토대로 『한 · 독문학의 비교문학적 연구』 라는 제목의 저서가 나올 수 있었다고 말할 수 있다.

필자의 한국과 독일문학의 연구의 결과물을 요약하여 소개하면 다음과 같다.

한국에서 엄격한 의미에서의 비교문학의 태동기는 언제일까? 아마 상당한 시간을 거슬러 올라갈 것 같다. 한국은 일찍이 중국으로부터 유교문화와 인도의 불교문화를 수용했다. 이는 한국의 고전문학 작품을 살펴보면 쉽게 알 수 있다. 많은 고전문학 작품 속에는 유교적인 요소와 불교적인 요소가 가미되어 있다. 이런 관점에서 바라보면 한국에서의 비교문학은 그 역사가 실로 오래되었다고 볼 수 있을 것이다. 특히 삼국시대의 왕조는 외래의 문물을 수용하는 데 있어 적극적이었다. 이것은 당시 문학작품에서도 반영되었다. 특히 구한말 외국의 선교사들을 통해 기독교 문화가 한반도에 본격적으로 들어오기 시작했다. 이때 들어온 서양학이란 이국적 요소가 한국인들에게 직·간접적으로 영향력을 행사했다. 당시 일본뿐만 아니라 미국과 유럽 등지에서 유학을 한 한국의 젊은 지식인들이 있었다. 이들은 서양학이란 신학문을 접하면서 봉건적이고 유교적인 세계관과는 다른 새로운 서구의 개방적인 사고방식과 자유주의적 세계관을 경험하게 되었다. 이 한국의 외국 유학파 지식인들은 당시 한국사회에 새로운 사유의 지평을 열게 하는 데 적지 않은 기여를 했다.

한국문학과 독일문학을 비교하는 작업은 매우 어려운 일임에 틀림없다. 왜냐하면 두 문학이 발생하게 된 문화적 배경이 서로 다르기 때문이다. 필자는 평생 동안 비교문학자로서의 길을 걷고 있다. 이는 비교문학 방법론의 새로운 지평을 여는데 작은 기여를 할 수 있을까 하는 희망에서이다. 지금까지 본 연구자는 수많은 시행착오를 겪으면서 다양한 학문적 모험과 시도를 해 왔으며 앞으로도 이를 결코 멈추지 않을 것이다.

그 과정에서 비교문학적 관점으로 독일문학을 깊이 있게 탐구하기 위해 극동과는 먼 거리에 있는 독일 문화공간인 독일의 괴팅겐대학교와 오스트리아의 빈 대학교에서 공부하게 되었다. 그곳에서 정식으로 권위 있는 교수들 밑에서 비교문학의 방법론에 대한 강의를 접할 수 있었다. 필자의 유학시절에 독문학 전공 교수들을 통하여 비교문학적 입장에서 독일문학을 연구하는 여러 가지 연구 방법론을 배울 기회가 있었다. 유학하는 중에 독일인도 아닌 이국인으로서 독일문학에 무엇인가 새로운 학문의 지평을 열기 위해 고민을 하던 중에 동양과 서양문학을 동양적 관점에서 비교문학적으로 연구할 수 있는 방법론을 개발할 필요성을 인식하게 되었다. 우리가 서구식의 연구 방법론만 추구하다보면 학문적 한계를 극복할 수 없다는 사실도 알게 되었다. 그들과 같이 학문적으로 토론하면서 그들의 문학을 탄생시킨 인문학적 원천을 알고 싶었다. 다른 한편으로 필자는 동양과 서구문학의 원천이 되는 신화를 접하게 되고 신화적 연구 방법을 가지고 독일문학과 한국문학을 연구할 수 있는 길을 모색해 보기도 했다. 특히 지금까지 필자는 독일문학을 동양의 관점, 신화적 관점, 그리고 한국문학과 비교의 관점을 도입하여 심도 있는 탐구를 시도해 왔다. 이번에 출간되는 한국과 독일문학의 비교라는 주제는 이미 여러 학자들이 유사한 주제로 많은 연구 결과를 내 놓았다. 기존의 연구가 독일문학이 한국문학에 어떻게 들어왔는가 하는 이입사 혹은 수용사적인 측면에 중점을 두고서 연구하였다면, 필자는 한국과 독일문학의 작품 속에 직접 들어가서 영향을 준 부분과 주제론적인 관점에서 그 유사성을 구분하여 종합적으로 검토하였다.

한국에서 독일문학이 소개되고 이해되기 시작한 것은 일제강점기에 일본으로 유학을 갔던 지식인들에 의해서였다. 일제치하라는 암울한 시대였지만 한국의 젊은 작가들은 일본에서 색다른 외국문학을 받아들이면서 여러 외국의 작가들 중에서 독일의 괴테와 낭만주의자들, 그리고 하이네와 표현주의의 문학을 접할 수 있었다. 일본에서 유행하던 서구의 작가들 중에서 독일을 대표하는 괴테와 표현주의 작가들을 수용하는 과정에서 이광수와 같은 작가는 괴테와 같은 우주적 인간성과 보편성을 주장하는 범신론적 세계관과 인습으로부터 벗어난 젊은 남녀의 자유분방한 사랑관에 매료되기도 했다. 특히 젊은 작가 김우진은 기존의 봉건주의적 사고방식과 일제강점기라는 시대적 고민을 극복할 수 있는 길을 독일의 표현주의 문학에서 찾기도 하였다.

필자는 이 책에서 한국문학과 독일문학을 비교 연구하였다. 두 문학 사이의 내용과 형식면에 영향을 전제로 하는 프랑스식 비교문학 연구방법과 그와 같은 영향을 받지 않고서도 문학적 유사성과 차이점을 탐구하는 미국식 비교문학 연구방법을 도입하여 본 저서를 엮어 보았다.

예컨대, 한국문화의 정체성의 원형으로 제시되는 한의 개념과 독일 정체성의 원형인 내면성이라는 개념을 가지고 비교하는 것, 독일과 한국문학 작품에 드러난 사랑을 주제로 한 시를 에밀 슈타이거의 해석학적 관점에서 그 유사성과 차이점을 비교해 보는 것, 역시 흥미로운 작업이었다. 그리고 엘리아데와 캠벨의 성년식 개념의 관점에서 독일과 한국 서사문학에 나타나는 주인공이 되어가는 과정을 살펴보고, 신화적 관점에서 양국 문학에 보이는 죽음과 탄생의 모티브를 비교해 보았다.

본 저서는 이미 부분적으로 국내 및 국제학회를 통하여 발표된 논문들도 있으나, 대체로 더욱 보완하여 종합적으로 한국과 독일문학의 비교를 나름대로 시도해 본 것이다.

지금까지 한국문학과 독일문학에 대한 비교 연구는 이입사적 측면과 수용사적인 측면에서 주로 이루어져 왔다. 그러나 본 저서는 한국문학과 독일문학 사이의 상호작용성에 초점을 맞춘다. 또한 본 저서는 두

나라 문학의 유사성을 살펴볼 뿐만 아니라 주제론적 관점을 도입하여 한국문학과 독일문학을 종합적으로 탐구한 독창적인 비교문학적 업적이 인정이 되어서 2012년 문광부 우수도서로 선정된 바가 있다.

2) 비교문학의 신 지평을 열다 : 세계적 예술가의 상상력의 원천으로서 동양을 발견하다

오스트리아 비엔나대학교에서 오랜 동안 비교문학을 연구하고 가르치시던 이상경 교수님는 그의 강의 중에서 일본의 선의 정신, 하이쿠의 시학과 유럽의 이미지스트한테 준 영향관련성을 강조하시곤 했다. 나는 이 교수님을 강의를 들으면서 서양 문학과 예술을 포괄하여 동양과의 영향관련성을 살펴보고 싶은 충동이 일곤 하였다. 그리고 이 교수님도 앞으로 동양과 서양의 문학, 예술 철학과의 비교연구의 가능성을 암시해 주시곤 하였다.

비엔나대학교 이상경교수 2000년 국민동백장 수상 기념사진 (왼쪽부터 오스트리아 주재 반기문대사님, 이희주화백, 이상경교수님, 본인, 정달호공사님)

한국에 귀국하여 1997년도 「세기 전환기 독일문예학에 준 동양의 영향」 이라는 주제로 문교부 파견교수로 선정되어 비엔나대학교 연구 교수로 파견하게 되었다. 필자는 상기한 연구의 성과를 바탕으로 작성된 19세게 말에서 20세기 중반까지 "서양 예술사조에 준 동양의 영향"이라는 주제를 저술 계획서를 아산사회복지재단에 제출하여 학술저서로서 출간할 충분한 학술적 가치가 있다는 평가를 받아서 연구지원을 받아서 집문당에서 2011년에 출간되어 나오게 되었다.

서양예술 속 동양탐색 책표지

본 연구결과물 요약하여 소개하면 다음과 같다.

본인의 저서 『서양예술 속의 동양 탐색』[1]은 1890년에서 1933년 사이에 발생하였던 가장 핵심적인 서양 예술 사조인 인상주의(Impressionism), 유겐트스틸(Ju- gendstil), 상징주의(Symbolism), 신낭만주의(Neo-romantism), 야수파 (Fauvism), 표현주의 (Expressionism), 다리파(Bruecke)와 추상적 표현주의(Abstract Expressionism), 다다이즘(Dadaism) 그리고 초현실주의(Surrealism)의 예술사조가 동양에 어떠한 영향을 받았는지, 또한 위의 사조의 전형적 특성이 나타나 있는 대표적인 문학작품과 회화작품이 동양과는 긴밀한 상관성이 있음을 다양한 학술자료를 토대로 완성할 수 있었다.

1) 진상범, 서양예술 속의 동양 탐색, 집문당, 2011

3. 선진화를 향한 한국 미래의 비전을 제시하다

1) 한국의 외국문학학자와 협동하여 새로운 비교문학회를 창립하다

세계문학비교학회 창간호

세계문학학회를 창립할 뜻을 가지게 된 것은 기존의 비교문학회가 국문학중심의 비교문학에서 좀 더 외국문학자들이 중심이 되어서 비교문학적인 차원뿐만이 아니라 세계문학적인 차원에서 비교문학을 발전 시켜야 한다는 생각이 들었다. 그것만이 양방의 비교문학의 학문적 발전을 기대할 수 있다는 판단에서였다.

그래서 제주대부터 서울에 있는 대학교의 비교문학에 뜻을 같이 하는 교수님들과 박사들을 영입하기 시작했다. 그 당시에 그 중심에 전북대학교의 유제식 교수님과 손을 잡고서 총대를 메고 시작한 것이었다. 전화로 일일이 학회 창립의 필요성을 이야기하고 동참할 것을 권유하면서 외국대학교의 비교문학 전공하신 저명한 교수님들뿐 만아니라, 전국단위의 대학교의 많은 교수님과 박사들이 흔쾌히 이사진과 일반 회원 자격으로 참여해 주었다.

창립총회를 준비모임도 수 차례 가지고 1996년에 본격적으로 창립총회와 학회를 동시에 열게 전북대학교에서 개최하게 되었다. 필자가 총대를 멘 장본인으로서 동분서주하면서 외국의 비교문학자들까지도 과감히 영입하여 세계문학학회를 성공적으로 치룰 수가 있었다.

동서의 문학의 비교와 한국문학을 세계 문학적 차원에서 연구할 수 있는 방법론과 연구 지원 사업을 벌이는 일만이 단시일 안으로 어느 수준에 올릴 수 있다는 신념 아래서 한국연구재단의 연구 지원받아서 국문학과 영문학, 독문학, 프랑스문학 그리고 러시아문학을 영향관계 속에서 비교연구에 집중하게 되었다. 그 사이에 부분적으로 연구 성과가 나오는 대로 세계문학학회에 게재하게 되었고, 총체적으로 나온 결과물을 바탕으로 1997년도 규장각에서 출간된 한『한국문학 속의 세계문학』이라는 저서가 출간하게 되었다.

한국문학속 세계문학 공동 저서 표지

세계문학비교학회 영문창간호

이러한 방식으로 세계문학비교학회를 운영하다보니 여러 대학교에서 주목을 받게 되었다. 특히 본인의 뜻을 알아본 외대의 교수님들이 주축이 되어서 더욱 학회 발전의 도약을 마련하게 되었다. 현재 본 학회지가 한국연구재단의 후보지에서 등재지로 평가되어서 많은 좋은 성과가 나오고 있다.

독일어 공동저서 표지

영어 공동저서 표지

지방에서 전국단위의 학회로 발전시킬 수 있었던 것은 필자는 평소 세상을 위해 공헌하고자 하는 순수한 목표를 세우면 성취하고야 마는 기질과 수년 동안 헌신적으로 노력한 결실로 높이 평가를 받은 바 있다. 학회 창간호부터 "문학을 통한 동양과 서양의 만남", "한국문학과 세계문학"이라는 주제로 국문과 영문으로 학회지를 발간하여 국제비교문학회(ICLA)에 참석하여 세계 여러 나라에서 오신 여러 교수님들에게 소개하기도 하였다. 본인이 주축이 되어 창립한 세계문학비교학회는 매년 2회 정기적으로 학술대회를 개최, 연간 4회에 걸쳐 학술지를 발행하여 한국연구재단에 등재되기도 했다. 또한 필자는 한국문학과 외국문학을 비교문학적 관점에서 연구해왔으며, 서양의 예술(문학)을 동양적 지혜로 비교연구 하는 동서비교문학이라는 새로운 문학연구의 지평을 마련하기도 했다. 본인의 대표적인 저서로는『서양예술속의 동양탐색』,『독일문학과 동양의 만남』,『한독문학의 비교문학적 연구』,『독일교양소설의 심층적 연구』등을 꼽을 수 있다.

독일교양소설의 심층적 연구 책표지

지난 2007년 브라질에서 개최된 국제비교문학회(ICLA)에 참가한 필자는 한국비교문학회장단과 함께 차기 2010년도 국제비교문학회를 성공적으로 한국에 유치시키는 성과를 거두기도 했다. 특히 필자는 국제비교문학회와 국제독문학자대회(IVG)에 참석하여 A&CHI급에 속하는 국제학회지에 다수의 논문을 발표할 뿐만 아니라, 외국대학의 저명한 비교문학자와 독문학자가 같이 연구하여 여러 권의 외국어 저서를 낸 바 있다. 그 결과로 필자의 업적은 학문적으로 큰 반응을 받고 있다. 이렇듯 본인이 지금까지 동서비교문학 연구의 새로운 연구의 가능성을 제시하여 괄목할 만한 비교문학의 학문적 업적을 낸 점, 세계비교문학회와 한국융복학회창립을 통하여 학제간의 원활한 학문적 소통의 길을 터준 점을 높이 평가를 받는 바 있다.

하나의 뜻한 바가 순수하고 열정이 있으면 좋은 결과를 얻어 낼 수 있다는 진리를 터득하게 되었다.

2) 한국문화 세계화를 위해 국제문화교류연구소를 창립하다

본인은 한국문화를 세계화 시킬 수 있는 연구소의 필요성을 절감하고 대학교부설 국제문화교류연구소를 창립하게 되었다.

그 당시가 MB정부에서 한식세계화에 기치를 들고서 많은 예산을 투자 하였다. 정부 주도로 추진하고 있는 한식세계화사업을 지켜보면서 너무 맛이라는 하드웨어에 집중되어 있는 인상을 받았다. 필자가 상기한 한식세계화 사업추진에 대해서 점수를 잘 주어야 60점밖에 줄 수 없었다. 그것은 한식이 지니고 있는 문화성이 개발 없이는 당초 한국의 세계화는 실패작이 될 것으로 내다보았기 때문이다. 그래서 이러한 한국음식을 세계화하려면 무엇보다도 그 속에 담긴 철학, 혼과 같은 인문학적 문화성을 개발하고 연구할 필요성을 느끼게 되었다. 뜻을 같이 하는 사람들을 주변의 혈연 학연을 무시하고 그 분야의 전문성이 두드러진 박사와 교수들을 우리 연구소에 과감히 영입하게 되었다. 사람들을 찾을 때 필자는 인터넷으로 한국문화 세계화를 주제로 넣어서 가장 많이 그 분야에 전문성을 지니고 있는 인사를 판단하여 영입하기 시작하였다. 여러

국제문화교류연구소 소장 자료

차례 국내는 물론 국제적으로 이름 있는 학자들을 불러들여서 국제심포지음을 개최하기도 하고 독일의 베를린, 튀빙겐, 바이로이트 대학교에서 가서 독일학자들과 한국학 교수님들과의 학술교류를 통하여 한국문화의 세계화의 학문적 기초를 쌓아 갔다.

본인은 전북대학교에서 운영하고 있는 국제문화교류연구소와 차세대 컴버전스의 연구소와 주축이 되어서 여러 차례 한국문화의 세계화전략에 관련된 심포지엄을 공동으로 개최하면서 한국적 융복합의 연구의 필요성을 인식하고 한국융복합학회를 창립하게 되었다.

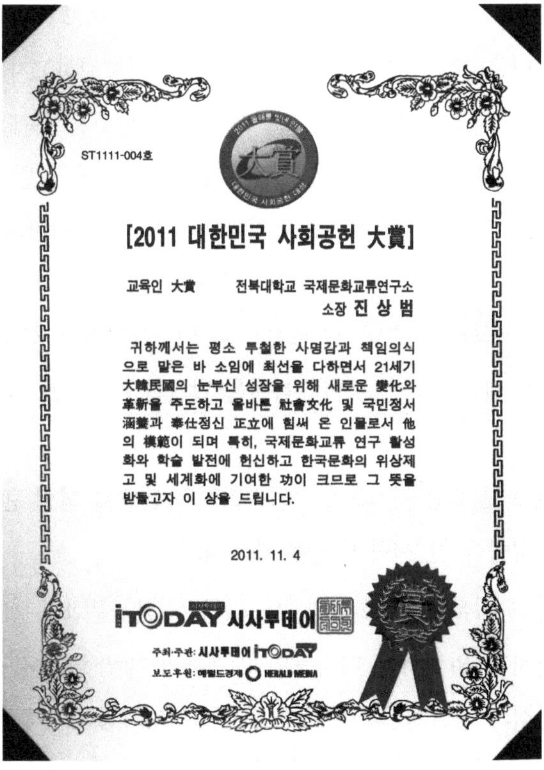

ST1111-004호

[2011 대한민국 사회공헌 大賞]

교육인 大賞 전북대학교 국제문화교류연구소
소장 진 상 범

귀하께서는 평소 투철한 사명감과 책임의식으로 맡은 바 소임에 최선을 다하면서 21세기 大韓民國의 눈부신 성장을 위해 새로운 變化와 革新을 주도하고 올바른 社會文化 및 국민정서 涵養과 奉仕정신 正立에 힘써 온 인물로서 他의 模範이 되며 특히, 국제문화교류 연구 활성화와 학술 발전에 헌신하고 한국문화의 위상제고 및 세계화에 기여한 功이 크므로 그 뜻을 받들고자 이 상을 드립니다.

2011. 11. 4

iTODAY 시사투데이

주최·주관: 시사투데이 iTODAY

보도후원: 헤럴드경제 HERALD MEDIA

2011 대한민국 사회공헌 대상

그리고 한국문화의 세계화를 위해 노력해온 그간의 공로를 인정받아 필자는 지난 11월 "2011 대한민국 사회공헌 대상"을 수상하는 영예를 얻었다.

필자는 가장 한국적인 것이 가장 세계적인 것이라는 말처럼 차별화된 우리 문화를 우리가 바로 알고 전해야 가장 가치 있는 일이다"며 "앞으로 정년 후에도 차세대를 위해서 한국문화세계화연구소 사단법인을 창립해 한국문화의 세계화를 위해 외국과 다른 한국문화만의 독창적 문화성을 개발하여 세계인과 공유할 수 있도록 추진할 포부를 가지고 있다. 본인은 그 당시 몸 담고 있는 국제문화교류 연구소에서 한국문화의 정체성을 통한 세계화 전략을 모색하고 요즘 국가적으로 화두가 되고 있는 FTA문제를 인문학적 관점에서 극복의 가능성을 제시하고자 2011년 11월 24일에 "한국문화의 정체성과 그 세계화전략"이라는 주제로 전북대학교에서 심포지엄을 개최하여 여러 언론매체로부터 좋은 반응을 이끌었다. 본인은 지금까지 수차례 걸쳐서 얻어진 한국문화 세계화를 위한 심포지엄 결과물을 토대로 국제문화교류연구소에서 한국문화세계화전략론(제1권), 한국음식과 관광의 세계화론(제2권), 융합적인 한국문화세계화전략론(제3권, 제4권)의 총 4권의 특집을 발간한 바 있다.

(1) 국제문화교류 연구소와 한국융복합학회 창립을 통한 한국문화의 위상 정립 위한 전략 방안을 제시하다

전통예술, 음식문화, 문화관광 등 다양한 한국문화를 세계인들에게 올바로 전파하기 위해서는 다각도의 매개체와 방법들이 강구되어야 한다. 문화 정책의 중요한 축인 국제 문화 교류를 통해, 어떻게 하면 한국 문화의 다양성과 정체성 및 창의성을 높이고 한국 문화의 우수성과 독창성을 효과적으로 알릴 수 있는지 그 방법을 모색하는 움직임이 점차적으로 늘어나고 있다. 대부분의 국제문화교류연구소 연구원들은 그의 한국문화 세계화에 대한 열정에 감동해 연구소 연구위원으로 적극적으로 활동 의사를 나타냈다. 특히 30명의 연구원을 영입할 때에는 어떠한 학연이나 지연관계도 무시하고 객관적인 시각으로 오직 한국문화 세계화를 하고자 하는 강한 열정과 업적을 보고 판단해 영입했다는 점은 지금도 매우 높게 평가받고 있다. 그렇게 2009년 8월 29일에 개소한 국제문화교류연구소는 예술, 음식, 언어, 학문, 생산기술, 관광 등 한국의 다양한 문화를 세계에 널리 알리기 위해 수차례에 걸쳐 학술대회 및 심포지엄을 개최해왔다. 또 세계의 여러 문화와 교류·협력하여 한국문화가 세계문화의 반열에 오르고 대외위상이 정립될 수 있도록 전략 마련에도 총력을 기울이고 있다. 현재 전라북도는 전통문화가 살아 숨 쉬는 예향의 고향으로 앞으로 세계로 뻗어 갈 새만금의 터전이 마련되고 있다. 오는 2012년이면 식품 클러스터도 전북에 터를 잡게 되어 전북은 향후 한국이 한 단계 더 위로 도약하기 위한 발판이 될 것으로 전망된다. 이에 필자는 대학이 학문의 상아탑에만 안주해서는 안 된다고 판단, 미래의 비전을 뚜렷하게 제시하고 사회에 실제적으로 공헌할 수 있는 유능한 인재를 양성하기 위해 차세대 〈컨버전스 정보서비스기술연구센터〉 와 협동으로 "한국문화의 세계화 전략"을 주제로 심포지엄을 개최한 바 있다. 또 본인은 한국문화의 세계화를 위해 인문학과 실용학문을 융합하여 심포지엄과 공동 연구를 지속적으로 추진하였다. 필자가 그 당시 소장으로 일하고 있는 국제문화교류연구소는 〈차세대컨버전스정보서비스기술연구센터〉 와 협동으로 한국문화를 세계화하기 위한 학제 간 원활한 소통을 위한 한국융통합학회를 창립하였다. 특히, 2010년도 8월부터 1년간 한국연구재단으로부터 융복합공동연구지원을 받아서 인문학적 입장에서 「한국 전통 음식 속의 문화성」을 연구하였다. 그 결과 필자는 전통음식 속에 숨겨져 있는 문화성을 규명하여 외국 음식과 차별화된 문화성을 파악하여 한국 전통 음식의 세계화를 위해 온갖 융복합적 연구를 시도한 바 있다.

3) 한국문화 세계화, 남북통일과 인류 평화를 실현하기 위한 국제사이버대학 설립계획을 세우다

국제사이버대학교(International Cyber University)를 설립하고 자 하는 취지를 간단히 언급하고자 한다. 본인은 2009년부터 한국을 세계에 알리고 자 국제문화교류연구소를 설립하고 그 안에 한국문화 세계화전략 동아리이라는 연구모임을 운영한 경험이 있다. 수십 차례의 국내와 국외의 각 분야에서 최고의 전문인들의 영입하여 국제문화교류연구소를 창립하여 한국문화의 세계화의 전략에 관한 융복합적인 국제심포지움을 개최한 바 있다. 거기에서 발표된 논문을 바탕으로 한국문화세계화전략론과 한국음식 세계화 전략론 4권의 총서를 발간하게 되었다. 또한 한국연구재단으로부터 한국음식의 세계화한 연구용역을 받아서 2년 동안 한국 음식관련 연구자와 외국 지역을 연구하는 연구자들 그리고 정보통신(IT)을 연구하는 연구자들과 협동하여 융복합적인 방법으로 한국음식문화의 세계화전략을 공동 연구결과물을 2014년 2월말에 한국연구재단에 제출한 바 있다. 여기에서 얻어진 결론은 한국음식문화만이 아니라, 볼거리의 문화를 스토리텔링 하여 한국문화를 세계에 알림으로서 한국에 찾아오는 문화관광의 길을 터 줄 수 있다는 확신에 이르게 되었다. 다양한 연구의 관점에서 수행된 연구결과물을 바탕으로 한국문화컨텐츠를 만든 다음에 44개국의 다양한 외국어로 번역하여 세계인에게 직접적으로 소통할 수 있다고 믿고 있다. 예컨대 김치를 세계화하려면 김치의 맛과 멋에 대해 깊이 있게 연구한 결과물을 콘텐츠로 담아서 먼저 다양한 외국어로 번역하여 알리는 일이 급선무이다. 그런 다음에 한국음식을 접하는 많은 외국인들에게 신선한 인상을 주려면 각 나라의 사람들의 입맛에 맞추어서 개발한 음식물에 다국어로 한국전통의 문화성을 드러내는 독창적인 음식제품 설명서를 첨부하는 일이다. 예컨대 한국 고유한 전통음식 김치가 지니고 있는 고유한 맛과 그 속에 숨어있는 깊은 의미를 다국어로 제품설명서를 제작하여 소개하면 좋은 반응을 받을 수 있다고 본다.

필자는 지난 2014년 7월 1일에 전북대학교 국제문화교류연구소에 방문한 오하이오 주립대학교 게일교수와 함께 임실이 자랑하는 필봉농악의 본부를 방문하게 되었다. 여기에서 일하고 있는 여직원이 친절하게도 영상물을 담아 낸 필봉농악을 볼 수 있도록 배려해 주었다. 필봉농악의 대중화를 위해서 선도하는 양진성 박사의 지도하에 흥에 취해서 많은 관객들과 함께 신바람을 내면서 한 마당의 굿판을 벌리고 있는 어린 시절에 보았던 것보다 훨씬 흥겨운 농악 공연이었다. 한국인 참여자들과 외국인이 한데 어울러서 춤을 추고 담소를 나누는 광경은 매우 인상적이었다. 한국인과 외국인들이 다 함께 흥겹게 춤을 추는 모습을 보면서 세계인들이 이 고장에 와서 국경을 초월하여 한 마당에서 어울려진다면 임실이 지구촌에서 가장 이상적인 평화로운 마을로 알려 질 날도 머지 않을 것이라고 생각이 들었다. 지금까지 풀리지 않은 남북한 분단의 역사적 비극을 극복할 수 방법이 정치적인 논리가 아닌 남북한의 농악이 한 마당에서 조화롭게 하나가 되어서 어울려진다면 통일의 길도 찾을 수 있겠다는 확신도 얻게 되었다. 모든 여건이 주어진다면 앞으로 머지않아 한국문화를 세계화의 전략, 인문사회학적 통일전략, 통일이후의 사회적 문제를 풀 수 있는 해결방안을 지닌 콘텐츠를 개발하는 국제사이버대학을 자연 풍광이 뛰어난 지방(임실, 용인 등)에 세울 계획을 가지고 있다. 장기적으로는 한국문화의 세계화에 대한 융복합적인 연구와 세계평화와 통일의 전략을 연구 결과물을 콘텐츠화하여 세계인들에게 제공함으로서 전쟁이 없는 평화로운 지구촌의 가능성을 제시하고 자 한다. 그 외에도 다양하고 독창적인 콘텐츠를 개발하여 세계인들을 대상으로 고급 정보를 인터넷으로 제공하는 특화된 교육기관으로서의 역할을 수행하는 국제사이버대학교를 설립하고 자 한다. 만약 이 고장에 국제사이버대학교가 설립된다면 제일 먼저 이고장이 자랑하는 한국음식문화(고추장, 된장, 김치)와 볼거리문화(필봉농악)을 세계화하는 데 지금까지 쌓아 놓은 노하우를 마지막 봉사로 생각하고 바치고 자 한다. 그로 인하여 이 고장에 찾아오는 관광객이 날로 증가하여 먹거리와 볼거리를 동시에 체험하는 문화관광의 가능성을 제시하고 자 한다. 특히 한국학을 세계에 알리고 자하는 외국인 학생들을 국제사이버대학교에 입학시키어 이곳에서 와서 먹거리와 볼거리를 체험케 한 후 자기 나라에 돌아가서 한국문화를 세계인들에게 널리 알리도록 교육시키고 자 한다. 특히 한국의 세계화전략에 여러 가지 한국음식 뿐 만 아니라, 외국인을 위한 콘텐츠를 만들어 세계어로 번역하여 홍보 자료로 활용하고자 합니다.

세계의 여러 나라에서 활동하고 있는 한국학자와 한상인들을 이 고장에 초청하여 이 고장의 볼거리(필봉농악)과 먹거리(고추장, 된장, 김치)를 체험케하여 국제사이버대학을 통하여 한국문화를 체험하게 한다.

마지막으로 앞으로 융합적으로 연구된 결과물: 인문학적 통일전략과 통일이후의 일자리창출 및 예상되는 사회적 개인적 갈등 및 인류가 안고 있는 전쟁 없는 평화 실현에 따른 다양한 문제점을 해결할 수 있는 콘텐츠를 갖춘 국제사이버대학을 통하여 세계와 소통하고자 한다.

THE MARQUIS WHO'S WHO
PUBLICATIONS BOARD
Certifies that
SANGBUM CHIN
has hereby been approved as a subject of biographical record in the
WHO'S WHO IN THE WORLD
inclusion in which is limited to individuals who possess professional integrity, demonstrate outstanding achievement in their respective fields and have made innumerable contributions to society as a whole.
2017-2018

세계인명사진 마르퀴스 후즈후(Marquis Who's Who)에 등재

지금까지의 본인이 동서양의 문학을 비교하는 세계문학비교학회를 창립하고, 국제적인 학술 활동 및 전북대학교 부설 국제 문화 교류연구소를 창립하여 한국문화를 세계화하기 위한 괄목할 만한 학술적 업적이 인정되어 2017년, 2018년 연속으로 세계인명사진 마르퀴스 후즈후(Marquis Who's Who)에 등재되게 되었다. 이어서 2019년도 본인의 동양과 서양의 비교문학분야에 탁월한 학술 업적뿐 만 아니라, 최근 국내외 전문가들과 공동으로 『한국문화 세계화전략론』이라는 저술을 발간하여 한국문화를 널리 홍보한 업적이 인정이 되어서 알버르트

넬슨 마르퀴스 평생 업적상(Albert Nelson Marquis Liefetime Achievement Award)을 수상하게 되었다.

4. 다양한 컬럼으로 한국 미래 비전을 제시하다

1) 한국이 문화 강국이 되려면 교육 혁신이 필요하다

우리나라가 문화 강국이 되기 위한 조건으로 무엇보다도 먼저 실시해야 할 과제가 교육 혁신이다. 지금의 한국교육시스템을 들여다보면 미래 한국을 이끌고 갈 학생들에게 애국심과 한국인으로서 자존감을 심어주려는 교육이 이루어지고 있는지 의문이 간다. 우리 교육 현장을 가만히 관찰하여 보면 너무 경쟁만을 강조하는 교육이 이루어는 현상을 볼 수 있다. 학부모의 입장에서 보면 일단 좋은 대학에 진학하려면 좋은 학원과 개인지도를 받아야 하고, 그로 인해 개인적으로 부담하여 할 사교육비가 30조에서 40조까지 들어간다. 우리 교육현장에서 무한경쟁만을 강조하는 지금의 교육 시스템 가지고는 결코 문화 강국의 대열에 들어 설 수가 없다. 우리나라가 문화 강국으로 가기 위해서는 혁명수준의 교육 혁신이 이루어져야 한다. 이 나라가 진정한 의미의 수준 높은 문화 강국이 되기 위해서 우리 모두가 교육혁신의 필요성을 같이 인식해야 한다. 무엇보다도 지금 교육을 개신하지 않으면 중진국에 머물 가능성이 높다고 보인다. 현재 시행되고 있는 한국의 경쟁중심의 교육시스템에서 핀란드식의 협동을 중시하는 교육 시스템으로 혁신이 이루어져야 한다. 경쟁 속에 자란 학생들한테는 혼자만이 살아남은 교육을 받아왔기 때문에 미래 우리사회가 같이 공존하고 협동해 가며 살아가는 공동체의식을 기대할 수 없다. 21세기 4차 산업혁명시대에 한국 미래를 짊어질 차세대들은 혼자서 만들어진 아이디어만 가지고 경쟁하는 의식에서 벗어나야 한다. 핀란드처럼 어린 시절부터 같이 더불어 살아가는 협동으로 살아가는 법을 배우도록 해야 한다. 여러 분야가 융복합적으로 협력하여 얻어지는 새로운 기술만이 국제 경쟁력을 가질 수 있다고 생각한다. 예컨대 세계정보통신분야에서 최고의 기술을 자랑하는 노키아를 탄생시킨 핀란드는 협동 교육의 시스템을 도입한 결과의 산물이다. 우리가 지금 학교에서 반 친구들 사이에 수능시험을 대비한 암기 위주의 학교성적만을 높이기 위해서 경쟁한다면 미래 사회에서 요구되는 창의적인 인재가 만들어질까 의심스럽다. 지금 학생들이 치루는 경쟁의 시스템은 좋은 대학을 들어가서 좋은 직장에 들어가기 위한 수단에 불과하다, 궁극적으로 공부하는 목적이 잘 먹고 잘 살기 위해서 경쟁에 이겨야 한다는 철학 없는 교육을 강요당하고 있다. 지금의 교육시스템 가지고는 여러 가지면에서 국제경쟁력이 매우 떨어진다. 자기만 경쟁에서 이겨서 살아 남아야 하는 이기적인 아이들을 만들어 내는 철학 없는 교육은 예상치 못하게 발생하는 여러 가지 국가적 위기와 개인의 위기를 대처할 수 없다고 보기 때문이다. 정상적인 선진형 교육 시스템이라면 학교를 다니면서 앞으로 인생을 살아가면서 예기치 않게 불어 닥칠 시대위기와 개인의 위기를 극복할 수 있는 지혜를 쌓아가는 기회를 제공해 주어야 한다. 지금의 경쟁에서 이기기 위한 지식만을 주입하는 철학 없는 교육시스템에서 성장한 세대들은 인생의 낙오자로 인식되는 순간에 깊이 생각을 하지 않고 단순하게 자살의 충동을 느낀다. 지금의 학교에서는 오직 입시준비만을 최대의 과제로 생각하고 있고 그러한 인생의 어려운 문제를 해결할 수 있는 지혜를 가르쳐주지 않았기 때문에 한국의 많은 젊은이들이 자살충동에서 벗어나지 못하고 있다. 한국이 자살률이 OECD국가에서 최고를 달리는 것도 이러한 철학 없는 교육시스템에서 발생할 수 있는 결과라고 볼 수 있다. 우리나라가 교육 혁신을 통한 문화 강국이 되려면 하루 속히 한국인으로서 자긍심과 자아에 대한 자존감을 인식시키는 협동의 교육시스템을 과감히 도입하는 교육 혁신이 이루질 때야 비로소 가능하리라 본다.

2) 공교육의 영어 교육 정책이 실용적 영어 정책으로 바꾸어져야 한다

이번 정부에서 새로 임명되는 교육부 장관과 각 지방의 교육청의 교육감으로 새로 선출된 분들은 현행 실시하는 있는 수능시험을 대비하기 위한 영어교육에서 생활 속에서 활용할 수 있는 실용적 영어 정책으로 전환할 필요성을 인식했으면 한다. 그렇게 하여할 이유를 두 가지만을 지적하고자 한다. 그 중 하나는 국민들이 자녀들의 교육비에 들어가는 비용의 부담을 덜어 주는 개혁 수준의 실용적 영어 정책이 수립할 시점에 와 있기 때문이다. 우리 학부모님들이 사교육비 중에서도 영어 사교육비에 들어가는 비용이 너무 많이 지불하고 있다는 점이다. 예컨대 국민들이 지불하는 월 사교육비가 일인당 백만 원이라면 그 중 40만원 정도가 영어 사교육비로 들어가게 되어 있다. 한 해 사교육비로 국민이 지출되는 총 비용이 30조라고 한다면 그 중 영어 사교육비로 들어가는 돈이 대략 10조이상이라고 알려져 있다. 또 하나는 외국인을 만나면 영어로 말 한마디 못하는 영어교육에서 실제로 어떠한 외국인을 만나도 당황하지 않고 자신감 있게 말할 수 있는 실용적 영어 정책으로 전환하자는 데 그 이유를 찾을 수 있다.

필자가 독일 체류 중에 경험했던 독일의 공교육의 경우에 제 2외국어로 영어를 선택하여 가르친다. 그들은 초등학교 4학년부터 고등학교까지 정상적인 영어교육을 받기만 해도 실제 영어를 사용하는 외국인들을 만나면 당황하지 않고 영어를 잘 구사할 수 있게 된다. 그 이유는 단순하다. 독일에서는 영어교사가 공교육이라는 초등학교부터 중고등학교까지 영어 수업을 영어로 말하는 연습을 철저히 시키며 실용적으로 활용할 수 있는 방향으로 지도하고 있기 때문이다. 우리의 공교육 영어 교육의 현실은 어떠한가? 우리 학생들은 영어 수업시간에 수능시험을 준비하기 위해 어려운 이해력 중심의 고급문장을 해독하는 능력을 연마시키는 데 너무 많은 시간을 보내고 있다. 그래서 우리의 학모부들은 학교 정규수업에서 제대로 학습되지 않은 실용영어를 습득시키기 위해서 자녀들을 영어학원에 보내든지 그것도 만족하지 않으면 외국에 영어 연수 내지 유학까지 보낸다. 이대로 학교 현장에서 이해력 중심의 대학 입시를 위한 실용성 없는 영어교육이 계속된다면 그것은 국민들로 하여금 더욱 사교육비 부담을 지워주는 결과만을 초래할 따름이다. 현재 일선 학교에서 학생들을 열심히 가르치고 있는 영어교사들을 단번에 실용 영어교사로 교체한다는 것은 여러 가지 면에서 많은 문제점이 야기될 수 있다. 그래서 현재 학교에서 재직하고 있는 영어교사들이 수능을 대비해서 실시하고 있는 영어교육은 그대로 진행시킬 필요가 있다. 그와 동시에 현실적인 방안의 하나로 제시한다면 원어민 수준의 영어교사를 부모님의 나라 한국에서 영어를 가르치고 싶어 하는 영어권의 교포자녀 중에서 대학졸업자 이상의 자격을 갖춘 지원자들을 선발하여 계약제 혹은 별정직 영어교사로 채용하여 초등학교와 중고등학교에 일하게 하는 것도 좋을 것 같다. 물론 국내에 거주하는 영어를 원어민 수준의 영어를 구사하는 한국인과 외국인 지원자들을 계약직 혹은 별정직 영어교사로 영어 전문위원회에서 설정한 공정한 기준을 두고서 선발하는 방법도 있을 것이다. 이에 수반하여 교육부에서는 대학 수능 고사에서도 실용 영어의 비중을 높이는 방안을 모색할 필요가 있다. 다른 한편 비대면의 시대에 대비하여 원어민 교사들이 초등, 중등과 고등학생의 수준에 알맞은 실용 영어교육 내용으로 재미있게 짜여진 특화된 채널을 교육청 산하에 설립하여 운영할 필요성이 있다.

국가적 차원에서 보면 모든 교육 개혁에는 거기에 들어가는 막대한 경제적인 지원비용도 국민들의 사교육비를 줄어 준다는 의미에서 주저없이 아끼지 말아야 한다고 본다. 이를 통해서 우리 학부모들이 공교육에서 정상적으로 실용적 영어교육을 받으면 비싼 외국 연수비용을 지불해 가면서 외국에 가지 않아도 된다는 확신을 갖도록 하여야 한다.

몇 년 전에 말레이시아에 여행을 한 적이 있다. 그 당시 공항에서 말레이시아시내로 가는 택시를 타게 되었는데 운전하는 분이 영어로 말레이시아의 볼거리와 먹거리를 유창하게 설명해 주었다. 운전사로부터 영어로 친절한 안내를 받으면서 어떻게 그렇게 영어를 잘 구사할 수 있게 되었는지를 궁금해서 그에게 직접 물어 보았다. 운전사가 말하기를 말레이시아에서는 중학교부터 실용영어를 짧고 쉽게 표현하는 법을 철저히 교육을 받았다고 한다. 우리나라도 실제 생활에 필요한 실용중심의 교재를 개발하여 쉽게 일상적인 영어를 표현할 수 능력을 함양시키는 방향으로 실용적 영어 교육이 이루어져야 한다고 생각한다. 외국인이 한국에 관광을 위해 방문하면 자신 있게 한국의 볼거리를 소개해 줄 수 있는 수준의 영어를 구사할 수 있는 능력을 연마시키는 실용적 영어 교육정책으로 바꾸어 졌으면 한다.

본인은 독일처럼 공교육에서 정상적으로 초등학교에서 고등학교까지 원어민 수준의 교사를 통해서 영어교육을 받으면 어떠한 외국인을 만나도 실용 영어를 구사할 수 있는 능력 있는 학생들이 많이 배출되기를 기대해 본다.

3) 대학 입시제도 개혁을 통한 선진국으로 가기 위한 조건

현행 시행되고 있는 단편적인 지식을 테스트하는 수능입시제도도 문제가 많다. 앞으로 수능입시를 점차로 없애고 각 대학교에 개발한 대학수학능력을 테스트하는 제도로 가야한다. 이렇게 되면 정부는 본고사를 부활하면 학부모의 사교육비가 발생하기 때문에 걱정하고 있는 입장도 이해가 간다. 그러나 무한 경쟁시대에 이러한 단편적인 지식을 요구하는 수능시험 가지고는 국제경쟁 속에서 살아남을 수 없다는 현실을 직시해야한다. 지금 시행되고 있는 암기식이며 주입식으로 길들러진 우리 아이들이 국제사회의 무한 경쟁에서 이겨 낼 수 있을까? 공교육에서 정상적인 교육을 받은 학생이라면 다 풀 수 있는 일반적인 교양지식과 창의력을 테스트하는 방향으로 바꾸어져야 한다. 학교와 학부모 사이의 신뢰를 구축하고 도덕성 있는 교육자의 양심을 일단 믿고 거기에 상응하지 못하는 대학교를 단호히 퇴출시키는 시스템을 개발하여야 한다. 예컨대 대학입시는 대학에 전적으로 맡겨야한다. 만약 대학교가 이러한 신뢰를 저버리면 단호히 그 대학을 퇴출시켜야 한다는 의미이다. 이 나라의 대학교육의 수준은 결국 학부모와 가르치는 교수의 손에 달여 있다고 본다. 지금의 대학 입학제도에서도 각 대학이 입학사정관을 두어서 학생의 숨어있는 잠재력을 테스트하는 방향으로 나아가는 것도 하나의 대안이 될 수 있다. 학생들이 대학이라는 목표를 두고 대학을 들어가기 위해서는 단편적인 지식을 많이 습득케 하는 지금의 주입식 교육방식은 이제 지양되어야 한다. 그것은 창의력을 요구하는 무한경쟁시대에 절대 맞지 않은 교육시스템이다. 나아가서 그러한 주입식 교육에서는 나를 사랑하고 이웃을 사랑하고 그리고 조국을 사랑할 수 있는 마음을 불러일으키는 교육철학을 기대할 수 없기 때문이다.

과연 FTA이후 무한 경쟁의 시대에 한국은 어떠한 인재가 필요한가? 과연 국제경쟁력 있는 인간이 되기 위한 선진형 교육은 무엇인가? 인생의 문제를 슬기롭게 극복할 수 있는 지혜를 동양의 지혜에서 찾을 수 없을까? 우리 학생들로 하여금 욕망의 지혜와 비움의 지혜를 동시에 터득케 할 수 있는 교육시스템을 개발할 수 없을까? 젊은이들이 21세기 무한경쟁의 세계에서는 이기고자 하는 욕망을 마음껏 발휘하여 자아실현을 시키면서도 다른 한편으로 살다가 얘기치 않은 인생의 위기를 만나면 불교적 비움의 철학으로 위안을 받을 수 있도록 하는 교육시스템을 개발하여 자살이 없고 더불어 잘 살아가는 선진 국가를 실현시켜야 한다고 본다.

4) 독일의 선진 교육의 현장에서 느낀 단상

필자는 올해 여름 두 달을 독일에 체류하면서 유치원부터 초등학교 그리고 대학교의 교육현장을 직접 체험할 기회가 있었다. 그리고 그 동안 “한국의 교육은 지금 어디로 가고 있는가?”라는 화두를 바탕으로 오래전부터 고민해왔던 중진국의 단계에서 벗어나지 못하고 있는 한국교육이 선진화된 교육으로 전환할 수 있는 길은 없는 것일까에 대해 좀 더 깊게 생각해보게 되었다. 필자는 선진화 된 독일의 교육 현장 속 에서 무엇인가 그 해결의 실마리를 찾을 수 있지 않을까 하는 기대를 가지고 독일의 교육현장을 직접 체험한 것을 바탕으로 글을 엮어보려고 한다. 마침 필자의 손자들이 독일유치원과 초등학교에서 다니고 있기 때문에 독일의 교육현장을 몸소 생생하게 체험할 수 있었다. 지면관계상 전부를 이야기할 수는 없음이 안타깝지만 한국의 교육 현장과는 무엇인가 달리 움직이는 인상적으로 강하게 느낀 점만을 이야기 하고자 한다.

어느 날인가 유치원에 손자를 보러 가보니 손자가 눈물을 흘리면서 유치원의 교사의 품안에서 울고 있었다. 손자는 유치원에서 남을 괴롭혔거나 혼날 짓을 해서 무섭게 꾸지람을 받은 모양이었다. 처음에는 어느 이유인지 몰라도 슬피 울고 있는 손자가 안쓰러워 보였지만 손자를 따뜻하게 안고 있는 교사의 모습이 어머니 같은 자애로운 표정을 느낄 수 있었다. 그 당시 슬피 울고 있는 손자를 따뜻한 사랑의 손길로 머리를 쓰다듬어 주며 왜 혼이 난지를 부드럽게 설명해 주는 유치원 선생님의 태도에 매우 인상 깊게 느껴졌다. 우리 한국에서 교육 사업이라는 명목 하에 영리를 부수적인 목적으로 설립된 사립유치원이 많은 반면에 독일에서는 거의 모든 유치원이 종교단체에서 운영되고 있는 점도 그러한 아이들을 사랑으로 교육하는 교사들이 많을 것이라는 생각을 하게 되었다.

손자의 유치원 졸업식에 참석한 적이 있다. 아이들이 유치원에서 창의적으로 만들었던 것들을 매일 매일 정리해 둔 자료를 학부모에게 직접 넘겨주는 광경을 보면서 요즈음 한국에서 유치원 졸업식이 독일처럼 유치원에서 이루어진 과정의 성과물을 개인 사물함을 학부모에게 전달해 주는 지 궁금해진다. 저의 아이들이 유치원 졸업식을 할 때는 졸업앨범과 졸업장을 받았던 기억만 있어서 어딘지 허전한 기분이 들었다.

초등학교에서 산수시간에 수의 개념을 가르치려고 준비할 학습 자료를 학부모에게 주어진다. 예컨대 학교에서는 학생들이 등교할 때 밀가루로 반죽한 조그마한 덩어리, 주사위, 그리고 성냥개비를 산수 수업시간에 필요한 준비물로 가져오도록 하고 있다. 왜 그렇게 산수 시간에 잡다한 준비물을 학부모에게 주어지는 지를 나중에 수업을 참관하고서야 알 수가 있었다. 수의 개념을 가르치기 위해서 주사위를 던지게 하고 그 주사위에 나타난 수만큼 성냥개비를 준비한 밀가루 반죽한 덩어리에 꽂아 세워놓는 숫자놀이를 통하여 수의 개념을 자연스럽게 이해시키는 일종의 학습 과정이었다. 이러한 독일의 초등학교의 산수교육이 한국 교육 현장에서 산수의 수의 개념을 가르치는 경우, 몇 더하기 몇은 무엇이다 라는 식의 추상적인 수의 개념을 처음부터 너무 빨리 한국의 어린아이들에게 주입식으로 가르치는 것과는 매우 상이한 방법이라는 것을 느낄 수 있었다.

한 번은 손자가 소속되어 있는 합창단의 합창축제에 초대받은 적이 있었다. 이 축제는 세계의 각국의 소년을 합창단원으로 선발하여 여름방학을 결산하는 축제였는데 이들의 합창은 각 나이층과 각 나라 출신의 어린아이들의 깨끗하고 높은 고성의 목소리로 울려 퍼지는 소리였다. 아름다운 소리로 조화를 이룬 합창소리를 듣고 있노라니 미래 세상을 평화롭게 이끌고 갈 꿈나무들로 자랄 것이라는 생각이 들었다. 우리나라에서도 국제결혼으로 여러 나라 출신의 사람들이 많이 섞여 살아가고 있다. 여러 나라 출신의 어린이 합창소리를 듣고 있노라니 미래 세상을 평화롭게 이끌고 갈 꿈나무들로 자랄 것이라는 생각이 들었다. 우리나라에서도 국제결혼으로 여러 나라 출신의 사람들이 많이 섞어 살아가고 있다. 여러 나라 출신의 어린 아이들이 어린 시절부터 같이 조화롭게 어울려 노는 법을 습득하는 방법으로 합창단만한 것이 없다는 생각이 들었다. 언젠가 한국에서도 다문화가정 출신으로만 이루어진 소녀 소년 합창단이 조성되어서 천상에 울리는 합창의 소리가 세계에 널리 퍼져 나가기를 기대해 본다.

5) 유럽의 중심국가가 된 독일이 우리에게 주는 교훈

필자는 두 달 동안 독일 체류 중에 특히 독일인들이 두 차례에 걸친 패전의 비극을 극복하고 유럽의 중심국가가 되게 하는 힘의 원천을 아주 작은 데서 찾을 수 있었다. 필자가 경험한 것을 중심으로 그 중 하나를 소개하고 자 한다. 이곳에 체류하는 동안 필자는 그들이 하루를 여는 순간 구텐 모르겐(Guten Morgen)이라는 아침인사를 주고받은 목소리가 여기저기에서 울려 퍼지는 현상을 목격하게 되었다. 구텐 모르겐이라는 독일말은 영어의 굿모닝과 같은 의미로 좋은 아침이라는 뜻이다. 필자가 머무르고 있는 곳에서 대학도서관으로 갈 때 마다 매일 개 한 마리를 끌고 지팡이에 의지한 채 산책하러 나온 노부인을 만나곤 했다. 노부인은 상당히 나이가 많아 보이고 절룩거리는 모습이 병약해 보였다. 그 노부인은 이름도 모르는 외국인인 나한테 “구텐 모르겐”이라는 아침인사를 하고 밝은 미소를 지으며 지나 가곤했다. 노부인이 평생 살면서 일상적으로 인사하던 버릇이 몸에 배여 자연스레 우러나온 몸짓이리라. 하루를 시작하면서 좋은 아침이기를 바라는 마음으로 서로 아침 인사를 하고 지나가는 사람들의 표정은 매우 밝아 보였다. 좋은 아침이 되기를 바라는 마음으로 서로 인사를 주고받고 나면 걸어가는 발걸음도 한결 가벼워지면서 상쾌한 마음으로 하루를 시작할 수 있을 것이다. 구텐 모르겐이라는 말을 서로 주고받은 말속에는 많은 의미가 내포되어 있다. 상대방에게 좋은 아침을 되기를 바란다는 마음이 담겨져 있다. 또한 한 사회의 구성원으로서 아침인사를 주고받는 순간 상호소통의 문이 열린다고 볼 수 있다. 독일인들은 일반적으로 절약을 잘하고 단결심이 있는 민족이라고 말들을 한다. 전후의 파괴된 독일을 복구하는 과정에서도 서로 절약하고 협동하는 힘으로 라인강의 기적을 이룩할 수 있었다. 또한 유럽연합이라는 유로 존을 만드는 데 중심 역할을 하였고 유럽연합의 운명을 결정짓는 핵심국가로 부상하고 있다. 그렇게 된 배경에는 독일들이 서로를 격려하고 배려해 주는 매일 아침인사하면서 서로가 좋은 아침이 되기를 바라는 한 마음으로 소통하는 힘이 아닐까하는 생각이 들었다.

반면 한국사회는 어떠한가? 아침 출근길에 서로 처다 보면 대부분 사람들은 아침인사 없이 마무 말이 없이 지나간다. 경쟁사회에서 살아남기위해서는 상대방을 배려할 여유와 필요성을 못 느끼고 있는 것 같다. 이러한 살벌한 한국사회에 존재하는 경쟁의 구도에서는 독일처럼 문화 강국에서 보여주는 상대방과 협동하면서 생기는 효율성을 기대할 수는 없다. 이제부터라도 우리 사회가 모든 분야에서 국제적으로 인정을 받은 문화강국이 되려면 지금까지 고수해 온 지연, 학연과 출신을 따지는 편파적 전근대적 의식과 남을 이겨야 된다는 경쟁적 사고방식에서 벗어나 상대방을 서로 배려하고 소통하고자 하는 간절한 마음으로 아침 인사부터 시작해야 한다. 독일처럼 좋은 아침이든 파이팅이든 상대방을 격려해 주고 배려해 주는 아침인사로 시작되는 날, 우리 사회가 문화강국으로 발돋움하는 첫걸음이 되지 않을까 생각해 본다.

무엇보다도 필자는 과거정부의 여러 가지 실책이 있었음에도 불구하고 진정성 있게 사과하고 반성할 줄 모르는 것에 대해서 실망감을 감출 수 없다.

그래서 한 나라를 지도하는 지도자가 되겠다는 꿈을 가지고 있는 정치 지망자들에게 우리의 미래를 위해서 감히 몇 가지 당부할 말이 있다.

독일 하나우 여행 기념사진

미래 지도자들은 남북통일로 가기 위한 준비단계로 일차적으로 어려운 정치만 빼고 기타 다양한 분야에서 인문학적 교류를 통해서 민족 간의 역사적 동질성을 회복하고 남북 간의 갈등과 전쟁을 사전에 방지하기 위해서 상호 간에 공존과 상생의 길을 모색할 필요가 있다. 또한 돈과 권력만 가지고 있으면 만사형통한다는 금권만능주의와 무능과 부패의 함정에 빠져서는 안 된다는 것을 몇 번 강조해도 부족함이 없다. 집권 중에 국민들에게 절망감을 안겨주는 실책에 대해서 반성할 줄 모르고 정치가 부패하면 나라의 미래가 없음을 명심하여야 한다. 예컨대 독일의 메르켈 수상은 16년 동안 집권하게 된 것은 다른 당과의 생산적 협치를 통해서 부패하지 않고 국민들과 소통하며 봉사하는 자세로 도덕적으로 깨끗한 통합의 정치를 몸으로 실천한 것에 대해서 전폭적으로 밀어 준 독일 국민들이 있었기 때문이다.

반면에 그리스가 망국의 길로 달려가는 것은 정치인들이 유럽연합에 온 정부의 많은 공적 자본을 자기욕심을 채우기 위해서 불법적으로 횡령을 일삼는 무능하고 부패한 정치가들이 있었기 때문임을 마음에 깊이 새겨 두어야 할 일이다.

무엇보다도 국민들의 사교육비가 일 년에 30조가 들어가고 있다. 국민들이 짊어지고 있는 교육비 부담이 너무 크다. 현제 시행되고 있는 암기식 교육으로는 창의성이 요구되는 4차 산업혁명시대를 대비할 수 없다고 본다. 학생들이 주입식 교육이라는 이름으로 개인의 창의성이 개발이 되지 못하고 경쟁적 교육 시스템으로 심적 고통을 주는 입시지옥으로부터 해방시킬 수 있는 전면적인 교육 개혁이 요구된다. 특히 각 분야의 최고의 전문가들로 구성된 위원회에서 4차 산업을 대비하여 청년들의 일자리 창출할 있는 충분한 여건이 갖추어져 있다고 판단이 내려진 대학교에 대해서는 국가차원에서 후세대들의 미래를 위해서 전폭적으로 지원하여 국제수준의 대학으로 향상하도록 길을 터 주어야 한다.

우리나라에서 살아가야 할 인구가 날로 감소하는 추세다. 머지않아 한국이라는 나라가 없어질 수도 있다고 지적하는 미래학자들의 말을 귀담아 들을 필요가 있다. 젊은이들이 결혼하고 자녀를 낳으면 국가차원에서 교육과 주택의 문제를 전폭적으로 해결하고 지원해 주는 시스템을 갖추어야 한다.

우리는 모든 분야 중에서 특히 경제, 문화, 교육 및 외교 강국으로 도약케하고 전쟁 없이 안전하게 살 수 있도록 통합의 정치를 펼칠 수 있겠다는 믿음과 안정감을 주는 지도자가 출현되기를 기대해 본다. 그래야만 불확실해 가는 우리의 미래가 보장되기 때문이다.

6) 이제라도 남북한이 공존과 상생의 길로 나아가야
- 금강산 학술대회를 기억하며-

최근 북한에서 공격용 장거리 로켓을 여러 번 실험용으로 발사를 했다. 이러한 긴장 상황이 계속되면서 남북 간의 화해무드도 서로가 경색된 관계로 이어 가고 있다. 이러한 긴장 상황을 벗어나는 길이 없을까하고 고민하던 중 필자는 2007년도 “우리 겨레 하나되기 운동본부”가 주최하는 한반도의 평화적 미래와 생태 및 통일이라는 주제로 열린 금강산 학술대회에 참석한 일들이 생각이 났다.

필자는 행사주최 측에서 금강산 학술대회 토론자로 참석해 달라는 요청이 있어 평소 통일문제에 관심이 많았던 차에 이 요청을 받아 들이게 되었다. 처음으로 비무장지대를 벗어나 통관을 하면서 우리 측 교수일행들은 수속을 마치고 현대관광에서 제공한 차로 금강산을 향했다. 북쪽의 하늘아래 산과 들에는 총을 든 동상처럼 빛에 그을린 깡마른 젊은 보초병들의 모습이 매우 인상적으로 시야에 자주 들어왔다. 멀리서 보면 아무도 살지 않을 것 같은 소박한 기와집들이 있는 마을들이 안개사이로 보였다. 또 다른 쪽의 창밖에는 맑은 하늘 아래 깨끗한 호수가 우뚝 솟은 산과 어울려 조용히 햇빛에 빛나고 있었다. 북녘 창공에는 새들이 자유스럽게 날고 있었다.

처음 떠날 때에는 북녘에 대한 무언가 불안한 마음이 있었지만, 북쪽의 울창한 산과 드넓은 들판을 접하고 나니, 어느새 조바심은 사라지는 기분이었다. 첫날 저녁은 넓은 호수 위에 지어 놓은 해금강 관광 호텔에서 머물게 되었다. 그날 저녁의 학술대회에서는 남북한이 공존할 수 있는 미래 지향적 통일 방안들이 다각적인 측면에서 토의되었다. 그중에서도 동북아의 평화공존이라는 큰 틀을 제시한 후 남북한 통일 방안을 모색하자는 학자들과 남북한이 생태적인 문제를 한 마음으로 풀어가자는 학자들의 의견도 있었다. 또한 서두르지 않고 통일로 나아가야 한다는 참신한 견해를 제시한 학자들도 있었다.

다음 날에는 금강산을 산행하는 날이었다. 그 당시 금강산에는 눈이 많이 쌓여있었기 때문에 산행을 안전하게 할 수 있는 장비를 준비하여 올라가야 했다. 금강산을 오르는 길 위에 많은 북한 젊은이들이 도우미 자격으로 금강산의 볼거리에 대해 친절하게 설명해 주었다. 산 계곡 밑으로는 얼어붙은 채 눈 덮인 청명한 샘터가 있었고 나무꾼과 선녀의 이야기가 서려 있을 법한 아름다운 계곡들이 수 없이 많았다. 큰 바위 위에는 그곳에서 가장 높은 분들의 이름이 새겨져 있었다.

금강산에서 북쪽의 젊은이들과 우연히 대화를 짧게라도 나눌 기회가 있었다. 그중의 한 젊은이가 앞으로 핵문제가 어떻게 전개될 것인지를 물어왔는데, 예상치 못한 질문이었기에 당황스럽기도 했다. 서로가 잘 협조하면 잘 될 것 같다는 막연히 희망 섞인 대답을 할 수밖에 없었다.

마지막 날, 금강산 학술대회에서 필자는 기성세대가 차세대를 위해 통일을 준비하되, 충분히 실현 가능하고 경제적 부담이 최소화되는 통일을 할 수 있는 확고한 기본 틀을 마련해야 한다고 주장하였다. 그리고 가능하다면 남북한의 어린아이들이 마음 놓고 뛰어 놀 수 있는 평화공원과 통일, 경제 및 생태문제를 연구할 수 있는 상생 소통 연구소도 비무장지대에 만들어 놓을 수 있는 길을 모색하자고 제안했다.

미국의 유명한 경제학자 사무엘슨이 남한과 북한은 오랫동안 이질적인 이데올로기를 고수해 왔기 때문에 하루아침에 통일을 기대하기보다는 먼저 서로 간에 좋은 이웃으로써 공존할 수 있는 방향으로 나아가야 한다고 한다. 지극히 옳은 말이다. 그것은 한반도의 안정을 위해 서로 도우면서 협조체제 관계를 이루는 그런 이웃으로, 서로 존재를 인정하며 공존하면서 상생할 수 있는 관계를 의미한다.

특히 필자가 아는 이양우 선생은 뉴질랜드 교포와 함께 "통일나무 인터내셔널"이라는 국제 NGO단체를 만들어 북한의 기아문제를 해결하기 위한 방안으로 2010년 이후 꾸준히 임업과 농업을 복합하여 경영하는 기술지원을 아끼지 않았다고 한다. 그의 지원은 남한의 나무들을 북한의 땅에 무상으로 심어주는 일을 시작으로 북한의 기아문제를 해결하기 위해서 남한의 선진화된 임농업 복합경영의 기술을 북한에 헌신적으로 보급하는 일을 솔선수범함으로써 상생의 길을 민간차원에서 몸소 보여 준 모범적인 사례라고 생각한다.

북의 산야가 우리처럼 과수목으로 덮여 먹거리가 풍부해 질 때 북한 주민들은 갖고 싶고, 하고 싶고, 보고 싶은 욕망도 함께 커질 거라고 본다. 당연히 자연스럽게 개방화 물결이 북한 전역에 메아리 칠 날이 머지않을 걸로 생각한다.

독일 베를린 대학교 박성조 교수는 원광대학교 개교 100주년 기념 국제학술대회에서 남북통일을 앞당기는 방법은 남한과 북한 사람들이 서로 만나 한민족으로서 끈끈한 민족혼과 정을 느낄 수 있어야 한다고 한다. 우리는 조상대대로 물려준 대표적인 전통음식인 된장국을 끓어 먹으며 같이 자유롭게 대화를 나누는 것부터 시작하여야 한다고 강조한 바 있다.

필자는 몇 해 전에 임실 필봉농악센터에서 주최하는 필봉농악 한마당 축제을 참관하면서 사물놀이를 벌리며 참가한 관객들과 공연자들이 하나가 되어 신명나게 춤추며 노는 현장이 매우 인상적이었다. 비무장지대에 남북한의 젊은이들이 모여 한마당 축제를 벌일 수 있는 상설 공간을 마련하여, 필봉농악처럼 남북이 하나가 되어 신명나게 노는 축제를 마련하였으면 한다. 이런 행사를 통해 전통문화의 뿌리가 같은 한 민족으로서 동질성을 회복하는 상생의 대책이 조속히 마련될 필요가 있다.

21세기 한국이 문화강국이 되려면 민간차원의 다양한 교류가 시급히 지속되어야 한다. 국가차원에서도 남북한 간에 놓인 너무 예민한 정치적 문제는 뒤로 하고, 풀기 쉬운 체육, 농업, 경제 및 문화 분야부터 상호교류를 통해 공존과 상생하는 길이 우선이어야 한다. 남한이 최근 60여 년간 경험한 정치적 이데올로기의 이질성보다, 수 천년을 같이 살아온 민족의 동질성을 회복하려면 상호교감하고 상생할 수 있는 길이 최우선이어야 한다.

7) 전통문화로 국제 예술무대에서 우뚝 선 한국인들을 생각해 본다

우리가 잘 알고 있는 단군신화는 곰과 호랑이가 어두운 동굴에 들어가서 호랑이는 참아내지 못하고 동굴 밖으로 나오고 곰만이 홀로 남아서 쓰디 쓴 마늘과 쑥을 먹었다. 곰은 100일이라는 시간과 어두운 동굴이라는 공간을 극복하여 웅녀로 변신한 후 하늘에서 내려온 환인을 만나서 단군이 탄생되었다는 이야기다. 한국의 단군신화 속에 등장하는 곰과 호랑이에게 숯과 마늘을 먹게 하였다는 맥락 속에는 범상치 않은 숨은 의미가 있을 것이다. 우리 조상들은 현대영양학에서 암을 이기는 항암성분이 들어 있다는 마늘을 한국인의 창조신화인 단군신화에 어찌하여 집어넣었을 까하는 의문을 품게 된다. 앞으로 다가 올 많은 시련을 예견이라도 한 듯이 말이다. 아마도 마늘을 먹고 살아 온 단군의 후예인 우리들의 몸속에 위기를 극복하는 강인한 DNA가 들어 있음을 상징적으로 보여주는 듯하다. 우리 조상들은 단군의 후손들에게 마늘처럼 강인한 음식을 먹게 함으로써 수많은 역사적인 난관을 극복할 수 있다는 묵시적 신호를 준 것으로 해석할 수도 있다.

한국문화는 역사적 고난의 시대 속에서도 해학성을 드러내는 여유를 보이는 문화요, 정(靜)·중(中)·동(動)의 문화요, 정(情)에 넘치는 문화요, 그리고 한(恨)이 많은 문화라고들 한다. 나아가서 한국문화는 그러한 한의 소리를 담은 판소리, 그리고 그 한을 신명나게 굿풀이로 해소시키는 문화이다. 또한 한국 문화 속에는 흥이 나면 신바람을 일으키는 풍류의 정신과 나라가 위기에 처하면 몸과 마음으로 나라를 지키는 충의 정신과 부모에 대한 효를 다하는 정신이 깃들어 있다. 우리 문화는 모든 종교가 서로 갈등하지 않고 유. 불. 선 그리고 기독교가 상호 존중하며 조화를 이루고 있는 상생공존의 문화이다. 이러한 점으로 보아 한국인은 위기를 극복하는 능력이 남달리 뛰어나고 유머감각이 있는 독창적인 문화적 정체성을 지닌 민족이라고 단적으로 말할 수 있다. 우리 민족이 위기관리 능력이 뛰어난 요인도 수많은 전쟁을 치루면서 살아남을 수 있는 길을 물리적 힘이 아니라 종교적 믿음에서 찾았던 조상들의 지혜에 주목할 필요가 있다.

독일계 최초의 한국학자 앙드레 에카르트(Andre Eckardt)는 20년 동안 한국에 체류하면서 동아시아 문화 뿐만 아니라 한국문화를 깊이 연구한 여러 권의 독일어 저서를 출간하여 세계에 알린 바 있다. 그 저서중의 하나인 <한국문화사>에서 한국문화는 중국과 일본과 구별 짓는 한국만이 지니고 있는 독특한 문화적 정체성이 있다고 지적한 바 있다. 이러한 점에서 앞서 이야기한 한국 문화의 정체성을 성공적으로 세계화시킨 인물들을 과거부터 최근까지 개략적으로 살펴보는 것도 흥미로울 것이다.

윤이상과 백남준, 여러 나라의 예술가들과 함께 찍은 기념사진

일찍이 서양에 가서 한국 전통문화의 정신을 토대로 한국을 빛낸 두 예술가를 선정하라면 주저 없이 윤이상과 백남준을 들 수 있다. 먼저 윤이상은 <심청>이 위촉된 배경이 된 1972년의 뮌헨 오페라 축제는 예술을 통해서 동서가 화합하는 뮌헨 올림픽을 위한 문화 행사의 일환으로 계획된 것이었다. 윤이상의 <심청>은 독일어 오페라로 개작하였다. 이 작품을 통하여 독일인 뿐 아니라 올림픽에 참가하는 세계인들의 가슴에 목숨을 바쳐 봉사인 아버지를 눈을 뜨게 하는 효성스런 심청이의 청순한 이미지를 심어 준 바 있다. 또한 비디오 아티스트인 백남준 선생이 국제무대에 우뚝 설 수 있었던 것은 바로 한국문화의 토속적 사상의 바탕이 되는 샤머니즘과 심오한 불교적 사상과 도가사상이었다. 이것을 과감히 도입하여 서양 예술에서 찾아 볼 수 없는 새로운 예술성을 보여 주었기 때문일 것이다.

세계인들에게 이미 공감을 일으켰던 한국인으로서 백남준의 비디오 아트의 세계와 윤이상의 음악세계에 어떠한 한국적 문화소가 작용하여, 그들에게 어떠한 영향을 끼치고 있는 지를 집중적으로 검토 분석

해 보는 작업이 남아 있다고 본다. 이미 세계적으로 예술적 독창성면에서 인정을 받았던 작곡가 윤이상의 예술 세계와 백남준의 영상예술 세계에 한국 전통문화를 수용하지 않았더라면 그와 같은 세계적 작가가 될 수 있었을까? 백남준과 윤이상이 외국에서 인정받을 수 있었던 요소는 무엇인가를 탐색해 봄으로써 한국 전통문화가 세계화되는 데 결정적인 단초를 얻어 낼 수 있다고 본다. 양 작가는 서양의 예술에 한국 전통문화의 정신과 예술을 접목시킴으로써 새로운 예술을 창조하였다는 점에 주목이 간다. 백남준이 돼지머리를 상에 놓고 하얀 한복을 입고 갓을 쓰고 무당의 굿놀이를 보는 듯한 행위예술을 보여 준다. 그는 우리 한국인의 의식 깊은 곳에 잠재되어 있는 원초적인 샤만의 정신을 일깨우는 듯한 다다이스트의 면모를 보여주는 것 같다. 또한 윤이상의 <심청> 오페라는 아버지의 눈을 뜨게 해 주기 위해서 심청의 몸을 인당수에 던짐으로써 다시 연꽃으로 환생되어 저 세상에서 아버지를 상봉하는 장면을 보여준다. 그는 주인공 심청을 통해서 서양인들에게 심청의 극진한 효성심을 보여 주는 동시에 그녀의 희생적인 죽음을 통해서 연꽃으로 환생하는 신비스러운 분위기를 느끼게 해 주고 있다.

윤이상은 본인의 작품 세계에 조상으로부터 물려받은 민족의 예술적 전통과 도교사상으로부터 많은 영향을 받았음을 다음과 같이 솔직 담백하게 고백하고 있다.

"음악은 내 개인의 것이 아닙니다. 내 우주의 큰 힘, 눈에 보이지 않는 힘에 의해서 이뤄진 것입니다. (...) 내가 국제적으로 이름난 작곡가가 되었지만, 이것이 내 민족의 뛰어난 예술적 전통을 이어받았기 때문입니다. 우리 민족은 참으로 훌륭한 예술적 요소를 갖고 있습니다. 우리 민족은 동양의 그 어느 민족보다도 통할(統轄)한 도교사상을 가장 구체적으로 보존시키고 있습니다. 우리 음악은 이 전통을 그대로 갖고 있고, 바로 전통 속에서 내가 태어나고 자랐기 때문에 오늘의 내 음악이 존재합니다. 이 전통문화권 밖에 있었더라면 어떻게 나의 음악이 나오겠습니까. 위대한 조상과 찬란한 전통을 가졌기 때문에 나의 음악은 나만의 음악이 아닙니다."

윤이상과 독일 심청공연을 위해서
관계자들과 함께 준비하는 장면들

윤이상의 독일 심청 공연 장면들

윤이상이 유럽의 관객들에게 조상으로부터 물려받은 예술적 전통, 도교사상, 유교적 효심의 덕목과 불교적 환생의 문화를 보여 주지 않았더라면 세계적인 작곡가가 될 수 있었을까? 또한 윤이상은 다른 유럽의 작곡가들과 차별화가 가능했을까? 다시 한 번 반문해 본다.

최근 들어서 한국문화를 세계화한 인물로 김덕수가 문뜩 떠오른다. 그는 한국인이 지니고 있는 신바람과 흥(興)의 정서를 사물놀이와 접목시킨 것으로 이해하고 있다. 김덕수의 사물놀이를 보면 손이 보이지 않을 정도로 장구를 다루는 솜씨와 빠른 속도의 가락이 연기자들이 하나처럼 통일성 있게 맞추어 냄으로써 외국인들의 마음속에 홍이라는 정서를 유발시킬 수 있었던 것 아닌가 한다. 또한 송승환의 "난타극"의 경우에서는 세계인들에게 심금을 울린 것은 과연 무엇 때문이었을까? 그것은 연기자들이 다 같이 빠른 동작으로 손과 타악기로 부엌에서 사용하는 주방장의 도구들을 타악기로 삼아서 탬포있는 가락을 만들어 자유스럽게 유희하면서도 통일적인 몸짓을 보여 줌으로써 서양인들로 하여금 신바람의 정서를 불러일으킨 것으로 이해된다.

요즈음 잘 나가고 있는 BTS와 K-pop을 보면 여러 젊은이들이 다 함께 통일성 있게 빠르게 춤을 추며 유혹적인 몸짓과 아름다운 음성으로 노래하면서 흥을 불러 일으켜 세계인들로부터 큰 주목을 받고 있지만 어딘가 2% 부족한 데가 있다고 생각한다. 그것은 다름 아닌 한국 전통고전무용처럼 느린 몸짓으로 춤을 추는 과정에서 다 표출하지 않고 몸짓을 순간 멈추는 절제된 느림의 미학이 보이지 않는다는 점이다. 앞으로 제2의 BTS는 지금까지 공연에서 보여 주었던 빠름의 미학에 한국 전통무용에서 찾아볼 수 있는 한껏 절제된 몸짓으로 느림의 미학을 조화롭게 가미한 공연을 보여 준다면 더욱 독창적인 예술 공연으로 평가받을 수 있다고 본다. 한류의 바람이 일어나고 있는 이 시점에서 BTS처럼 세계무대에 진출하려는 젊은이들을 위해서 다양한 문화 콘텐츠를 경험하고 한국적 정체성을 담은 독창적 공연을 지도할 수 있는 최고의 전문인과 영상 시설을 갖춘 특화된 예술 교육기관이 필요하다. 무엇보다도 조상으로부터 물려받은 한, 신명(흥)지닌 풍류의 정신, 정, 효, 충, 희생과 해학 등과 같은 한국적인 정체성을 가미한 공연예술이 전쟁과 억압 속에서 더 큰 평화와 자유를 갈망하는 세계인들에게 신선한 충격으로 다가설 수 있다는 확고한 신념이 있기 때문이다.

또한 미국계 동아시아 학자 임마누엘 패스트라이쉬(Emanuel Pastreich 1964-) 의 저서 "한국인만 모르는 다른 대한민국"에서 한국 문화의 상징이라고 할 수 있는 선비정신, 유교 정신 및 홍익인간과 같은 한국문화 전통의 정신을 세계가 한국을 공부하게 하라는 권고와 한국은 한류의 중심국가로서 세계인의 희망이라고 극찬한 바가 있다.

앞으로 세계무대에 우뚝 서는 예술가들이 되려면 서양인에게도 역동적 신바람을 일으키는 풍류의 정신을 공감케 하는 예술혼을 창조해 낼 수 있는 각고의 노력과 용기가 요구된다고 감히 지적할 수 있다. 21세기 4차 산업혁명의 시대를 주도하고 있는 한국의 젊은이들이 우리 전통문화를 서양 예술에 접목시켰던 백남준과 윤이상 같은 세계적인 예술가들이 많이 배출되기를 기대해 본다.

(1) 한국 전통문화를 통해 문화강국으로 가는 길을 모색해 본다.

요즈음 소리와 몸짓으로 하는 K-팝, BTS과 같은 공연예술 뿐 아니라 그리고 <기생충>과 <오징어게임>이 성공적인 선풍을 일으켰다. 이것은 영상예술작품을 통해서 자본주의라는 경쟁사회에서 발생할 수 있는 부자와 가난한 자의 계층 간의 사회적 문제와 개인적으로 황금을 갖고 싶어 하는 욕망을 채우기 위해서 다른 인간들을 죽여도 된다는 황금만능주의를 추구하는 잔인한 인간군상을 영상미학적으로 잘 구성한 독창성이 국제무대에서 인정을 받아 세계인들로부터 좋은 반응을 받고 있다. 그래서 그런지 한국어와 한국문화에 대해서 알고 자 하는 해외 젊은이들이 많아지고 있다. 그로 인한 한류라는 바람을 타고 많은 세계인들이 우리 전통문화에 대한 관심이 높아가고 있다. 한류의 원천이 되는 전통문화를 체험하기 위해서 한국을 방문하는 외국인들도 눈에 뛰게 많아지고 있는 현상이 하나의 좋은 증거라고 볼 수 있다. 특히 전통문화를 많이 간직하고 있는 전국에 산재되어 있는 한옥마을도 날이 갈수록 내국인 뿐만 아니라, 외국 손님들이 전통문화를 체험하러 물밀 듯이 밀려들고 있다. 물론 여행의 목적이 여러 가지 요인이 있을 수 있을 것이다.

단순히 휴가의 목적이 될 수도 있고, 사업상 목적으로 방문하기도 한다. 한국이 지난 반세기만에 산업화와 민주화를 동시에 이룩한 역동적인 힘이 어디에서 기인하고 있는지를 탐색하고 자하는 외국 여행객들도 있을 것이다. 거기에는 여러 가지 요인들이 있을 수 있겠지만, 그중에서 두 가지만 열거하라면 한국인들이 보여 주었던 높은 교육열과 한국인들의 의식 속에 외부에서 들어 온 다양한 이질적 문화적 요소를 융합하여 새로운 아이디어를 창출해 내는 역동적 힘이라고 할 수 있다. 이러한 새로운 아이디어의 토대는 전통문화라는 무형의 자산이라고 할 수 있다. 양질의 교육을 받는 한국인들은 전통문화 속에 숨어있는 다양한 요소들을 하나로 융합할 수 있는 좋은 아이디어를 암시받아 경쟁력 있는 문화상품을 수출하여 세계시장에서 인정을 받고 있다고 생각한다. 한국을 방문하는 외국인들 중에는 그 아이디어의 원천을 전통문화체험을 통하여 알아 보고자하는 분들도 있을 것이다.

이러한 전통문화의 중요성을 인식하고 필자는 전북대학교에 재직하던 시절에 2009년에 국제문화교류연구소를 설립하여 예술, 음식, 언어, 학문, 생산기술, 관광 등 한국의 다양한 문화를 세계에 널리 알리기 위해 수차례에 걸쳐 한국 문화에 조예가 깊은 최고의 전문가들을 과감히 연구소에 영입하여 국제 학술대회 및 심포지엄을 개최한 경험이 있다. 또한 세계의 여러 문화와 교류·협력하여 한국전통문화가 세계인들에게 주목을 받을 수 있는 전략을 수립하기 위해서 동분서주하며 세계인들과 교류하기 위해서 뛰어 다닌 일들이 생생이 떠오르곤 한다. 필자는 전통예술, 음식문화, 문화관광 등에 다양한 한국문화를 세계인들에게 올바로 전파하기 위해서 다각도의 매개체와 방법들을 강구해 보았다. 그러한 한국문화를 세계화에 관한 성과물들이 국내는 물론 해외에서도 좋은 반응을 얻었던 것도 사실이다.

문화정책의 중요한 축인 국제문화교류를 통해, 어떻게 하면 한국 문화의 다양성과 정체성 및 창의성을 높이고 한국문화의 우수성과 독창성을 효과적으로 알릴 수 방법을 모색하는 다양한 시도를 해 보았다. 그 결과 융복합적 방법으로 한국문화를 연구할 필요성을 인식한 점과 외국인들이 몸소 한국에 찾아와서 전통문화의 독창성과 우수성을 체험해 보는 것도 매우 필요하다는 사실도 동시에 깨닫게 되었다. 나가가서 국가차원의 번역청을 설립하여 자랑스러운 한국의 전통문화를 여러 외국어로 번역하여 세계에 알리고 외국의 다양한 최신 정보를 한국어로 번역하여 전문가들에게 알림으로서 모든 분야가 국제적 수준으로 발전하도록 하는 일도 무엇보다도 긴급한 일이라고 생각한다. 예컨대 전라북도는 전통문화가 살아 숨 쉬는 예향의 고향으로 앞으로 세계로 뻗어 갈 새만금의 터전이 마련되고 있다. 세계잼버리대회가 개최되는 2023년이 되면 전북 부안에 위치한 새만금이라는 넓은 땅에 세계의 각 나라를 대표하는 수많은 젊은이들이 몰려 올 것이다. 이번 기회에 전라북도가 가지고 있는 전통음식의 맛뿐 아니라, 전통문화를 체험할 수 있는 다양한 문화기획을 재미있고 짜임새 있게 만들어 내야한다. 우리 전통문화를 세계에 알릴 수 있는 절호의 기회가 오고 있다. 상생과 혜원을 추구하는 동학이라는 종교적 집단이 중심이 되어서 많은 민중의 힘을 결집해 그 당시에 부패한 봉건사회의 틀을 타파하려고 했던 전봉준의 이야기가 있다. 이러한 전봉준 이야기를 흥미롭게 이끌어 낼 수 있는 오페라 혹은 드라마로 각색하여 외국 젊은이들에게 이해하기 쉽게 만들어 보는 일도 의미 있는 작업이 될 것이다. 또한 남원이 배경이 되는 <춘향전> 속에 등장하는 두 주인공 이 도령과 성춘향이 벌이는 사랑이야기가 있다. 양반 출신의 이몽룡과 기생의 딸 춘향이라는 사회적 신분을 극복하고 탐관오리인 변사또의 방해에도 불구하고 순수한 사랑의 약속을 지키기 위해서 모든 고난을 이겨내는 두 젊은이의 사랑이야기는 시대를 뛰어넘어 많은 사람들에게 공감을 얻어 낼 수 있다고 본다. 또한 이 사랑이야기는 춘향이가 신분이 낮은 여자의 몸으로 변사또의 부당한 요구와 모진 박해에 굴복하지 않고 저항하며 절개를 지키는 모습과 과거에 급제한 후 사랑하는 춘향을 끝까지 지켜주는 몽룡의 남자다운 모습은 누구나 공감할 수 있는 보편적 가치를 지니고 있다는 점이다. 이러한 사랑이야기를 한국적 전통이 담겨 있는 콘텐츠로 만들어 역동적이면서도 서정적인 분위기를 풍기여 지구촌의 젊은이들이 같이 향유할 수 있도록 제작할 필요가 있다. 이 번 새만금에서 지구촌의 미래 꿈나무들이 모이는 잼버리대회에서는 인류사회가 현재도 겪고 있는 전쟁 공포로부터 벗어나 평화로운 지구촌의 가족의 일원으로서 서로를 배려하고 존중하며 상생 공존하는 미래의 비전을 제시하는 문화축제가 되었으면 한다.

다른 한편 이번 잼버리에 참여하는 모든 청소년들이 각 지역마다 지니고 있는 아름다운 산천을 몸소 걸어서 느껴보며 전통문화재를 방문하여 그곳에 숨겨진 재미있는 이야기를 들으며 전통 문화를 체험을 하게하는 대형 기획을 마련할 필요가 있다고 본다.

결국 한국을 방문하는 외국의 젊은이들이 한국이라는 나라가 작지만 이웃해 있는 강대국 사이에서 많은 전쟁을 치루면서 이 땅을 지키기 위해서 얼마나 조상들이 피눈물을 흘렸을 지와 세계인에게 내 놓을 수 있는 역동적인 문화민족임을 깨닫게 하는 기회가 되었으면 하는 소박한 기대를 해 본다.

8) 한국이 독일처럼 문화 강국이 되기 위한 길을 모색해 본다

독일인하면 문득 떠오는 단어가 근면성, 철저성, 완변성, 단결심, 그리고 반성의식이다. 대부분 독일인들은 한번 가진 직업은 하늘이 준 소명의식으로 알고 평생 동안 직업을 바꾸지 않고 살아간다. 그래서 그들은 철두철미하게 자신의 소임을 다하는 근면성을 보이곤 한다. 필자가 경험한 독일 대학 교수들은 탐구하고자 하는 목표를 향해서 철두철미하게 정진하는 근면한 품격을 느끼게 한다.

독일 서부 베스트팔렌 주에 속하는 작은 도시 졸링겐은 600년의 칼 제조기술의 전통을 자랑하는 장인들이 원래 독일 특유의 장인정신을 겸비한 대장장이들이 모여 살았고, 칼 생산자들로 이루어진 길드 (guild)가 형성되었다. 지금은 쌍둥이 칼이라는 칼명품으로 세계인들로부터 주목을 받은 명소로 알려져 있는 데, 칼을 제조함에 있어서 한번 쓰면 평생을 쓸 수 있도록 완벽하게 만들어진 제품만을 세상에 내 놓고 있다. 이것은 완벽성을 추구하는 독일인 특유의 장인정신의 발로로 이해할 수 있다.

두 번에 걸친 세계대전으로 패전국이 된 독일이 잿더미에서 다시 일어 설 수 있었던 것도 조국을 다시 일으켜 세우겠다는 단결된 마음으로 성실히 일한 결과라고 지적하곤 한다. 독일인들은 히틀러 같은 잘못된 지도자를 만나서 유대인학살이라는 만행을 저지른 것에 대해서 지금도 반성문을 쓰고 있는 우직하면서 순수성을 지닌 민족이라고 말할 수 있다. 그래서 독일은 역사적 반성 의식이 없는 일본과는 대조적으로 이웃 나라들의 신임을 받아 유럽연합의 중심 국가로 부상하고 있다. 그들의 민족성이 크리스탈처럼 빛나는 순수성 때문에 세계인에게 심금을 울리는 베토벤의 고전음악이 탄생될 수 있었고, 또한 1813년 나폴레옹의 출현으로 전쟁으로 야기되는 유럽의 시대 위기를 극복하고

자 세계문학을 통해서 상호간의 정신적 유대감을 강화하면서 서로 증오하지 않고 상호문학을 통해서 타 민족을 이해하고 관용하는 법을 배워야 한다고 주장한 독일 작가 괴테가 혜성처럼 세계문학의 무대에 등장하게 된다. 그는 인간은 순수하고 인간적이여야 한다고 강조하면서 실수를 통해서 성숙해 지고 끊임없이 노력하는 사람은 구원이 된다는 순수한 인본주의 정신에서 파우스트 작품을 창조해 낼 수 있었다. 또한 임마누엘 칸트의 묘비명에 "하늘에는 반짝이는 별들이 있고 내 마음속에는 양심과 도덕률이 자리하고 있습니다"라고 적혀있다. 밤하늘에 빛나는 별처럼 마음속에서 존재하는 정언적 양심의 명령에 따라서 살아야 한다는 윤리성을 강조한 칸트 같은 철학자가 출현할 수 있었던 것도 순수성을 추구하는 독일인들의 사고방식의 산물로 이해할 수 있다. 또한 독일철학사에서 변증법으로 유명해진 헤겔 같은 철학자는 부정의 논리를 통해서 역사적 모순이 지향되면 결국 모순에 찬 세계도 지상천국이 된다는 낙관적 역사관을 피력하기도 했다.

이러한 독일인들의 낙관적 인간관과 역사관은 모든 인간은 내면에 파괴할 수 없는 순수성이 존재한다는 매우 긍정적인에서 연유된 것으로 판단된다.

이렇게 독일인들은 인간이 저지르는 실수와 모순과 같은 부정적인 요소를 용광로 같은 마음속에 녹여서 희망의 메시지를 전하는 문학과 철학 작품을 재창조해 내는 역동성을 지닌 민족임을 짐작케 하기에 충분하다.

독일 괴팅겐 대학교에 유학하던 젊은 시절에 문화 강국이 되려면 우리가 무엇이 부족한 지를 한 눈으로 훤히 내다 볼 수 있는 신선한 경험을 한 적이 있다. 독일유학을 시작하던 첫날 집을 나서서 학교로 가는 길에서 국민의 안정을 위해서 내 놓은 대중교통수단으로 벤츠마크가 부착된 차를 타고 대학교로 가면서 많은 생각을 하게 되었다. 그때부터 국가가 국민의 생명을 안전하게 지켜 주기 위해서 최고의 안전장치를 갖춘 벤츠를 대중교통버스로 일반 국민들에게 제공하기로 결단을 내린 정치인들에게 자연스럽게 존경심을 가지게 되었다. 다른 한편으로 독일의 수도 베를린의 길거리에 나가보면 여유롭게 웃으면서 차를 몰고 있는 운전수의 몸짓에서 문화강국의 모습을 보게 되었다. 일반적으로 독일 운전사들은 거동이 불편한 장애인이 차에 오르려고 하면 몸소 운전석에서 내려와 장애인이 안전하게 차에 탐승이 완료될 때까지 온 정성을 다하며 장애인에게 친절을 보이는 모습을 늘 볼 수 있는 풍경이다. 이럴 때면 필자는 고국에서 살면서 경험한 그리 친절치 못했던 운전사의 모습이 겹쳐서 떠올랐다. 우리나라는 왜 독일과 같은 수준의 문화 강국이 되지 못했을까? 하는 의문이 나온다. 그것은 우리가 나라의 미래와 소외받고 있는 약자를 생각하는 이타심보다는 지나칠 정도의 출세지상주의 혹은 이기주의적 가치관 속에서 살아 온 결과가 아닐까 생각해 본다. 내가 살아남기 위해서는 많은 사람들과 경쟁에서 이겨야 한다는 강박관념 속에서 남을 배려할 수 있는 마음의 여유를 가질 수 없었던 것이다. 또한 이것은 지금의 가정교육, 학교교육, 그리고 사회풍토가 나만 잘 먹고 잘 살면 된다는 이기주의와 출세지상주의 속에서 벗어나 있지 못하기 때문이다. 특히 모든 분야에서 혁명수준의 제도적 개선은 물론 개인적으로도 의식개혁이 이루어져야 한다고 본다. 누구를 탓하기 전에 우리 자신부터 반성할 것은 반성하고 고쳐야 할 것이 있으면 과감하게 고쳐 나가야 한다고 생각한다. 경제적으로 GNP가 3만불이라는 수치만 높다고 해서 진정한 의미의 문화강국이 되는 것은 결코 아니다. 우리 모두가 바라는 문화강국이 되려면 혁명 수준의 의식개혁을 어디부터 시작해야 하나 전 국민적으로 심각한 고민을 해 보아야 할 때이다. 이 나라가 독일처럼 남북통일을 성공적으로 이룩하고, 더불어 잘 사는 복지국가, 외국여행객들이 다시 찾아오고 싶은 문화강국으로 성숙해 가는 길은 독일인들이 앞에서 보여 준 바와 같이 결코 물질이 정신보다 결코 위에 있지 않다는 진리를 겸허히 받아 들여야 한다. 우리나라가 문화강국이 되려면 먼저 정치가들은 독일처럼 국민을 잘 섬기는 정신을 가지고 미래 희망을 주는 깨끗한 정치를 보여주어야 된다. 또한 각 개인은 상대방을 배려하는 정신으로 좋은 아침을 바라는 마음으로 아침 인사부터 하나씩 실천하는 범국민적인 운동이 일어나야 한다. 그리고 모든 이들이 어떠한 직업을 가지고 있던지 간에 사회를 위해서 이익이 되는 일을 하겠다는 신념과 열정을 가지고 있어야 한다. 예컨대 독일에서는 한 지역을 대표하는 시장이 되어도 환경오염을 염려하여 자동차를 타지 않고 자전거로 시청에 출근하는 검소한 모습을 흔히 볼 수 있다. 우리나라의 정치인들도 독일의 경우처럼 높은 자리에 오르더라도 낮은 자세로 국가의 미래를 위해서 맡은 바 임무를 충실히 마치고 때가 되면 미련 없이 정치무대에서 물러난다면 얼마나 그들의 뒤 모습이 아름다울까? 하고 생각에 잠겨 보기도 한다.

9) 자살인구를 줄이는 대안을 생각해 본다

OECD국가들 가운데 한국이 자살률이 1위라는 사실만으로도 한국인으로서 부끄러운 일이다. 그렇다면 이러한 자살의 문제를 제도적으로 근절시킬 수 있는 방법이 없을까? 라는 생각을 하게 된다. 누가 보아도 소홀히 다룰 수 없는 시급한 문제이다. 이러한 중대한 문제는 국민의 행복권을 보장하려는 국가적인 차원의 강한 의지와 근본적인 대안책을 마련해야 된다고 생각한다. 이러한 심각한 자살문제를 해결하려면 무엇보다도 심리학자, 사회학자 그리고 교육학자, 종교인과 정치인들과 다 같이 지혜를 모아서 종합적인 대책이 마련되어야 한다. 이러한 자살의 원인은 개인의 문제에서 비롯되는 것보다는 사회적 병폐의 결과물로 볼 수도 있다. 자살하는 사람들을 보면, 사회로부터 박탈감과 절망감 그리고 주변 이웃과의 접촉 없이 살아가면서 고독감을 이기지 못하고 자살을 선택하는 경우가 많기 때문이다. 먼저 가정, 교육, 그리고 사회로부터 따뜻한 사랑을 받지 못한 사랑의 결핍으로부터 자살 충동이 일어난다고 볼 수 있다. 요즈음 젊은이들이 입시위주의 경쟁과 단편적인 지식만을 강조되는 삭막한 교육적 환경에서는 자아를 발견하고 세상을 이해할 만한 마음의 여유를 찾아 볼 수 없다. 그러한 환경 속에서는 극도의 이기주의 사고방식, 자아상실감, 물신주의에 대한 허탈감에 빠지기 쉽다. 이러한 자살문제를 해결하려면 사랑의 체온을 먼저 느낄 수 있도록 사회 자선단체 및 종교단체에서 먼저 솔선수범으로 나서 주어야 한다. 주변을 살펴보고 자살의 위험에 노출되어 있는 소외되어 있는 사람들을 찾아서 집안에 먹을 식량이 없으면 식량을 아낌없이 제공해 주고 마음이 병약한 사람에게는 동시대를 살아가는 친절한 이웃으로 따뜻한 마음을 느낄 수 있도록 해야 한다. 다른 한편으로는 상기한 자선 및 종교 단체와 손을 잡고서 국가적인 차원에서도 자살충동을 느끼고 있는 사람들을 직접 관리하는 종합센터를 운영할 필요가 있다. 무엇보다도 자선단체와 종교단체와 연계된 통합시스템을 개발하여 정부산하에 자살예방센터 혹은 자살해결센터를 두고서 운영하는 것이 바람직하다. 경쟁사회로부터 낙오자가 되어도 다시 일어 설 수 있다는 자신감과 마음을 비우면 더욱 편안하게 건강하게 살수 있다는 비움의 철학도 같이 심어줄 필요가 있다고 본다.

10) 힘없는 약자를 배려하는 선진형 복지정책을 모색해 본다

온 세계가 코로나와 오미크론 확산으로 고통을 받은 있는 위급한 시국에 갑자기 강대국이라는 하는 러시아가 이웃하고 있는 약소국 우크라이나를 침공했다는 소식으로 국민들의 마음은 더욱 무겁고 어둡기만 하다.

특히 국민들은 선거철이 되면 후보자들이 제시한 수 없이 많은 복지공약을 지키다 보면 다음 세대들에게 감당하지 못할 천문학적 수치의 부채만 남겨주는 후보인지 아니면 내 놓는 복지정책들을 현실적으로 실현할 수 있는 믿음이 가는 후보인지를 바르게 알아보는 판단력이 요구되는 시대에 살고 있다.

최근 어느 장애인 단체에서 특정 정치 지도자를 지지한다는 성명서를 보면서 젊은 유학시절에 독일과 오스트리아에서 살면서 보고 느꼈던 장애인들과 그 가족들의 얼굴이 떠오르곤 한다. 그 곳에 있을 때 장애인을 둔 학부모들과 대화를 한 경험이 있었는데, 그들은 장애인을 두고 있기 때문에 국가로부터 세금혜택부터 시작해서 모든 면에서 보호를 받고 있다고 떳떳이 말하곤 한다. 국가는 학교에 들어가는 장애어린이를 위해 최고의 교육시설을 갖춘 특수학교에서 들어가 그들을 위해 마련해 놓은 교육환경 속에서 장애아동만을 위해 특별화된 교육을 받게 된다. 국가적 차원에서 채용된 매우 유능한 선생님들이 온갖 정성어린 사랑으로 대해주는 모습을 볼 수 있다. 예컨대 국가는 보통학교는 실험실 10개를 제공한다면 장애인을 위한 특수학교는 10개 이상를 배정하고 있다. 이것은 태어날 때부터 몸과 정신이 정상인보다 미숙한 상태이기 때문에 보통 아이들보다 현미경을 사용함에 있어서 더욱 기회도 많이 제공되고 몸의 움직임이 일반 학생보다 느리기 때문에 불편함을 느끼지 않도록 하고 있다. 이것은 정치인과 국민들이 다 같이 장애로 태어난 약자에 대한 깊은 배려심의 발로로 볼 수 있다.

대학재직시절에 교육부 해외파견교수로 600년 이상의 학문의 역사와 전통을 자랑하는 오스트리아 비엔나대학에 가서 1년 동안 연구 체류한 적이 있다. 필자가 당시 살고 있는 집 근처에 장애인들이 중심이 돼 이뤄진 선물용 수공예품을 만드는 작업장이 있었다, 그들이 주로 만들고 있는 것은 일반인들에게도 팔 수 있는 수예품과 나무로 만든 공예품이 주종을 이뤘다. 그들의 작업장은 밖에서도 볼 수 있도록 유리벽으로 돼 있었고, 작품들은 진열장이 전시돼 있었는데 그야말로 깨끗하고 밝은 그들의 마음을 담은 하나의 순수예술작품을 보는 기분이었다.

아침 일찍이 출근하여 일이 끝나면, 대기해 있던 고급스런 퇴근버스에는 그들을 불편함이 없이 승차하도록 일일이 도와주는 친절한 도우미들이 있었다. 그들은 정상 인간들처럼 서로의 사귐이 있었고, 서로 웃음과 미소가 넘쳐 사랑이 가득한 천국 같은 분위기를 느낄 수 있었다.

한국의 경우는 어떠한가? 장애인을 둔 학부모가 또래 친구들에게 왕따를 당하는 아이를 목격하곤 한다. 오랜 전에 있었던 큰 사건이지만 지금도 필자의 기억에 생생히 남아 있다. 장애아이를 둔 어머니가 주변으로부터 달갑지 않은 시선과 멸시로 인해서 절망감에 사로잡혀 자기 아이를 목 졸라 죽이고 자신도 전기 줄로 동반자살을 시도하다가 미수에 그친 끔찍한 사건이 뉴스에서 보도된 적이 있었다. 그 당시 그러한 충격적인 뉴스를 접하고 나서 그 아이가 유럽에서 태어났더라면 장애자를 둔 부모는 그렇게 독한 마음을 먹지는 않았을 텐데 하고 상념에 빠지곤 한다.

한국에서는 장애인들이 나들이를 할 경우 그들을 위한 도로와 계단이 없기 때문에 결국 옆에서 도와주지 않으면 혼자서 도저히 살아갈 수가 없게 되어 있다. 한국에서 태어나는 사람은 모두가 다 정상으로 태어나지 않으면 불행하고 아주 불편하게 살다가 가는 것이 숙명이라도 되는 것처럼 믿고 있는 것 같다. 유럽처럼 특별히 대우해주지는 못할망정 특수교육시설과 도로안전시설만이라도 우선적으로 장애자들이 불편이 없도록 사용하도록 설비되어야 한다.

요즈음 나라에서 실시하는 복지정책으로 장애인들을 대하는 태도가 전반적으로 과거보다는 좋은 방향으로 변화의 바람이 불고 있다는 긍정적인 신호도 감지하고 있는 것도 사실이다. 그러나 아직도 현행 이루지고 있는 복지정책이 선진국에 수준에 도달하려면 아직도 갈 길이 멀다고 생각한다. 우리나라도 유럽처럼 진정한 의미의 선진국이 되려면 장애인들이 존재의 가치를 인식하고 보통사람들과 어울려 당당하게 살 수 있을 때야 비로소 가능하다고 본다. 약자를 배려하는 차원에서 장애인들뿐만 아니라 그들의 가족에 대해서도 따뜻한 마음으로 대해주는 보다 성숙한 사회가 되어야 비로소 진정한 의미의 약자를 위한 복지가 실현되는 선진 국가하고 말 수 있지 않을까 생각해 본다.

11) 평창 동계올림픽에 참석한 북한 선수단과 응원단을 보면서 느낀 단상

필자는 2018년도 평창에서 개최된 동계올림픽에 참가하기 위해서 온 북한 선수단과 응원단을 보면서 오스트리아 학무성 초청을 받아서 비엔나대학교에서 2년 동안 연구 체류 중에 북한 사람들을 가까이 볼 수 있었던 일이 문득 떠올랐다. 오스트리아는 다 알다시피 정치적으로 중립노선을 취하고 있기 때문에 자유진영에서 온 사람들뿐만 아니라 공산 진영에서 온 사람들과 동시에 살아가고 있다. 필자가 거주하고 있었던 동네에는 북한대사관이 있었기 때문에 대사관 직원과 수행원 가족들이 다 같이 모여 살고 있었다. 그래서인지 몰라도 시장을 보러 슈퍼마켓에 가면 북한에서 온 사람들을 종종 보게 되었다. 북한 사람들과 우연히 마주치면 못 볼 사람을 본 것처럼 그쪽에서 먼저 눈길을 피하곤 했다. 그 당시 반공교육을 철저히 받아서인지 본인도 모르게 경계하는 마음이 생기고 자연스럽지 못하게 대했던 것도 사실이다. 우리가족이 오스트리아 친구의 저녁 초대를 받은 적이 있다. 필자는 가족과 함께 저녁 초대를 마치고 집으로 돌아가는 길이었다. 우리 가족이 집으로 가는 전차를 기다리고 있었다. 마침 전차가 오니까 우리가 타고 있는 차에 또 한 가족이 타고 있었다. 가만히 보니 북한에서 온 한 가족이 우리가족과 같은 전차를 탄 것이었다. 우리가족 뒤에 타고 있었던 한 북한 어린이가 우리가족을 향하여 "북한에서 온 동지 가족 같아요?" 하면서 그 어린이의 어머니한테 말을 전하자마자 우리가 들을 수 있을 정도로 "쉿!!" 하는 소리와 함께 경계하는 눈총을 보내는 것을 목격할 수 있었다. 그때 북한 어린이들이 호기심에 찬 눈으로 물끄러미 쳐다보고 있는 우리 아이들을 보면서 이곳 이국의 하늘 아래서도 휴전선의 비무장지대에 깔려 있는 정적만큼이나 조용하고 긴장되는 느낌을 받았다. 남한과 북한의 어린이들이 무슨 죄가 있기에 자유스럽게 놀고 이야기할 수 있는 권리를 그들로부터 무참히 빼앗아 가고 있는 것인가? 필자는 남한과 북한의 기성세대들이 그와 같은 순진한 어린이들이 이데올로기를 초월하여 서로 마음을 터놓고서 어깨동무하고 놀 수 있는 통일 놀이터를 공해 없는 비무장지대에 만들어 줄 수는 없을까하고 생각해 보았다. 미국의 유명한 경제학자 사뮤엘슨이 남한과 북한의 관계는 오랫동안 이질적인 이데올로기를 고수하면서 살아 왔기 때문에 하루 아침에 통일을 기대하기 보다는 먼저 서로 간에 좋은 이웃으로 공존할 수 있는 방향으로 나아가야 한다고 지적한 대목을 한번 음미해 볼 필요가 있다. 다른 나라가 남한을 쳐들어오는 경우 한반도의 안정을 위해서 서로 도우면서 방어할 수 있는 협조체제를 유지하는 범위에서 사이좋은 이웃으로 살아갈 수 있다는 의미로 이해된다. 우리는 먼저 독일이 통일을 완성하기까지 철두철미 정치, 경제. 문화적 여건을 조성하면서 꾸준히 계획성 있게 인내심을 가지고 추진해 온 독일인의 완벽주의와 성실성을 베워야한다. 물론 독일이 통일하는데 든 천문학적 비용을 지불함으로써 경제적으로 너무 힘들었던 점을 타산지석으로 삼아야한다. 무엇보다도 남북한이 통일하는데 사용할 비용을 최소화할 수 있는 통일정책을 세우기 위한 심도 있는 검토도 같이 이루어져야 한다. 우리는 2018년 평창 동계올림픽에서 남북한 아이스하키팀이 보여 주었던 이데올로기를 넘어선 단일민족으로서 합심의 가능성을 체험했다. 이번 어렵게 성사된 남북 간의 교류가 서로의 다른 점만을 강조할 것이 아니라 정기적으로 이산가족상봉, 체육 및 문화학술교류를 통하여 상호간의 민족의 동질성을 회복하는 계기로 발전되었으면 한다. 이렇게 남북 간의 동질성 회복을 위한 다양한 교류의 길을 열기 위해서 부단히 노력하는 것만이 필자가 저 먼 이국땅에서 경험했던 양쪽의 어린이들에게 진 마음의 빚을 조금이나마 갚은 길이 아닐까 생각해 본다.

12) 노벨문학상을 받을 수 있는 문화국이 될 수 있는 길을 모색해 본다

필자가 대학교 재직시절에 운영하던 국제문화교류연구소에서 한국작가가 노벨문학상을 받지 못하는 이유가 어디에 기인하고 지 알아 보고자 세미나를 개최한 적이 있다. 연구소 세미나에 참석하신 학자들 중에는 발표하는 내용을 살펴보니 두 가지 큰 흐름을 읽을 수 있었다. 세미나 발표자중 한 학자는 노벨문학 수상자로 결정하는 과정에서 너무 정치적인 힘의 논리로 선진국가출신의 작가에 치우쳐 있다는 주장이 있었다. 그 학자는 지금까지 노벨문학 수상자의 명단을 검토해 보면 정치적으로 소위 선진국이라는 지칭되는 국가출신이 노벨 수상자로 점철되어 이는 노벨문학 수상자 통계가 이를 증명해 준다고 주장하였다. 노벨문학상을 수상하는 시기가 되면 한국을 대표하는 작가들 중에서 특히 고은 시인이 여러 번 노벨문학상 수장자 명단에 오르다가 결정적인 순간에 다른 나라의 작가가 수상자로 선발되는 일들이 여러 번 있었다. 문학상이 1901년부터 수상이 이루어졌다면 러시아를 자랑하는 톨스토이도 그 문학성만 평가의 대상이었다면 벌써 수상의 영예를 얻었써야 하지 않았는가를 생각하면 앞서 주장한 견해가 설득력이 있는 듯한 이유가 될 수 있다고 여겨진다. 거기에 반론을 제시하는 또 하나의 입장이 있었다. 우리나라에서 노벨 문학상 수상자로 거론되고 있는 작가들의 문학적 수준과 번역의 수준이 노벨 문학 수상 작가들이 이미 보여준 높은 문학성을 제시하지 못하고 있다는 점을 날카롭게 지적하는 학자도 있었다. 일본의 경우를 보면 26개의 노벨상 수상자를 배출하였는데 그 중에서 노벨문학상 수상자가 두 명이나 나왔다. 그 중에서 일본에 처음으로 작가 가와바타 야스나리가 그의 작품 『설국』으로 노벨 문학상을 받은 바 있다. 그 일본 작가가 노벨 문학상을 받기까지는 여러 가지 요인들을 지적할 수 있다. 그 중의 하나의 요인으로 작가의 작품을 영어로 번역한 번역자가 작가 곁에서 머물면서 작가와 긴밀히 번역상의 문제점을 상의하면서 재창작의 수준에 이를 정도로 영역작업에 몰두하여 최고의 번역 작품을 내 놓은 결과로 노벨문학상이라는 수상을 받았다고 평가가 되고 있다. 또한 일본은 노벨 문학상을 받기 전에 그들의 문화를 홍보하기 위해서 선진 여러 나라에 일본 문화센터를 설립하여 다양한 외국어 번역과 공연과 같은 다양한 방법으로 그들의 문화의 본질을 이해시키는 데 온갖 노력을 시도한 점을 간과해서는 아니 된다.

일본은 번역청의 역사가 150년이나 되고 일본어로 번역된 세계의 정보를 수시로 접할 수 있어서 일본어로 된 자료만으로도 창의적인 아이디어를 개발하여 노벨상을 지금까지 26개나 받을 수 있다고 한다. 또한 국가와 기업체가 협력하여 각국에 일본 문화를 소개하는 상설 일본 문화 센터를 설립하여 적극적인 해외 홍보 전략을 쓰고 있는 반면에 우리나라가 일본의 해외 문화홍보전략에 따라가지 못하고 있는 것도 사실이다. 이러한 현상을 보면 우리나라가가 노벨상이 하나도 아직까지 나오지 않는 것이 이상할 일이 아니라고 생각한다. 그것은 전반적인 해외문화지원책 뿐만 아니라 외국에 한국문화센터를 설립하여 한국 문화에 대한 다양한 정보를 제공하는 데 적극성을 보이고 있지 않았다는 점을 지적하고 싶다. 또 하나는 한국에는 외국문헌 뿐만 아니라 한국문화에 대한 풍부한 고전 문헌을 외국어로 번역하여 소개하는 번역청이 없다는 사실이다. 이러한 점들이 노벨 문학상을 수여받지 못하는 이유 중의 하나라고 생각한다. 한국문학을 이해하려면 먼저 한국문학의 토대가 되는 문화적 배경지식을 번역청을 통하여 외국어로 번역하여 포괄적으로 소개하는 선행 작업이 필수적이라고 이루어져야 한다. 한국문학을 깊이 이해하기 위해서는 한국문화의 본질을 알고 나서야 비로소 한국문학를 정확히 평가할 수 있다고 감히 지적할 수 있다. 늦은 감이 있지만 일본처럼 우리나라에서도 번역청을 설립하여 외국의 학술적으로 가치가 있는 자료를 한국어로 번역할 뿐 아니라 한국의 문화적 정체성을 드러내는 귀중한 고전문헌을 외국어로 번역하여 한국문화의 정체성을 세계에 알려 줄 필요가 있다.

그런데 필자가 독일연구체류 중에 이러한 한국 문화의 정체성을 제대로 알리는 독일어 자료를 찾으러 독일에 있는 여러 대학 도서관에 가보면 중국과 일본의 학술 자료에 비해서 너무 부족하다는 것을 실감하게 된다. 한국의 문화를 모르고서는 한국문학을 정확히 파악할 수 없다는 판단된다. 특히 지적인 호기심이 많은 외국인들에게 한국문화의 정체성을 상세히 알려 주어야 비로소 한국작가의 문학작품의 본질을 이해할 수 있다고 볼 수 있다. 결국 노벨문학상 작품으로 선정이 되려면 지구촌에 사는 많은 사람들에게 긍정적 영향을 주는 고유한 문학성과 인본주의 사상을 지닌 문학 작품을 선별하여 완벽하게 영어로 번역하는 작업도 중요하다. 그러나 그에 앞서 외국어로 번역된 많은 한국문화에 관한 자료를 통해서 한국문학 발생의 뿌리가 되는 한국문화의 본질을 외국 노벨문학 평가자들이 제대로 이해할 때 비로소 한국의 작가 중에서 그렇게 고대하고 있는 노벨문학의 수상자로 결정되는 낭보가 들릴 날도 머지않았다고 생각한다.

13) 오스트리아 환경예술가 훈데르트바서가 주는 교훈

인류의 미래를 심도 있게 연구한 여러 저서들을 남긴 역사학자로 유명한 이스라엘 유발 하라리(Yuval N. Harari)는 300년 안에 지구가 환경오염으로 종말이 다가 올 것이라고 지적한 바 있다. 또한 개미연구로 국제적인 주목을 받고 있는 진화 생물학자로 잘 알려진 최재천교수는 지구촌에 사는 사람들이 이대로 환경오염을 가속화시키면 그 전에 지구의 수명이 앞당길 수도 있다고 주장하고 있다. 최 교수는 지구촌에 코로나가 발생하는 것도 환경오염으로 인해 비루스라는 세균이 갈 곳이 없어 결국 인간의 몸속에 침투하여 공생하면서 생기는 병이라는 자세히 설명하고 있다. 그는 이러한 코로나 혹은 유사 변종이 생기는 근본적인 원인은 인류가 자연에 대한 고마움과 경외심을 망각하고 지구의 종말을 재촉이나 하는 듯이 함부로 대하고 오염시킨 결과로 해석하고 있다.

필자는 코로나기 오기 전에 서울 세종문화회관에서 열리고 있는 오스트리아를 대표하는 환경예술가 훈데르트바서(Hundertswasser) 초대전을 관람하면서 지구촌이 안고 있는 환경오염의 위기를 극복할 수 있는 가능성을 찾을 수 있었다. 필자가 오스트리아 비엔나대학교 유학시절부터 슈필테라우(Spitelrau) 쓰레기 소각장을 예술적으로 건축한 세계적인 환경 예술가로 잘 알고 있었기 때문에 더욱 관심을 가지고 전시장에 가게 되었다. 이번 전시는 훈데르트바서의 작품 세계를 쉽게 알 수 있도록 체계적으로 기획되었음을 보여 주고 있었다. 구석진 어두운 커튼이 쳐진 방에 들어가 보니 훈데르트바서가 만든 영상 자료를 상영되고 있었는데, 훈데르트바서는 옷을 걸치지 않고서 자연 속에서 자유인으로 그림을 그리며 선상에서 살아가는 모습을 생생하게 보여주고 있었다.

히틀러시대에 훈데르트바서는 어머니가 유대인이라는 이유로 많은 외가 친척들이 아우쉬비츠에서 잔인한 죽음을 당하는 비극을 체험했다. 그로 인해 훈데르트바서는 획일적인 사고방식에 대한 저항의식을 가지고 있었고 모든 작품 구성에서 동일한 모양을 찾아 볼 수 없을 정도로 독창성과 자유성을 강조한 작가였다. 그는 자연과 인간은 조화를 이루어 살아가야 한다는 강한 신념을 예술로 승화시켰을 뿐만 아니라 자연 사랑을 몸소 생활 속에 실천한 생태 철학자로 알려져 있다. 오스트리아 수도 비엔나 지하철을 타고 가다보면 지하철 슈피텔나우 교차역부근에서 오스트리아가 자랑하는 가장 눈부시게 빛나는 슈피텔나우 쓰레기 소각장의 건물을 볼 수 있다. 슈피텔나우 소각장 건물을 보면 그가 선호하는 자연주의적 곡선으로 이루진 다채로운 자연의 짙은 빨강 색, 푸른색과 노란색으로 장식되어 있는 아르누보의 예술정신이 담겨있다. 그 소각장 건물은 살아있는 나무들이 건물 속에 심겨진 생태적 건축물로 보는 이들의 주목을 끌고 있다. 또한 훈데르트바서는 설치 예술작품을 통해서 자연이 지니고 있는 생태적 순환의 진리를 가시적으로 보여주고 있다. 예컨대 아파트 옥상위에 나무를 심어 정원으로 만들고 집안에서 식물을 심어서 자연과 인간이 상생할 수 있는 세계를 현실적으로 구현한 실천적 환경 예술가로 볼 수 있다.

집안에 자라는 식물에 물을 주면 그 식물의 뿌리에서 물을 정화시켜서 사람들로 하여금 정화된 물을 다시 먹을 수 있게 하는 자연 순환의 현상을 설치 예술작품으로 선보여 관람자들의 발걸음을 멈추게 한다. 또한 인간의 소대 변도 부엽토로 처리하면 자연으로 다시 퇴비가 되어서 인간에게 유익함으로 다시 돌아온다는 신념을 가지고 있었다. 그는 지구를 살리기 위해 자연 보호를 실천하여 생태철학을 예술과 삶속에 그대로 보여준 보기 드문 현대 예술가로 평가를 받고 있다. 특히 훈데르트바서는 인간의 죽은 몸을 땅에서 60센치미터 밑으로 매장되어야 나무에도 피해가 가지 않아야 한다고 주장한 데로, 실제로 그가 죽었을 때 자신의 몸을 수목장으로 치르게 하였다는 사실에 매우 신선한 충격을 받았다. 한국에서도 많은 사람들이 죽어서 매장제를 선호하여 이 땅에 살아갈 삶의 공간이 축소되는 현실에서 훈데르트바서가 주장한 수목장 제도는 우리들에게 많은 시사점을 던져 주고 있다. 현재의 속도로 조상을 숭배해야 한다는 유교적 신념으로 매장의 전통이 계속 이어진다면 살아갈 사람들의 생활무대가 상대적으로 축소된다는 것은 명확한 일이다. 요즈음 자연 보호를 실천하는 일부 층에서 죽은 자를 매장하는 것보다는 화장하여 수목장을 실천해 옮기는 운동이 일어나고 있는 것은 매우 바람직한 현상이라고 생각한다. 나아가서 어린 시절부터 자연 사랑을 실천하는 정신을 심어 줄 필요가 있다. 어린이이도 성장하여 언젠가 죽을 때에는 자신이 몸소 정성스럽게 가꾼 나무와 같이 영원히 잠을 잘 수 있도록 하는 수목장을 장려하는 방향으로 나아가야 한다는 생각이 들었다. 지금의 매장 관습에 대한 유교적인 국민의 의식을 하루아침에 바꿀 수는 없을 것이다. 그러나 충분한 국민적인 의견 수렵을 거쳐서 자연 보호의 차원에서 수목장 제도의 활성화의 길도 하나의 미래의 대안으로 열어 놓고 합리적인 해결책을 모색할 때라고 본다.

이번 전시를 통해서 훈데르트바서는 살아서 뿐만 아니라, 죽을 때까지 자신의 몸을 수목장으로 장례를 치르게 함으로서 우리에게 잔잔한 울림을 주고 간 진정한 예술가임을 다시 한 번 확인할 수 있었다.

[img#1]

Hundertwasser's speech of May 14, 1981, on the occasion of the Austrian State Award ceremony

[img#2]

Strategic discussion with ecologist Peter Weish at the sit-in to save the Hainburg forest wetlands, 1984

[img#3]

Hundertwasser with his adaptation of Chinese pit houses, 1976

[img#4]

Hundertwasser in the garden of E.R. Finsches who, encouraged by the artist's TV demonstration for landscaped roof-garden, created his own roof-garden, Vienna, 1980

[img#5]

Hundertwasser with water purification plant at the Otto-Wagner-studio on Spiegelgasse, Vienna, ca. 1982

[img#6]

Hundertwasser demonstrates that with microbial heat of metabolic conversions an egg can be boiled in a compost heap, Venice, 1982

환경 보호를 위해서 자연 순환의 이치를 몸소 실천해 보인 행위 예술가의 모습들1

[img#7]

Hundertwasser knew how to cultivate humus, Venice, 1982

[img#8]

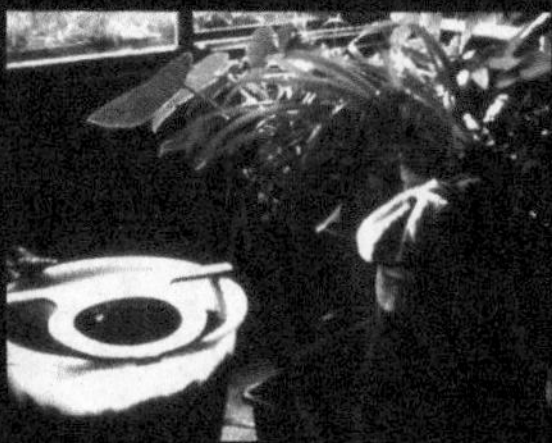

Hundertwasser used humus toilets in all his houses, e.g. Otto-Wagner-studio on Spiegelgasse, Vienna

[img#9]

Three Nobel Prize laureates listening to Hundertwasser on the occasion of the World Congress "Alternatives and Environment", Vienna, 1985

[img#10]

Caricature by Bernd Lötsch, showing the artist's resurrection through his toilet lid from recycled shit, 19xx

[img#11]

Hundertwasser on the occasion of reading his Mouldiness Manifesto Against Rationalism in Architecture, Seckau 1958

[img#12]

A small bulrush plantation of a local gardener near Reichenhall, Germany, producing consistent purifiation results in the 1980ies.

환경 보호를 위해서 자연 순환의 이치를 몸소 실천해 보인 행위 예술가의 모습들2

[img#13]

Hydro botanist Köthe Seidel at a demonstration plant of biological wastewater treatment, Krefeld-Hülsenberg, Germany, ca. 1980

[img#14]

Hundertwasser in his masterschool at the Academy of Fine Arts in Vienna, 1982. Plants are the true master school teachers.

[img#15]

Hundertwasser examining under a microscope the roots of marsh plants which provide an ideal environment for water-cleansing micro-organisms, Vienna, 1980

[img#16]

Hundertwasser on the occasion of the presentation of the models for Hundertwasser House in Vienna, 1980

[img#17]

Hundertwasser House in Vienna, 1983-1986. Detail of the façade on Kegelgasse. Original coauthor architect J. Krawina, Planning P. Pelikan.

[img#18]

Hundertwasser House in Vienna, entrance hall.

환경 보호를 위해서 자연 순환의 이치를 몸소 실천해 보인 행위 예술가의 모습들3

[img#19]

Hundertwasser in the Otto-Wagner-studio on Spiegelgasse, Vienna, ca. 1984

[img#20]

Hundertwasser working on the model for the Heddemheim Integrative School and Protestand Community Centre, Vienna, 1987

[img#21]

A terrace on Hundertwasser House, Vienna.

[img#22]

Hundertwasser and Bernd Lötsch, Vienna ca. 1990

환경 보호를 위해서 자연 순환의 이치를 몸소 실천해 보인 행위 예술가의 모습들4

14) 영화 『귀향』을 보고 떠오르는 단상

주말에 시간이 있어서 아내와 함께 『귀향』 이라는 영화를 보게 되었다. 평온한 시골마을에 14세 밖에 되지 않은 순진한 소녀가 갑자기 정신대로 끌려가면서 소녀의 비극이 시작된다. 부모의 사랑을 받고 살아가던 산골 마을의 소녀가 갑자기 전쟁에 끌려가서 온갖 잔인한 일본군들의 성노예로 전락하여 하루하루 비참하게 살아가는 모습은 너무 처참하였다. 어린 소녀들은 먹잇감을 찾은 굶주린 이리떼처럼 달려드는 일본군들에게 일방적으로 그들의 성욕을 채우는 대상일 뿐이었다. 너무 처참하게 어린 소녀들이 일본군들에 의해 성폭행을 당하는 장면은 차마 눈 뜨고 볼 수 없을 정도로 잔인하였다. 어린 10대 소녀들을 성노예로 부리다가 병이 들면 쓰레기처럼 구덩이를 파서 강제로 그곳에 처넣고 집단 총살을 하고 그렇게 죽은 시체 위에 석유를 뿌려서 불태워 죽이는 처참한 장면들은 상상을 초월한 것이었다. 이 영화는 십대 소녀의 몸으로 위안부로 끌려가서 구사일생으로 살아 돌아온 노인이 과거의 일본군에게 당한 처참한 비극의 트라우마 속에서 벗어나려는 온갖 노력을 보여주고 있다.

이 영화는 억울하게 죽은 친구의 한을 풀어주기 위해 굿판을 벌이는 장면과 귀향하고자 꿈속에서라도 나비가 되어서 산골마을로 돌아가고픈 심정을 상징적으로 처리한 장면은 매우 인상적이었다. 결국 이 영화는 귀향하지 못하고 전장에서 죄 없이 돌아가신 한 많은 정신대 할머니에 대한 한을 풀어주기 위해 역사적 자료를 바탕으로 만들어진 잊혀질 수 없는 비극적 사실을 한국인들뿐만 아니라 외국인들에게도 널리 각인시켜 줄 수 있는 참 좋은 영화라 생각한다.

이 영화를 보면서 아직까지 일본 정치인들이 위안부 할머니에 대해서 진정한 사과를 하지 않고 있는 파렴치한 모습이 떠올랐다. 이러한 일본 정치가들의 잘못된 과거를 반성하지 못하는 태도는 독일 정치 지도자들이 피해를 입는 나라에 몸소 찾아가서 히틀러 치하에서 희생된 피해자들의 무덤 앞에서 무릎 꿇고 사죄하고 반성하는 모습과는 너무 대조적이다. 일본은 경제적으로 선진국에 진입했고 유엔안전이사회의 정회원국으로 인정을 받고 싶어 한다. 일본이 국제적으로 인정받는 선진국이 되려면 일제 강점기에 한국인들에게 저질렀던 비인간적인 만행을 진솔하게 사죄하고 피해자들이 수긍할 정도의 정신적 물질적 충분한 보상이 뒤따라야 한다고 생각한다. 다른 한편으로 일본이 항복하고 해방이 되었는 데도 바로 귀향 못하고 일 년 만에 고향에 돌아오신 아버지 생각이 문득 떠올랐다. 아버지께서는 일본군 속으로 끌려가서 영국군 포로들을 감시하시는 일을 하셨다고 한다. 태평양전쟁 당시에 일본과 미국과의 전투에서 미 군항기의 폭격을 받았다고 하셨다. 아버지를 포함하여 일본 군함에 타 있던 많은 젊은 일본인과 한국인들이 바다에 빠져서 SOS를 외치면서 피바다로 변해 버린 상황에서 파도에 휩쓸려 떠내려가는 젊은 동료들을 목격했다고 하셨다. 아버지는 그때 마침 도착한 구조선에서 던져주는 단 한 번의 밧줄을 잡고 구사일생으로 살아 나셨다고 하셨다. 만약 그 당시 아버지가 단 한번 밖에 주지 않은 구조선의 밧줄을 잡지 못했더라면 태평양 바다에서 돌아오지 못하고 말았을 것이라고 이야기 하곤 하셨다. 태평양전쟁에서 희생된 아버지 또래의 거의 모든 젊은이들이 고향에 돌아오지 못하고 이국땅에서 억울하게 죽었다고 하셨다. 필자는 그 이야기를 들을 때마다 아버지의 피를 물려받은 몸으로 전쟁의 비참함과 다시는 이러한 비극적 전쟁은 이 땅에서는 없어야 한다는 생각에 사로잡히곤 하였다. 특히 요즈음 남북한이 긴장이 고조되는 시기에 전쟁으로 인해 야기되는 예기치 못하는 비극의 참상을 보여준 이 영화가 한 국민으로서 남북 간의 평화를 위해 무엇인가 의미 있는 일들을 하여야겠다는 마음을 가지게 한다.

15) 독일의 숲길을 거닐면서 느낀 단상

이번에도 독일에 두 달 동안 체류하면서 시간 여유만 나면 아침산책을 하곤 하였다. 필자가 숙소에서 나와 10분 정도 걸어가면 울창한 숲길을 만나게 된다. 평소에도 산책길에 조용히 거닐다가 보면 마음이 비워지면서 좋은 아이디어가 문뜩 문뜩 떠오를 때가 있어서 산책을 즐기곤 한다. 필자는 독일에 와서도 산책길에서 개 한 마리를 끌고 산책하러 나온 노부부, 산악자전거로 비탈진 산언덕을 오르는 중년 아저씨, 숨 가쁘게 달리면서 가족 단위로 산책하는 장면을 마주 하곤 하였다. 이곳의 산책길 옆에 있는 숲속을 들어다 보면 수 없이 많은 십 미터 이상으로 자란 덩치 큰 나무들이 하늘 높이 서 있다. 나무가 잘 자라는 이유에는 비가 자주 오는 기후 영향도 있을 것이다. 2차 세계대전 때 연합군의 폭격으로 많은 문화재와 산천들이 폐허가 된 땅위에 이렇게 우거진 숲을 조성하기까지는 또 다른 이유가 있을 것으로 본다. 그 이유 중의 하나는 아마도 두 차례의 전쟁으로 패망한 조국을 다시 일으켜 세우겠다는 모든 독일 국민들의 단합된 힘인 듯하다. 또한 폐허된 토양에 적합한 나무 품종을 개발하여 정성껏 심고 꾸준히 가꾼 노력의 산물로 볼 수 있지 않을까 생각한다.

독일 남부 지방 도시로 기차 여행을 하다 보면 창가로 보이는 초록의 더 넓은 들판과 우거진 숲으로 뒤덮인 풍경을 볼 수 있다. 독일에 사는 친구가 말하기를 독일인들은 독일 숲속에 빼곡히 들어 찬 나무만

팔아도 족히 100년을 먹고 산다고 할 정도로 경제림을 잘 가꾼 나라로 알려져 있다. 독일의 어디를 가나 도시인들의 숨통을 터주는 숲이 우거진 넓은 공원이 시야에 들어오곤 한다. 그리고 숲이 있는 공원에는 빠짐없이 아이들이 자유롭게 놀 수 있는 놀 수 있는 놀이터가 마련되어 있다. 남부 독일에는 쉬바르츠발트(Schwarzwald)라는 검은 숲이라는 명칭을 가진 숲이 있다. 가도 가도 검은 숲으로 가득 찬 남부 독일을 지칭하는 말이다. 그러한 깨끗한 자연의 공간에서 우리에게도 잘 알려진 헤르만 헤세와 같은 숲과 나무와 구름을 예찬하는 시인이 탄생된 것으로 생각해 보았다.

우리의 도시속 숲길은 어떠한가? 우리도 제주도의 올렛길의 영향으로 전주시를 벗어나면 둘렛길을 이곳저곳에서 개발하고 있다. 이것은 매우 좋은 현상임에는 분명하다. 그 반면에 전주시를 산위에서 조망해 보면 공원이 들어 설 자리에 아파트만 들어서고 있다. 독일처럼 공원이 있는 녹색 도시로 탈바꿈하려면 밀집된 아파트단지에 적어도 숨통을 터 줄 수 있는 숲이 있는 공원화가 이루어져야 한다. 시민들의 건강권을 확보하기 위해서는 적어도 신선한 공기를 마실 수 있고 산책할 수 있는 숲길을 많이 만들어 놓아야 한다. 지금 효자동 도청앞 넓은 부지에 아파트 혹은 국제 컨벤션센터 등 여러 가지 나도는 이야기가 있다. 전주시의 입장에서는 경제적인 논리로는 아파트를 들어서게 해 많은 이익을 창출할 수도 있지만, 콘크리트로 만들어진 높은 빌딩과 아파트만 더 들어서면 그곳에 사는 사람들로부터 신선한 공기를 마시고 따뜻한 햇볕을 받을 수 있는 권리를 빼어나 가는 꼴이 된다. 경제논리로 도시를 계획한다면 전주시의 에코도시에 대한 미래는 없다고 볼 수 있다. 지금이라도 환경보호의 중요성을 인식하고 전주시를 숲이 있는 에코도시로 조성하려면 적어도 전주시에 남아있는 빈 공간을 충분히 활용하여 더 많은 공원을 조성하여야 한다. 그곳에서 전주시민이 만나서 쉴 수 있는 휴식 공간을 제공해 주어야 한다. 전주에 사는 시민들이 다 같이 행복한 사회를 만들기 위해서는 시민과 관련 공무원들이 미래 에코도시로서의 전주시의 청사진을 그린 후에 하나씩 충분한 논의를 통하여 살기 좋은 전주시로 바꾸어 나가야 한다. 언젠가 독일처럼 아침에 일어나 전주시에 조성된 숲길을 산책하러 나온 사람들이 상쾌한 숲속에서 불어오는 공기를 마시면서 좋은 아침이기를 바라는 인사를 나누며 사는 그 날을 기대해 본다.

16) 독일에 체류하며 정년 이후의 의미 있는 삶을 생각해 본다

대학 36년간의 일을 마치고 정년이후의 의미 있는 삶을 설계할 목적으로 독일에 여름방학 두 달동안 체류한 적이 있다. 시간이 주어질 때마다 숙소에 가까운 주변을 산책 하곤 하였다. 필자가 숙소에서 나와 10분 정도 걸어가면 울창한 숲길을 만나게 된다. 평소에도 산책길에 조용히 거닐다 보면 마음이 비워지면서 좋은 아이디어가 문뜩 문뜩 떠오를 때가 있어서 산책을 즐기곤 한다. 독일인들이 주말이면 각자 주말 농장에 가서 햇볕을 쬐며 땀 흘려 일하는 모습이 매우 인상적이었다. 그들은 공공 기관에서 제공하는 작은 농원(텃밭)이 있거나 개인 소유의 텃밭도 있는 데 50평에서 30평 내외의 작은 텃밭을 운영하고 있는 것을 볼 수 있다. 주변에 있는 주말 농장을 가보면 정원에 심어져 있는 화사한 꽃들 사이로 날아다니는 꿀벌과 나비들을 볼 수 있다. 간혹 넓은 농원의 경우 수영장도 만들어 놓고 어린 자녀와 함께 놀면서 휴식을 즐기는 독일인들의 일상적 풍경을 목격하게 된다. 이러한 주말 농원에서 햇볕을 쬐며 땀을 흘리며 활달하게 살아가는 독일인들의 건강한 생활이 보기 좋아서 한국에 돌아가면 독일의 주말농장처럼 텃밭을 가꾸기로 마음을 먹게 되었다. 올해 2월에 독일에서 귀국하여 4월 초에 시장에 가서 일단 열매가 될 만한 감나무, 밤나무, 대추나무, 매실나무 그리고 석류나무 등을 산림조합에서 구입하여 집에서 차로 20분가면 도착할 수 있는 300평가량 되는 밭에 심게 되었다. 주말에 가서 햇볕을 쬐며 무럭무럭 자라고 있는 나무에 물을 주곤 한다. 주말이면 나무가 어떻게 되었는지 궁금하여 밭에 나가보면 생각보다 빨리 나무와 풀이 같이 자라는 것을 볼 수 있었다. 결국 농사일은 풀과의 싸움이라고 한 말이 생각이 난다. 그래도 밭에 심어 놓은 나무사이에 무성하게 자란 잡초를 뽑고 있노라면 입고 있는 속옷이며 겉옷이 땀으로 젖곤 한다. 나무를 심고 남은 자리에 감자며 마늘을 심어 놓았다. 때가 되니 감자와 마늘이 무럭무럭 자라서 감자와 마늘을 성공적으로 작은 수확을 하게 되었다. 그래도 땅에서 나오는 열매는 농사꾼이 흘린 땀방울의 결정체라는 생각이 들었다. 처음에 부실한 감자를 심었는지 몇 개 밖에 새싹을 보이지 않았다. 그래서 다시 시장에 가서 온전한 감자를 심어서 놓고 자주 물을 주니 무럭무럭 크고 있는 것을 보면서 심은 대로 거둔다는 진리를 깨닫게 되었다. 그 당시 밭에 감자를 심으려면 이미 무성이 자란 잡초를 뽑아내어야 한다. 잡초를 뽑아내려면 괭이로 땅을 파고 잡초 뿌리를 뽑고 주변 흙을 이용하여 높은 이랑을 만들어야 한다. 땅을 파서 씨를 뿌리고 새싹에 물을 주고 성장하는 모습에 미소가 나오지만 다른 한편으로 열매를 수확하기까지의 과정이 얼마나 힘든 일인가를 정년후 처음으로 몸으로 느끼게 되었다. 여러 가지 세상의 잡념을 버리고 마음을 비우는 데는 밭에서 단순하게 일하는 그만한 것이 없다는 생각이 들었다. 밭에서 햇볕을 쬐며 일을 하면 할수록 몸과 마음이 이전보다 훨씬 가벼워지는 것을 실감할 수 있었기 때문이었다. 옛 말에 마음을 지극히 비우면 하늘을 얻는 다는 말이 떠오른다. 요즈음 코로나로 너도 나도 눈에는 보이지 않은 바이러스와의 전쟁을 벌이고 있다. 누구나 코로나에 걸리면 죽을 수도 있다는 공포감을 가지고 살아가고 있다. 코로나에 걸리지 않기 위해서 필사적으로 서로 간에 사회적 거리를 두고 마스크를 쓰고 다녀야 한다. 외출하고 집에 돌아오면 손을 깨끗이 30초 이상 씻어야 하는 일이 반복된다. 우리가 지금까지 자연을 너무 무시하고 함부로 대한 대가를 너무 많은 비용을 들여서 치루고 있는 것이 아닌가 한다. 본인은 주말이 되면 연장을 차에 실고서 밭에 가서 무성히 자란 풀을 베면서 땀을 흘리는 것이 유일한 낙이 되었다. 자연을 가까이하고 가꾸다 보면 마음이 비워지면서 몸이 한결 건강해 지는 것을 느낄 수 있었다. 언젠가 많은 사람들이 아파트 옥상이나 주변의 빈 터에 땅 한 평이라도 텃밭을 가꾸며 사는 모습을 볼 날을 기대해 본다. 독일처럼 각자 밥상에 오를 친환경 먹거리를 옥상 텃밭이든 지상 텃밭이든 마련해 보는 것도 의미 있는 일이 될 것이다. 특히 코로나 시대에 접하면서 텃밭 가꾸는 일처럼 햇볕보고 땀을 흘리면서 단순하지만 건강한 삶의 방식이 얼마나 중요한 지를 실감하게 되었다. 문득 인간은 땅에서 제공하는 친환경 먹거리를 먹고 살다가 결국 빈손으로 땅으로 되돌아가야 한다는 생각이 들었다. 필자는 텃밭을 가꾸며 다시 한 번 자연에 대해 고마움과 겸허해 지는 마음을 가지게 되었다.

17) 걸으며 떠오르는 단상들

요즈음 건강에 좋다하여 운동 삼아 걷기를 시작했다. 빠른 교통수단을 포기하고 느리지만 두 발로 신도청 앞에서 출발하여 삼천 천과 백화점 아래 전주 천을 지나 학교까지 약팔십분을 걸어 다닌다. 자가용으로 집에서 학교까지 20분이면 족히 올 거리인데 한 시간 이상 걷기를 지속하는 데에는 그만한 이유가 있다.

꽃잎이 바람에 나부끼는 모습은 차를 타고 출퇴근 할 때엔 미쳐 만나보지 못하던 한가롭고 소소한 기쁨을 맛 볼 수 있기 때문이다. 이제 물이 많이 맑아져 물속의 물고기들이 노니는 모습이 훤히 들여다보일 정도다. 그리고 그 물고기들을 잡으러 백로며 황새와 같은 새들이 몰려드는 것을 종종 보곤 한다.

물 위를 나는 황새들과 바람에 나부끼는 갈대와 대화를 나누다 보면 어느 새 자연이라는 성전 속을 거닐고 있는 느낌을 받게 된다.

신화학자인 캠벨(Joseph Campbell)이 "하루에 한번은 성스러운 시간을 가져 보는 일이 필요하다"고 지적한 바 있다. 집에서 학교까지의 아침 출근하는 일은 위에서 말한 '성스런 시간'을 체험하는 느낌이다. 그것은 걷는 동안에는 어떠한 악한 생각도 누구를 미워하는 마음도 사라지고 욕심에 찻던 마음도 비워주는 것 같다. 사람이 살면서 혹시라도 불어 닥칠 인생의 역경을 극복하기 위해 마음을 비우는 법을 미리 터득해 두는 것도 현명한 길이라 생각된다. 그래서 더욱 자연을 벗 삼아 고독하게 걸어보는 것을 한번 쯤 권해보고 싶다.

독일 바이마르 일름(Ilm) 공원을 즐겨 산책하면서 불멸의 고전 작품 『파우스트』를 구상한 괴테가 문득 떠오른다. 괴테가 그의 대표작 『파우스트』에서 만학을 통달한 주인공 파우스트가 마지막 하고 싶은 것은 영혼을 악마한테 팔아서라도 다시 젊어지고 싶어 하는 마음이었다. 괴테는 일름(Ilm) 공원의 산책을 통해서 다시 청춘으로 돌아가고픈 욕망을 한 권의 책 『파우스트』에 담은 게 아닌가 싶다.

청년시절에는 젊음의 한 가운데에 있기 때문에 젊음의 중요성을 모르기가 쉽다. 젊음을 많은 이들이 부러워하는 이유는 젊은 시절에 오직 별처럼 높은 이상을 향하여 힘차게 매진할 수 있는 시간이 주어지기 때문이다. 다시는 돌아갈 수 없는 젊음이라는 황금 같은 시간임을 젊은 시절에는 제대로 인식하지 못하는 법이다.

여러 가지 바쁜 생활 속에서도 일주일에 한번이라도 천천히 생각하며 걸으면서 마음을 비우는 연습을 하다 보면 타자와 세계를 폭 넓게 소통할 수 있는 넉넉한 마음을 가지게 된다. 이러한 여유로운 마음은 앞으로 우리에게 불어 닥칠지 모르는 어떠한 어려운 난관을 인내심을 가지고 해결할 수 있는 힘으로 작용할 수 있다고 믿고 있기 때문이다.

18) 러시아와 우크라이나 전쟁이 우리에게 주는 교훈

최근 러시아가 막강한 군사력을 앞세워 평화롭게 살고 있는 이웃인 우크라이나를 침공했다는 소식을 접하고 우리에게 교훈으로 삼을 만한 것이 있을 것 같아서 글을 쓰게 되었다. 힘이 없는 민족은 힘센 민족한테 침략과 강탈을 당했던 역사적 사실이 이번 러시아와 우크라이나 전쟁을 통하여 현실화되고 있다. 러시아 공격으로 건물이 무너지고 많은 젊은이들이 전장에 나가 폭탄 세례를 받아 죽어 가고 있다. 심지어 천진난만한 6세 되는 어린아이들마저 폭탄에 맞아 피를 흘리면서 응급차에 실려 병원으로 급하게 가는 장면이 TV 뉴스에 나와 필자는 충격을 받게 된다. 이러한 무모하고 잔인한 전쟁은 근본적으로 차단할 수 있는 방법은 없는 것인지 생각해 본다. 강대국이 약소국을 힘으로 밀어붙이는 것을 보면 정글에서 힘이 센 사자가 저보다 힘이 약한 동물을 먹잇감으로 판단이 서면 잔인하게 공격하는 약육강식의 시대로 회귀하는 듯하다. 마치 세계적으로 유명세를 타고 있는 오징어게임이라는 영화에서 많은 사람이 죽어도 목숨을 걸고 자기가 가지고 싶은 황금을 쟁취하고 자하는 목표를 향하여 뒤돌아보지 않고 달려가는 인간의 욕망의 속성에서 비롯된 것인가 하는 생각이 든다.

우크라이나에서는 전쟁이 발발하자 대통령을 중심으로 주저 없이 80대 노인을 포함한 온 국민들이 나라를 지키겠다는 신념으로 전장에 참여하는 모습에 적지 않게 감동을 받게 된다. 그들은 나라를 지키고자 하는 한마음으로 막강한 군사력을 자랑하는 러시아를 상대로 폭탄과 화염병을 러시아 탱크에 던지며 항전을 불태우고 있다. 핵무기로 무장되어 있는 주변 국가들에 둘러싸여 있는 우리에게 많은 것을 시사해 주고 있다.

우리 조상들은 수많은 전쟁을 치루면서 피난살이 하며 몸으로 피눈물 나게 체험한 것도 사실이다. 20세기 한국 전쟁을 통해 북한의 공산주의와 남한의 자유주의와의 이데올르기면에서 이질적 갈등으로 야기된 동족상쟁의 비극의 참혹상을 경험한 나의 부친 이야기를 간단히 소개하고자 한다.

1921년에 태어난 부친께서는 1950년 6월 25일 새벽에 북한이 남한을 쳐들어 왔다는 소식을 듣고 전쟁이 시작되었음을 몸을 직감하고 어린 자식들이 많아서 멀리 피난을 갈 수 없었다. 가족들은 집안에 땅굴을 깊이 파고 전쟁이 끝날 때까지 폭격이 시작되면 빛이 새어 나오지 않도록 불을 크고 컴컴한 동굴에 다 같이 들어가서 숨을 숙이며 지내셨다고 한다. 잠시 동안 북한이 남한을 지배하던 인공시대가 되자 공산주의에 물든 사람들은 평소 감정을 가지고 있었던 사람들을 찾아서 브루조아 척결이라는 이름으로 무모한 평민들을 무자비하게 죽였다고 한다. 아버지께서는 다 같이 먹거리며 권리를 공평하게 나누며 살 수 있다는 그럴 뜻한 이념을 선전하는 공산주의자들의 꾐에 빠져서 북쪽으로 끌려가는 동네사람들을 이념과 실상과는 다르다는 말로 조용히 설득시키어 가지 못하게 하기도 했다고 한다. 남북 간의 3년 동안의 전쟁은 서로 많은 사망자와 마음속에 깊은 정신적 상처만을 남긴 채 누구의 승리하고 할 수 없는 잔인한 이데올르기 게임이라고 볼 수 있다.

그래서 그런지 몰라도 전쟁이야기만 나오면 나도 모르게 진지해지고 전쟁의 잔인성과 무의미성을 강조하는 문학 강의와 글을 쓰곤 했다.

4차 산업을 지향하고 있는 21세기 오늘날에도 막강한 군사력이 있다고 무기로 살인하는 비인간적이며 부조리에 찬 전쟁이 터진 것에 통탄을 금할 수 없다. 약소국인 우크라이나가 일찍이 독일과 미국과 같은 막강한 군사력이 있는 나라와 동맹을 맺고 있었더라면 이렇듯 초라하게 당하지는 안했을 텐데 말이다. 이것은 우크라이나 정치가들이 미래를 예측해서 강한 나라들과 외교적으로 강한 동맹관계를 성사시키지 못한 것이 아닌가 한다. 이러한 상황에서 우리는 외교력이 군사력의 이상의 힘을 발휘할 수 있다는 역사적 사실을 잊지 말이야 한다. 세계와 소통하는 글로벌 시대에서도 요즈음 예기치 않게 일어나는 지구촌의 전쟁의 진인성을 목격하다 보면 우리나라에서는 북한이 핵이 있다고 잊을 만하면 공격용 로켓을 동해를 향해서 발사하며 군사력을 과시하는 위협적 북한이 있는 한 남 일처럼 뒷짐 지고 한가롭게 불구경만을 할 때가 아닌 듯하다. 남한의 완전한 군사적 안보 시스템을 갖추기 위해서는 무엇보다도 이웃 주변 국가들과의 힘의 균형을 이루어야 한다.

문화 전통을 자랑하고 경제적으로는 선진국대열에 서 있는 대한민국이 북한을 포함한 주변 국가들으로부터 침공을 받지 않은 나라가 될 수 있도록 자주 국방을 더욱 굳건히 하는 한편 막강한 군사력을 지니고 있는 미국과 동맹을 강화할 필요가 있다. 그와 동시에 다른 이웃나라들과의 긴밀한 상생 및 협조체제를 이루는 외교력을 발휘할 있는 정치지도자들이 많이 출현되기를 기대해 본다.

19) 암울한 시대의 위기를 극복할 수 있는 길을 모색해 본다

임진왜란의 위기를 극복한 이순신장군, 일제강점기 독립 애국지사들, 평화 통일을 위해 대학 설립에 전 재산을 바친 조창걸 명예회장

러시아가 우크라이나를 갑자기 침공해서 민간인들이 살고 있는 아파트뿐 만 아니라 여러 지역을 무차별적으로 폭격을 가하는 바람에 죄없는 어린이들과 산모할 것 없이 많은 사상자와 부상자들이 나오고 있다. 그로 인해 전 세계인들은 러시아군의 무자비한 공격에 대해서 날카로운 비난의 화살을 퍼 붓고 있다.

결국 러시아군을 총지휘하고 있는 푸틴은 대외적으로 우크라이나에 있는 러시아계 지역의 독립을 위해서 전쟁을 벌인 것이라고 하지만 사실상 중국의 시진핑처럼 장기집권을 하고자 하는 지도자로서의 존재감을 드러내고자 하는 욕망의 산물로 보인다. 20세기 프랑스 심리학자 라강이 지적한 영구히 정권을 소유하고자 하는 욕망에 대한 갈증을 느끼고 있는 결핍의 존재라는 말이 떠오르고 있다. 푸틴은 최근 유명세를 타고 있는 영화 <오징어게임>에 나오는 등장인물처럼 많은 사람이 죽어도 자신의 목표를 위해서 죽을 줄 모르고 달려가고 있는 괴물 같은 존재로 비치고 있다. 아마도 러시아가 전쟁을 멈추지 않은 한 미국을 주축으로 하는 강대국들이 러시아산 석유 수입금지 및 루블화 금융 결재 차단 등과 같은 초강수의 경제적인 조치를 취해서 러시아의 경제 상황이 파국에 봉착할 수 있다는 신호를 보내고 있다. 이러한 미국, 러시아와 중국과 대립 구도 속에서 우리나라의 미래 운명은 어떻게 될 것인가를 한번 깊이 생각해 볼 필요가 있다. 더군다나 남북 간의 이데올로기의 대립으로 70년 동안 냉전 상태 속에서 북한은 공격용 로켓을 시험한다고 시시때때로 동해선 상에 발사하여 남한 사회의 불안을 조장하고 있다. 우리나라의 운명은 미국이라는 군사적으로 막강한 나라와 동맹관계를 계속 유지되는 한 북한과 중국으로부터 단기적으로는 이 땅에 전쟁이라는 큰 재앙은 발생할지 않을 것으로 예상된다. 그러나 미국도 지금은 군사력이 세계 1위를 자랑하고 있지만 미국의 경제력이 약화되고 예기지 못하게 미국과 중국 간의 갈등으로 야기되는 복잡한 많은 문제가 발상하게 되고 우리나라도 미군 주둔을 원치 않을 경우 철수할 수 있다고 본다. 그래서 그 누구도 영원히 한미 동맹이 지속되리라 장담을 할 수 없다. 만약 우리나라가 외부로부터 침략을 받아 갑자기 전쟁이 발발하면 우크라이나처럼 나라를 지키겠다고 80대 노인부터 젊은이들이 다 같이 하나가 되어 애국심을 가진 많은 사람들이 적군을 향하여 항전할 수 있을까하는 의아심을 가지게 된다. 특히 자기 자신만을 위한 입시 경쟁을 중시하는 지금의 교육에서는 남을 배려하고 나라 없이는 자신이 존재할 수 없다는 애국심을 강조하는 교육을 기대할 수 없기 때문이다. 이러한 러시아와 우크라이나 사이에서 벌어지는 참혹한 전쟁을 보면서 우리나라의 교육의 시스템도 경쟁 중심의 교육에서 벗어나 대한민국의 주인으로서 서로 협력하여 나라를 지켜야 한다는 애국심을 심어주는 교육시스템으로 하루 속히 바뀌어져야 한다고 생각한다. 또한 장기적으로 남북 간의 통일을 이룩하고 전쟁 없는 안전한 미래 한국이 되려면 어떻게 해야 되는지를 심각하게 고민하고 해결방안을 찾을 시점에 와 있다고 본다. 일본은 조선에 쳐들어가는 대외적 명분을 쌓기 위해서 명나라를 쳐들어가려고 하니 길을 내 달라는 요구에 그 당시 조정에서는 응하지 않게 되었다. 이에 1592년 일본은 막강한 군사력을 앞세워 조선을 침략해 오자 16대 선조 임금은 백성의 안위를 도외시한 채 궁을 비우고 피난가기가 바빴다. 7년 동안의 임진왜란을 치루면서 여러 전투에서 쓰다 남은 겨우 13척의 배로 133척의 배를 몰고 물밀 듯 쳐들어오는 일본군을 공격과 수비를 겸비한 거북선으로 물리 칠 수 있었던 이순신 장군의 지혜와 용기가 새롭게 느껴온다. 원래 이순신 장군은 간신들의 모함으로 백의종군했다가 원균이 이끄는 여러 전투에서 실패하자 다시 삼도수군통제사로 임명되어 돌아와 노량진해전부터 명량해전까지 일본군의 공격을 무력화시키며 맹활약을 보여 주었다. 이러한 이순신 장군이 있었기에 우리나라는 수백 년 동안 일본으로부터 침략을 받지 않고 안전하게 살아 갈 수 있었다. 그러나 일본으로부터 침략을 준비하지 못한 구한말 조선은 이완용 같은 매국노를 통해서 결국 일본의 손에 넘어가게 되어 36년간의 피지배자로서 수모를 겪어야 했던 사실을 잊지 말아야 한다. 일본은 명치시대부터 외부의 문물을 빨리 받아 들여서 근대화를 이룩했다. 반면에 일본은 봉건사회에서 벗어나지 못하고 당파싸움에 매몰되었던 조선을 식민지화해서 잔혹한 통치를 하였던 치욕의 역사를 되새겨 본다.

일본 강점기에도 빼앗긴 나라를 다시 되찾기 위해 목숨을 바쳐서 일본에 저항했던 많은 애국지사들이 있었기에 망해가는 대한민국이 되살아 날 수 있었다고 본다. 그 중 대표적인 예로 그 당시 명문가문의 출신인 이회영 일가는 지금 돈으로 환산하면 수조원의 경기도와 서울에 산재되어 있었던 집과 땅을 전부 팔아서 독립을 위해 바쳤다. 이회영 일가는 그 자본으로 신흥무관학교를 창설하여 일본군에 대항한 청산리 전투에서 승리를 이끄는 데 큰 역할을 했다고 전해진다. 이 나라의 독립을 위해서 모든 재산과 목숨을 바친 인물이라는 점에서 지금도 우리에게 잔잔한 울림을 주고 있다. 결국 이 회영 일가는 고국에서 가지고 온 모든 돈을 독립 자본으로 사용되었기 때문에 만년에는 중국 이역만리 구석진 방에서 먹을 것이 없어서 굶어 죽거나 감옥에서 옥사하게 된다. 이러한 이회영 일가의 쓸쓸한 죽음은 명량해전에서 목숨을 다해 싸우다 일본군의 총탄에 쓰려진 이순진 장군의 최후를 보는 느낌이 든다. 우리나라는 여러 번의 나라의 큰 위기를 극복하기 위해서 전 재산과 목숨을 바쳤던 영웅들 덕분에 이 나라가 지금까지 대한민국이라는 나라가 이 지구상에 없어지지 않고 날로 발전하여 선진국 대열에 선 것이 아닌가 생각한다.

임진왜란 때 풍전등화와 같은 위태로운 조선을 구한 이순신 같은 영웅과 일본으로부터 독립운동을 위해서 목숨까지 바쳤던 유관순, 안중근과 윤봉길 같은 인물들을 역사 속에 길이 기억해야 할 이유가 있음을 더욱 느끼게 된다. 이러한 역사적 인물들은 위기에 처한 온갖 시험과 고난을 이겨내고 마침내 많은 사람들을 위험에서 구출하기 위해서 목숨을 바친 세계사 속의 영웅들에 견줄 만하다고 본다.

지금도 코로나, 전쟁 그리고 환경오염으로 위기에 처해 있는 지구촌의 문제를 해결해 줄 수 있는 지도자들이 요구되는 시대에 살고 있다.

이 시점에서 최근 우리나라가 남북 간의 통일을 이룩하고 세계 평화에 기여할 지도자를 양성하기 위해 국제수준의 미네르바 디지털대학을 설립하려고 전 재산을 바친 인물이 있어서 눈길을 끌게 한다. 이러한 인물이 한샘의 창립자 조창걸 명예회장이다. 조 명예회장은 북한에서 내려온 이유에서인지 남북한의 통일문제에 관심이 유난히 많으셨던 것 같다. 조회장은 지금까지 남북 간의 통일을 이룩하지 못한 것은 인물이 없었기 때문이라는 사실을 절감하고 그러한 인재를 길러 내겠다는 원대한 포부를 밝히고 있다. 그는 미국의 미네르바대학을 밴처마케팅하여 러시아, 미국, 중국, 일본, 여러 나라에서 온 학생들을 무상으로 교육시켜서 남북통일과 세계평화를 실현시킬 글로벌 인재를 양성하는 미네르바 디지털 대학을 설립하고 자 한다. 남북 간의 문제는 우리만의 문제가 아니라 주변 국가 간의 이해관계가 얽혀 있기 때문에 그러한 국제문제를 풀려면 다양한 지혜를 모아야 한다고 생각한다. 일차적으로 남북 간의 관계도 70년 동안의 이데올로기의 대립의 구도에서 벗어나려면 한미동맹과 자주 국방력을 강화하는 동시에 다른 한편으로 다양한 남북 간 교류를 통해서 5천 역사를 같이 한 단일 민족으로서 동질성을 강조하는 상생과 공존의 방향으로 나아가야 한다고 본다. 본인도 한국에는 4차 산업 혁명을 제대로 준비하는 국제 수준의 대학교가 없다는 카이스트 교수의 지적에 적지 않게 충격을 받는 바 있다. 필자는 미래학자와 같이 오랫동안 토론을 통해서 남북통일, 세계평화와 지구촌의 위기를 극복할 수 있는 4차 산업시대에 적합한 글로벌 인재를 양성하기 위한 국제사이버대학 설립할 계획을 세운 바 있다. 이러한 모든 문제를 풀기 위해서 한국을 중심으로 이해관계가 얽혀 있는 여러 나라의 학생들에게 우리 조상들이 물려 준 인간과 자연이 서로 상생과 공존하는 혜원의 정신을 기반으로 교육시스템을 구축할 필요성이 있다. 이러한 국제적인 인물을 배출하려면 수많은 역사의 모순을 지향하면 결국 지상낙원을 성취할 수 있다는 긍정적인 역사관을 지닌 헤겔철학과 같은 서양 철학도 동시에 교육과정에 포함시켜야 한다고 본다. 또한 독일문학을 대표하는 괴테는 1813년 나폴레옹이 유럽에 출현하여 유럽이 전쟁이라는 위기 속에 혼란에 빠지자 다른 나라의 문학을 통해서 이국의 문화의 다름을 관용의 정신으로 이해하고 세계가 평화롭게 살아가야 한다는 세계문학의 필요성을 강조한 바 있다. 이러한 의미에서 각 나라들의 문화의 공통점과 차이점을 이해할 수 있는 비교문화학 및 국제 지역학의 과목을 통해서 균형 잡힌 세계관을 가지도록 지도할 필요가 있다고 생각한다. 무한한 인문학적 상상력을 통해서 찾아 낸 지구촌의 위기를 극복할 수 있는 해결방안을 토대로 실현가능한 알고리즘을 갖춘 디지털로 전환하여야 한다. 결국 이러한 지구촌에서 일어나고 있는 모든 어려운 문제들을 인문학과 다양한 응용학문이 융복합되어서 이상적인 해결책을 탐색해 내는 지혜가 필요한 시대에 살고 있다. 마지막으로 한샘의 창업자 조창걸 명예회장님과 뜻을 같이 하는 많은 사람들이 협심하여 세계 평화의 틀 속에서 남북통일이 실현되고 지구촌의 환경문제를 해결할 수 있는 유능한 많은 글로벌 인재들이 양성되는 세계가 주목하는 미네르바 디지털대학이 되기를 기대해 본다.

20) 전통문화 세계화를 위한 번역청 설립을 통한 문화대국의 실현의 방안

미국계 동아시아 학자 임마누엘 패스트라이쉬(Emanuel Pastreich 1964-) 의 저서 “한국인만 모르는 다른 대한민국”에서 한국문화의 상징이라고 할 수 있는 선비 정신, 한국의 예학, 유교적 전통, 한국 건축. 풍수, 홍익인간의 정신은 세계가 한국을 공부하게 하라는 권고와 한국은 한류의 중심국가로서 세계인의 희망이라고 지적한 바 있다. 외국에 대학 도서관에 가보면 중국과 일본의 학술 자료에 비해서 한국에 관한 학술 자료가 너무 부족하다는 것을 실감하고 그 원인과 해결책을 찾을 수 있는 방법은 없을까 하고 고민하던 중에 그 문제점을 발견하고 그 해결책을 같이 탐색하고 자 이 글을 작성하게 되었다. 물론 한국문화가 세계회가 되지 못한 이유 중 하나는 국가적 차원의 소극적인 문화지원책이라고 지적할 수 있다. 예컨대 1987년도 까지 프랑스는 국가 전체 예산의 2.2%를 문화부에 관련된 분야에 책정한 반면에 1998년도 한국은 0.57% 정도의 수준에서 책정한 것만 보아도 문화에 대해 얼마나 소극적으로 대책을 세우고 있는지를 짐작할 수 있다. 문화 정책의 중요한 축인 국제 문화 교류를 통해, 어떻게 하면 한국 문화의 다양성과 정체성 및 창의성을 높이고 한국 문화의 우수성과 독창성을 효과적으로 알릴 수 방법을 모색하는 다양한 시도를 해 보았다. 그 결과 융복합적 방법으로 한국문화를 연구할 필요성을 인식한 점과 외국인들이 몸소 한국에 찾아와서 전통 문화의 독창성과 우수성을 체험해 보는 것도 매우 필요하다는 사실도 동시에 깨닫게 되었다. 나가서 국가차원의 번역청을 설립하여 자랑스러운 한국의 전통문화를 여러 외국어로 번역하여 세계에 알리고 외국의 다양한 최신 정보를 한국어로 번역하여 전문가들에게 알림으로서 모든 분야가 국제적 수준으로 발전하도록 하는 일도 무엇보다도 긴급한 일이라고 생각한다.

한국연구재단에서 명저 번역 사업으로 2011년 24억 지원액이 2017년 10억으로 예산이 감소할 정도다. 기존의 출판업계에서 상업성이 있는 책들만 출판하는 경향이 있어서 꼭 읽어야 할 외국의 고전적 서적들은 소홀히 다루어지고 있는 것도 사실이다. 번역청이 설립되어있는 일본에서는 전 세계의 지식이 거의 일본어로 번역되어 있어서 모국어만으로도 세계의 정보를 활용하여 노벨상을 탈 수 있는 수준에 도달된 상태이다. 번역은 일류국가로 가기 위한 반드시 거쳐야 하는 선행 조건이며 정보화시대에 번역된 값진 자료들을 잘 활용하면 국력으로 이어질 수 있다. 세계의 다양한 정보를 가지고 새로운 경쟁력있는 양질의 창의적 생산적인 아이디어를 창출하는 일이 문화 강국으로 가는 첩경이라고 생각한다. 온 국민들이 한국어만으로도 전 세계의 지식정보를 쉽게 얻어 낼 수 있도록 하는 일은 문화민족의 후손으로서 주어진 역사적 사명이라고 생각한다. 이런 의미에서 문화강국이 되려면 국립번역청이 하루속히 설립되어야 한다고 강조하고 싶다.

21) 과연 서양을 변화시킬 수 있었던 동양문화의 원동력은 무엇이었을까?

고려 금속활자인쇄술, 일본화, 색채목판화, 중국 종이제조법, 정원, 도자기, 주역, 도가사상, 인도 불교사상

필자는 대학교수 재직시절부터 오랫동안 예술과 문학을 중심으로 동양과 서양 비교연구를 해온 학문적 경험을 바탕으로 본 글을 작성하려고 한다. 지금의 서양이 문명국가가 되기까지 수천 년의 문화전통을 지니고 있는 동양문화로부터 어떻게 영향을 받아 왔는지를 지면관계상 개략적으로 기술해 보겠다. 15세기부터 20세기까지 동양문화가 서양의 문화를 어떻게 변화시켰는지를 서양 중심적 사고방식에서 벗어나 비교적 관점에서 대표적인 현상만을 중심으로 살펴보는 것이 의미 있는 일이 아닐까 생각한다.

1372년 고려 승려 백운 화상이 부처와 역대 고승들의 어록을 모아 정리한 책이 <백운화상 초록 불조직지 심체요절>인데 흔히 <직지>라고 칭하고 있다. 이러한 <직지>를 1377년에 세계 최초로 금속 활자본으로 출간해 냈다는 것이 역사적 사실이 되었다. 특히 이 <직지>라는 귀중한 책이 1967년 프랑스의 파리국립도서관에 근무하였던 박병선 교수가 도서관 구석진 동양문헌 자료실에서 우연히 발견하면서 세상에 알려지게 되었다. 책 표지에 아직도 남아 있는 미세한 금속 부스러기들을 토대로 수년간 연구한 결과 <직지>는 세계 최초의 금속활자본으로 제작된 책이라는 사실이 학술적으로 인정을 받을 수 있게 되었다. 드디어 2001년에는 유네스코 세계기록 문화유산으로 등재되어 세계인들에게 고려 금속활자 인쇄술의 진수를 보여 주게 되었다.

또 다른 한편 고려말 문장가로 유명한 이규보가 저술한 <동국이상국집>에는 1234년부터 1241년 사이 <상예정문> 50권 28부를 금속활자로 인쇄해 배포했다고 기록이 남아 있다. 만약 차후 이 책이 발견이 된다면 고려 금속활자의 역사는 독일의 구텐베르크 보다 200년 이상 앞선 것으로 증명이 된다. 뜻이 있는 많은 분들이 이 분야에 대한 철저한 관심과 탐색이 이루어지기를 기대해 본다.

미국의 전 부통령이었던 엘 고어가 <2005년도 서울 디자인포럼 >기조연설에서 1454년에 금속활자 인쇄술을 최초로 만들었다고 알려진 독일인 구텐베르크가 교황 사절단의 일원으로 한국을 방문한 친구 니콜라우스 쿠자누스한테서 금속활자기술을 전해 들었다고 언급하고 있다. 그는 1430년 당시 니콜라우스 쿠자누스 추기경이 마인츠 교회에서 재정관리 담당자인 동시에 원래 직업이 금은세공사였던 구텐베르크에게 고려 금속활자에 관한 편지가 전해지면서 독일의 금속활자 인쇄술이 탄생되었다고 주장하여 신선한 충격을 준 바 있다. 로마 교황청에서 동양에 파견된 니콜라우스 쿠자누스 추기경은 1438년부터 1448년 사이에 10년 동안 체류하던 중 한국을 방문하여 우연히 금속활자로 인쇄된 책자를 보게 되었다고 한다. 또한 금속인쇄술이 나오기까지 신라시대 목판인쇄술로부터 거슬러 500년 이상의 오랜 전통을 가지고 있는 우리나라 인쇄술의 발전사를 자세히 살펴보면 영국 세필드 대학 국제관계학 교수 존 홉슨은 구텐베르크 금속활자 인쇄술은 고려 금속활자를 모방한 것이라고 주장한 것에 타당성을 인정하지 않을 수 없다고 지적한 바 있다. 또한 유럽의 문헌 연구가 폴 니담박사와 물리학자 블레즈 아킬라 아카스박사는 고려 금속활자 인쇄술이 서양으로 전파되었다고 주장하기도 한다. 그들은 고려 금속활자 인쇄술이 우리나라에서 중국, 중앙아시아, 이란을 거쳐 유럽과 독일에 이르는 비단길과 몽골, 남 시베리아를 거처 유럽으로 이어지는 초원의 길을 통해 전해졌다고 주장하고 있다. 이러한 여러 주장들은 뜻있는 전문 연구자들이 힘을 모아서 더욱 확실한 학술적 자료를 토대로 영향관계를 체계적으로 규명되어야 할 과제가 남아 있다고 본다.

독일의 종교개혁자 마르틴 루터(Martin Luther)는 1517년 비텐베르크 성채교회의 정문에 95개조의 논쟁문서를 게시함으로써 종교개혁을 시작하게 되었다. 루터는 구텐베르크의 금속 활자 인쇄술의 덕분에 짧은 시간에 종교개혁을 성공적으로 성취할 수 있었다. 또한 중국인이 발견한 종이제조법이 서양인들의 손에 들어가 인쇄술에 접목시켜 획기적인 문화적 혁명으로 발전시키기도 한다.

16세기에 유럽의 많은 선교사들이 기독교 선교의 목적으로 중국에 와서 수많은 중국의 고전을 유럽어로 번역하여 유럽인들의 지적인 지평을 열어준 바 있다. 그 결과로 유럽의 계몽주의 시대의 문이 열리게 된다. 그 당시에 중국에 선교사로 왔던 부베(Bouvet) 신부로부터 서신 왕래를 통하여 주역의 64괘를 접하게 되었던 라이프니츠(LeIbniz)는 그의 이진법의 기호 체계의 사상과 주역의 음양의 논리와 유사성을 인식하게 된다.

또한 동양의 예술과 사상은 서양의 새로운 현대 예술 사조를 만드는 데도 많은 영감의 원천을 제공하기도 했다. 동양은 예술사적인 면에서 18세기부터 로코코, 19세기부터 20세에 출현했던 인상주의, 아르누보(유겐트스틸), 상징주의, 신낭만주의, 다다이즘, 표현주의, 초현실주의 사조에 지대한 영향을 주고 있음을 본인의 저서 <서양예술속의 동양탐색>이라는 저서에서 살펴 볼 수 있었다.

18세기 서양의 로코코(Rococo)시대에는 중국의 도자기의 예술에 심취되기도 하고 중국의 자연스런 정원은 영국식 정원의 모델이 되기도 했다. 19세기 인상주의를 대표하는 네델란드 화가 반 고호는 일본의 히로쉬게의 활짝 핀 벚꽃이 만만한 것을 보고 자연의 종교로 예찬하며 일본의 그림을 그의 그림의 모델로 삼을 정도로 심취되어 있었다. 고호는 일상적인 삶을 그대로 표현하면서도 자연과 친화력을 보여주는 일본화에 감명을 받았다. 특히 아르누보(유겐트스틸)의 예술사조도 자연과 인간과의 긴밀한 유대감과 자연스런 곡선의 미를 추구하는 일본과 중국의 장식 예술로부터 적지 않게 영향을 받고 있다. 아르누보를 대표하는 클림트가 일본과 중국의 장식미학을 예술적으로 그의 많은 작품 속에 변용하여 유겐트스틸 풍의 환상적인 장식 미학을 창조하고 있음을 확인 할 수 있었다. 또한 오스트리아 출신 오토 에크만(Otto

Eckmann)은 일본 색채목판화의 기법을 배우기 위해서 1901년부터 1902년까지 일본에 체류하여 많은 우쿄우에의 작품들을 수집하고 죽기 전 1930년에 <일본의 정원>이라는 주제로 그림을 완성할 정도로 일본 예술에 경도되어 있었다. 오트 에크만은 일본 체류 중에 교류했던 아일랜드 출신의 일본학자 라프카디오 헌(Lafcadio Hearn)의 일본 전통 문화에 관한 영문 저서를 독일어로 번역한 서적에 삽화를 몸소 만들어 넣은 작업을 하기도 했다. 오트 에크만은 기존의 인상주의 작가들이 소홀히 다루었던 일본풍의 주제, 독창적 스타일과 기법을 그의 작품에 수용하게 된다. 또한 20세기에 출현한 다다이즘 예술 사조를 처음으로 착안한 트리스탄 차라 (Tristan Tzara)는 불교사상에 심취한 바 있다. 그의 불교와 다다이즘과의 긴밀한 연관성을 "다다는 조금도 현대적인 것이 아니다. 오히려 불교의 무관심의 종교적 회귀이다"라는 그의 다다이즘의 선언문 속에서 쉽게 찾아 볼 수 있다.

서구의 많은 20세기 지성적 철학자, 심리학자와 작가들은 동양 사상을 과감히 수용하여 그들의 세계관을 확대해 갔다. 예컨대 실존철학자 칼 야스퍼스(K.Jaspers)의에게 노자사상, 심층심리학자 칼 융(K. Jung)에게 동양의 주역사상이 헤세(H.Hesse)에게 동양의 인도불교와 중국사상이, 카프카(F. Kafka)에 도가사상과 불교사상이, 릴케(Rilke)에 일본의 하이쿠시학과 도가사상 등이 그들의 독창적 세계를 구상하는 데 지대한 영향을 주었다. 그들은 전후 존재보다 실존이 앞선다는 실존의 철학과 예술 세계를 창조할 뿐만 아니라, 전후 서구가 처한 암울한 시대를 극복할 수 있는 지혜를 새로운 유토피아로서 동양에서 구했다. 동아시아 중에서 일본, 중국 그리고 인도가 서양의 문화에 큰 영향을 행사하고 있음을 알 수 있다.

21세기에는 동양의 유교, 불교 그리고 노장사상 그리고 기독교사상까지 융합되어 있는 한국문화가 앞으로 서양을 긍정적으로 변화시킬 수 있는 주체가 될 것으로 확신한다. 한국문화는 기존의 동양사상과 기독교사상까지도 포괄하고 있는 동서양의 종합적 요소를 지닌 융화문화이기 때문이다. 본인은 이러한 비빔밥같이 융합과 조화의 문화소를 지닌 한국의 융화문화야말로 하이브리드의 최첨단 기술이 요구되는 21세기 4차 산업 혁명의 시대에 적합한 문화라고 자신 있게 주장하고 싶다. 지금까지는 중국, 일본 그리고 인도의 사상과 예술이 주로 서양의 문화에 영향을 주도했다고 한다면, 앞으로는 불교, 도교, 유교 그리고 기독교까지 서로 조화를 이루어 공존과 상생을 추구하는 한국의 융화문화가 물질주의와 과학만능주의에 빠져있는 서양의 문화뿐만 아니라, 전쟁과 환경 파괴와 같은 지구촌의 심각한 문제들을 풀 수 있는 열쇠를 가지고 있다고 생각한다. 이러한 면에서 지구촌의 사람들이 한국문화의 가치를 높이 인정하게 될 날이 머지않아 올 것으로 믿고 있다.

꼴찌 시골소년에서 세계 인명 사전에 등재되기까지 인생 여정

비교문학 연구를 향한 열정, 도전, 그리고 미래 비전

1판1쇄 2024년 3월 4일

저자 진상범
발행인 이경화

발행처 디지인21
주소 04560 서울특별시 중구 퇴계로 293-1 3층
전화 02-2269-6561(대)
팩스 02-2269-6568
e-mail 21publish@naver.com
블로그 https://blog.naver.com/publish21
홈페이지 https://21publish.co.kr

등록번호 제1-1128호
등록일자 1991.2.12

ISBN 978-89-6131-144-1 03800

정가 20,000원